Der Traum als Zeichen

Europäische Hochschulschriften
Publications Universitaires Européennes
European University Studies

Reihe VI
Psychologie

Série VI   Series VI
Psychologie
Psychology

Band/Vol. 249

PETER LANG
Bern · Frankfurt am Main · New York · Paris

Rudolf Seitz

Der Traum als Zeichen

Entwicklung und Anwendung eines semiotischen Modells zur Explikation von Traumbedeutung

PETER LANG

Bern · Frankfurt am Main · New York · Paris

CIP-Titelaufnahme der Deutschen Bibliothek

Seitz, Rudolf:
Der Traum als Zeichen: Entwicklung u. Anwendung e. semiot.
Modells zur Explikation von Traumbedeutung / Rudolf Seitz.–
Bern; Frankfurt am Main; New York; Paris: Lang, 1988
    (Europäische Hochschulschriften: Reihe 6,
    Psychologie; Vol. 249)
    Zugl.: Zürich, Univ., Diss., 1988
    ISBN 3-261-03867-5
NE: Europäische Hochschulschriften / 06

Die vorliegende Arbeit wurde von der Philosophischen Fakultät I
der Universität Zürich im Sommersemester 1988 auf Antrag von
Frau Prof. Dr. Inge Strauch und Herrn Prof. Dr. Harald Burger
als Dissertation angenommen.

Druck: Weihert-Druck GmbH, Darmstadt

INHALT

VERZEICHNIS DER TABELLEN

VERZEICHNIS DER ABBILDUNGEN

VORWORT

Mein Interesse am Traum wurde stark geprägt vom psychologischen Milieu in Zürich, einer Stadt, der sonst nicht gerade ein Sinn für das Träumerische zugesprochen wird. Ich konnte aber feststellen, dass hier das Thema des Traums seit den Anfängen der Traumpsychologie auf vielfältige Weise theoretisch und praktisch behandelt wird.

Starke Impulse bezog ich vom Psychoanalytischen Seminar Zürich, wo ich u.a. hingerissen-skeptisch den traumwandlerischen Interpretationen des leider verstorbenen Fritz Morgenthaler folgen konnte. Meine erste Begegnung mit der flüchtigen Materie des Traums machte ich aber an der Universität Zürich. Prof. Dr. Detlev von Uslar führte mich ein in die Struktur der Traumwelt und das phänomenologische Traumverständnis. Den wohl nachhaltigsten Einfluss übte Prof. Dr. Ulrich Moser auf mich aus. Ihm verdanke ich das Interesse an der Dynamik des Traumprozesses und das Vorbild einer präzisen, psychoanalytisch inspirierten Modellbildung.

Meine eigene Tätigkeit in der Traumforschung begann mit der Assistenzzeit bei Frau Prof. Dr. Inge Strauch, meiner Doktormutter. Sie machte mich mit den Methoden der empirischen Schlaf- und Traumforschung vertraut; sie ermöglichte mir das selbständige Arbeiten im Schlaflabor. Ihr gilt mein wärmster Dank, da ich diese Arbeit ohne die Freiheit, die sie mir grosszügig gewährte, nicht hätte beginnen und ohne ihre unerschöpfliche Geduld nicht hätte beenden können. Mein besonderer Dank geht auch an Prof. Dr. Harald Burger, der sich freundlicherweise bereit erklärt hat, diese Arbeit mitzubegutachten.

Herzlich danken möchte ich auch der Träumerin, die sich ohne Wimpernzucken bereit erklärt hat, einige Nächte im Schlaflabor zu verbringen und mir ihre Träume anzuvertrauen. Einem von ihnen habe ich jahrelange Aufmerksamkeit gewidmet. Ausserordentlich geschätzt habe ich die spontane Zusage der vier Traumexperten, sich auf den Interpretationsversuch einzulassen. Ungeachtet ihrer anderweitigen Belastung haben sie sich die Zeit und Mühe genommen, ihre internen Deutungsprozesse Schritt für Schritt offenzulegen. Ich darf sagen, dass ich viel gelernt habe von ihnen.

Daneben habe ich bei vielen Personen im nahen und weitern Umkreis Unterstützung für diese Arbeit gefunden. Ihnen allen bin ich verbunden. Namentlich erwähne ich Judith und Peter Schertenleib, die das druckfertige Manuskript erstellt haben. Abschliessend möchte ich meine Sympathie den Kollegen und Kolleginnen von der Traumgruppe in Solothurn bekunden, in deren Mitte der Enthusiasmus für den Traum seit Jahren wachgehalten wird.

Der Herr, dem das Orakel in Delphi gehört,
sagt nichts, verbirgt nichts,
sondern bedeutet.

Heraklit

EINLEITUNG

Die Frage nach der Bedeutung eines Traums muss heute nicht mehr als unwissenschaftlich gelten. Generationen von Traumforschern sind aufgetreten seit FREUDs (1900) folgenreichem

> Nachweis (..), dass es eine psychologische Technik gibt, welche gestattet, Träume zu deuten, und dass bei Anwendung dieses Verfahrens jeder Traum sich als ein sinnvolles psychisches Gebilde herausstellt (..) (FREUD 1900, 29).

Seither hat sich die wissenschaftliche Beschäftigung mit dem Traum grundlegend verändert. FREUD könnte heute nicht mehr das selbstbewusste Fazit ziehen:

> Mit der Voraussetzung, dass Träume deutbar sind, trete ich sofort in Widerspruch zu der herrschenden Traumlehre, ja zu allen Traumtheorien (..) (a.a.O., 117).

Abgesehen davon, dass wir nicht mehr von einer herrschenden Traumlehre reden können, liegt im Gegenteil eine Vielzahl von Traumtheorien vor, die geradewegs auf interpretative Anwendung angelegt sind. Darüberhinaus hat sich eine eigenständige Denkbewegung entwickelt, die den psychoanalytischen Deutungsbegriff ins Zentrum der Reflexion rückt (z.B. RICOEUR 1965).

Und doch ist es heute keineswegs so, dass, wer nach Traumbedeutungen fragt, von seiten der Traumforschung beträchtlich unterstützt oder gar aufgeklärt würde. Bei Durchsicht der relevanten Literatur kann man die frappante Feststellung machen, dass dem Problem der Traumbedeutung nur wenig Interesse entgegengebracht wird. Bekanntlich hat die moderne, experimentelle Traumforschung seit den fünfziger Jahren innerhalb eines psychophysiologischen Paradigmas beträchtliche Fortschritte erzielt. Gegen Ende der siebziger Jahre begannen sich aber Stimmen zu mehren, die für eine grundsätzliche Neuorientierung der Traumforschung eintraten. David FOULKES, der während Jahren die experimentelle Traumforschung wesentlich mitgeprägt hat, wurde wohl der markanteste Kritiker aus den eigenen Reihen. Im Hinblick auf FREUDs Hauptwerk kommt er zum ernüchternden Schluss:

> (..) psychophysiology cannot, at present, be expected to make any substantial contributions to the explanation or interpretation of dreams. In this respect, the current situation of dream psychology is not unlike that when Freud wrote 'The Interpretation of Dreams' (1900) (FOULKES 1978, 99).

Also doch kein Fortschritt seit FREUD? Die Frage klärt sich, wenn man berücksichtigt, dass sich die wissenschaftliche Beschäftigung mit dem Traum im 20. Jahrhundert auf zwei Geleisen entwickelt hat: der experimentellen Methode steht die klinische Methode gegenüber, den Forschern die Interpreten. Lange Zeit schien es eine beiderseitige Abmachung zu sein, dass Fragen der Traumbedeutung den Interpreten überlassen sind. HALL & VAN DE CASTLE (1966) und wohl viele andere erhofften sich von dieser Kompetenzregelung einen Gewinn an wissenschaftlicher Reputation für die Traumforschung.

> How the psychoanalyst arrives at the 'true meaning' or interpretation of the dream (..) is more of an art than a technique. This art may be of the utmost value in the the -

rapeutic situation, but being a private, subjective type of activity it is of no direct va-
lue for research (HALL & VAN DE CASTLE 1966, 20).

In diesem Zusammenhang wird gerne auf JONES (1970) verwiesen, der die prägnante
Unterscheidung von "dream investigation" und "dream interpretation" eingeführt hat. JO-
NES hat damit aber keineswegs eine wissenschaftliche Qualifikation aussprechen, sondern
zwei gleichwertige Bemühungen charakterisieren wollen: eine Psychologie des Traums und
eine Psychologie der Trauminterpretation. Das Verhältnis zwischen den beiden Psycholo-
gien sah er in optimistischer Weise als einen "process of mutual facilitation between the so-
called applied and pure aspects of science" (JONES 1970, 6). Leider ist diese Konzeption
vom Fortschritt einer Wissenschaft vom Traum bis heute ein Desiderat geblieben. Was den
tatsächlichen Stand der Wissenschaft betrifft, gilt vielmehr, was STRAUCH (1981) nüchtern
feststellt:

> Experimentelle Traumforschung und klinisch orientierte Traumpsychologie gehen
> bisher weitgehend getrennte Wege (..) (STRAUCH 1981, 23).

Meine Arbeit soll zur Annäherung von experimenteller und klinischer Traumpsychologie
beitragen. Sie ist geleitet von der Ueberzeugung, dass diese Annäherung nicht nur drin-
gend erwünscht, sondern in der gegenwärtigen Situation auch möglich ist. Allerdings sind
wir darauf angewiesen, Entwicklungen in anderen Wissenschaftsbereichen zur Kenntnis zu
nehmen, die bisher weitgehend ausserhalb des Blickfelds der Traumforschung und auch
der Traumdeutung lagen.

> Today's intellectual climate provides substantial (..) support systems for dream psy-
> chology which were utterly unavailable to Freud. In recent years, especially, major
> advances have been made in cognate branches of 'symbolic science' which I think
> should and do have considerable significance for dream psychology (FOULKES
> 1978, 100).

Wenn FOULKES von 'symbolic science' spricht, denkt er in erster Linie an kognitive Psychologie und Linguistik. Mit einem kognitiven Ansatz arbeitet seit Jahren z.B. eine For-
schergruppe um MOSER (1976, 1980), deren Anliegen ebenfalls als Annäherung von
Traumforschung und Traumdeutung beschrieben werden kann. MOSER et al. haben
anhand von Träumen, welche in der psychoanalytischen Situation erzählt und gedeutet
wurden, ein Modell mittels Computersimulation entwickelt, das die kognitiven Prozesse
während der Traumbildung und der Traummitteilung rekonstruieren lässt. FOULKES selbst
(1978) hat eine eigentliche Grammatik des Traums vorgelegt, die herzuleiten vermag, wie
im Verlauf der Traumbildung aus sog. motivationalen Tiefenstrukturen traumszenische
Strukturen erzeugt werden.

Die vorliegende Arbeit ist in Auseinandersetzung mit der genannten Traumgrammatik von
FOULKES entstanden. Fasziniert von der Möglichkeit, endlich auch die Bedeutung des
Traums auf klar konzipierte und methodisch strenge Weise untersuchen zu können, stiess
ich mich zunehmend an den Begrenzungen, welche die linguistische Fundierung des
Werks setzte. Hier bot sich mir schliesslich der semiotische Ansatz von Charles S. PEIRCE
als Ausweg, welcher zeigt, dass sich 'unterhalb' der linguistischen Festsetzungen ein wei-
tes Reich von Bedeutungsstrukturierungen erstreckt, das dem dunklen und flüchtigen Charakter der Traumphänomene weit eher zu entsprechen scheint als der Bereich tageshelle
Bedeutungsaussagen. Diese aber stellen sich in semiotischer Perspektive als Domäne
nicht der Traumbildung, sondern der Trauminterpretation heraus.

Der Traum liefert Bedeutungsfragmente, aus welchen der Interpret Bedeutungsaussagen
herstellt. Traumbedeutung ist demnach das Ergebnis eines Prozesses, in welchem mindestens zwei Phasen zu unterscheiden sind. Es ist das Ziel der vorliegenden Arbeit, den Prozess der Bedeutungsbildung beim Traum durch seine verschiedenen Phasen hindurch zu
verfolgen und deren strukturelle Besonderheiten, aber auch Gemeinsamkeiten zu untersuchen.

Zu diesem Zweck soll ein semiotisches Modell entwickelt werden, das es erlaubt, die einzelnen Schritte des Bedeutungsbildungsprozesses mittels eines einheitlichen Codes zu beschreiben und zu explizieren (Kapitel 3 und 4). Anschliessend soll das Modell auf ein Traumbeispiel angewendet werden, zu welchem nicht nur Information über den Vortag, sondern auch die Rezeption der Träumerin und eine Reihe von Trauminterpretationen vorliegen (Kapitel 5). Vorgängig wird versucht, das Problem der Traumbedeutung und seine Lösungsversuche systematisch darzustellen (Kapitel 1) und in den semiotischen Lösungsansatz einzuführen (Kapitel 2).

1. DAS PROBLEM DER TRAUMBEDEUTUNG

1.1 BESCHREIBUNG DES BEDEUTUNGSPROBLEMS

Ein Traum mag vielerlei bedeuten. Aber was bedeutet er wirklich? Und bedeutet er überhaupt etwas? Das Problem der Traumbedeutung entspringt der Spannung zwischen einem
Deutungswunsch und einer Deutungsschranke angesichts eines Traums. Wo es keinen
Deutungswunsch gibt, stellt sich das Problem so wenig wie dort, wo es keine Deutungsschranke gibt. In diesen beiden Fällen kommt aber auch das Deuten selbst zur Ruhe: im
einen, wunschlosen Fall verharrt es im Zustand des Nicht-Wissens, im andern, schranken-
losen Fall erstarrt es im Zustand des Vermeintlich-Wissens.

Die beiden Fälle kennzeichnen zwei Grundpositionen, die jeglicher Sinn- und Bedeutungs-
frage gegenüber eingenommen werden können: die agnostische und die dogmatische Po-
sition. Im weiten Feld dazwischen liegt die hermeneutische Position. Die hermeneutische
Position weiss nicht, aber sucht zu verstehen, und wo sie versteht, vergewissert sie sich.
Gegenüber der agnostischen Position vertritt die hermeneutische Position die These: "Der
Traum hat Bedeutung; wenn ich ihn so und so auffasse, dann zeigt er mir das und das".
Der dogmatischen Position hält die hermeneutische Position entgegen: "Der Traum hat
nicht nur diese eine Bedeutung; wenn ich ihn anders auffasse, dann zeigt er mir das und
das".

Die hermeneutische Position geht also davon aus, dass die Bedeutung eines Traums weder unbestimmbar noch feststehend ist, sondern innerhalb eines Spielraums von Deu-
tungsmöglichkeiten erarbeitet wird. So gesehen ist Traumbedeutung eine offene Grösse,
die in der Auseinandersetzung zwischen einem Deutungsgegenstand, dem Traum, und einem Deutungssubjekt, dem Trauminterpreten, Gestalt annimmt. Der Deutungswunsch ist in
dieser Auseinandersetzung die Kraft, die den Trauminterpreten auf den Traum zugreifen
lässt, die Deutungsschranke der Widerstand, den der Traum dem Zugriff entgegensetzt.

Von der hermeneutischen Position aus gesehen sind die agnostische und die dogmatische
Position untaugliche Versuche, dem Bedeutungsproblem zu entkommen. Wird das Bedeutungsproblem nämlich auf die agnostische Seite hin reduziert, z.B. in der radikalen
Form: "Der Traum hat keine wirkliche Bedeutung", stellt sich sogleich ein Erklärungsproblem: Wie lässt sich erklären, dass der Traum, z.B. für den Träumer, eine intensive Bedeutsamkeit annehmen kann? Sucht man auf der anderen Seite eine Ausflucht bei der dogmatischen Position, z.B. in der Art: "Der Traum bedeutet in Wirklichkeit das und das", verwandelt sich das Bedeutungsproblem in ein Beschreibungsproblem: Angesichts der intersub-
jektiven Deutungsdifferenzen sieht man sich gezwungen, auf eine detailliertere Beschreibung des Traums zurückzugreifen. Diese Feststellung weist uns darauf hin, dass Traumdeutung zwischen Traumerklärung und Traumbeschreibung zu situieren ist.

In der Hermeneutik wird häufig die Metapher des Dialogs gebraucht. Einen Traum deuten
hiesse demnach, ihn zum Reden zu bringen, indem man geeignete Fragen an ihn stellt. Als
Voraussetzungen zur Deutung gälten innerhalb dieser Metapher dieselben, die einen Dia-
log ermöglichen: die Bereitschaft, sich einzubringen und die Bereitschaft hinzuhören. Die
agnostische und die dogmatische Position lassen beide den Traum stumm, die erste, weil
sie nichts fragt, die zweite, weil sie nicht antworten lässt. Die hermeneutische Position aber
erhält Antwort, und je nach der Frage eine andere. Das dialogische Verhältnis zwischen Traum
und Interpret ermöglicht verschiedene Bedeutungen. Das heisst aber keineswegs, dass
Bedeutung eine Frage des Beliebens sei. So wie das Zustandekommen eines Dialogs an
Regeln gebunden ist, so dürfte es Regeln für die Bildung von Traumbedeutung geben.

In bezug auf die spezifischen Aspekte der Traumbedeutung stellen sich drei Fragen: 1) Wie
kann ein Traum überhaupt etwas bedeuten? 2) Warum soll ein Traum etwas bedeuten?
und 3) Warum ist es nicht klar, was ein Traum bedeutet? Alle drei Fragen verweisen auf den
phänomenologischen Status des Traums.

1) Die grundsätzlichste Frage ist die erste, weil sie die Bedingung der Möglichkeit von Traumbedeutung erfragt. Es fällt auf, dass diese Frage in der Traumliteratur selten gestellt wird. Dabei ist es gewiss merkwürdig, dass der Traum als kognitiv-emotionales Phänomen zu einem Deutungsgegenstand wird. Bei anderen kognitiv-emotionalen Phänomenen wie z.B. Wahrnehmungen, Erinnerungen, Eindrücken haben wir jedenfalls nicht die Gewohnheit zu fragen, was sie bedeuten. Eine Ausnahme gibt es bezeichnenderweise in einem psychotherapeutischen Setting. Dort können psychische Phänomene hinterfragt werden, wenn sie die Selbstverständlichkeit des blossen Daseins verlieren oder selbst befremdende Gestalt annehmen. In dem Masse, wie uns ein psychisches Phänomen fremd wird, beginnen wir, nach seiner Bedeutung zu fragen. Oder in der Metapher von Innen und Aussen: solange wir in einem Phänomen drin sind, ist es uns selbstverständlich; erst wenn wir aus ihm hinaustreten, wird es deutbar. Dieses Hinaustreten-aus-dem-Phänomen ist beim Traum das Erwachen. Mit dem Erwachen erweist sich die scheinbare Wirklichkeit als Traum. VON USLAR (1964) hat aufgezeigt, dass das Erwachen die eigentliche Bedingung dafür ist, dass der Traum etwas bedeuten kann.

2) Die zweite Frage ist die nach dem Deutungswunsch. Es ist ja nicht der Traum selbst, der den Anspruch stellt, verstanden zu werden. Vielmehr ist es der Träumer, der ein Interesse an der Deutung hat. Dieses Interesse ist vom Gefühl begleitet, dass es im Traum um die eigene Sache geht. Der Träumer ist involviert in seinen Traum. Was in gewissem Sinn für jeden Deutungsgegenstand gilt, ist hier radikalisiert: der Traum ist geradezu dadurch charakterisiert, dass er für den Träumer unmittelbare Wirklichkeit ist - solange er träumt. Auch dieser Aspekt der ursprünglichen Wirklichkeit des Traums wird in der Traumliteratur selten berücksichtigt (BOSS 1953, VON USLAR 1964). Dabei ist es gerade dieser Aspekt, der die Frage nach dem Deutungswunsch ausreichend beantwortet: der Traum soll deshalb etwas bedeuten, weil, was sich als Traum herausgestellt hat, vorher Wirklichkeit war.

3) Die dritte Frage ist die nach der Deutungsschranke. Dazu finden wir viele Kommentare: der Traum wird als bizarr, fantastisch, irreal, alogisch etc. beschrieben - im Vergleich zu den Wacherlebnissen, was nicht immer hinzugefügt wird. Die Traumwelt scheint etwas ganz anderes als die Wachwelt zu sein. Wie die experimentelle Traumforschung gezeigt hat, treffen diese Charakterisierungen zwar für spontan erinnerte Träume tendenziell zu, viel weniger aber für systematisch erfragte Träume (FOULKES 1979, STRAUCH 1981). Träume, die im Schlaflabor erhoben wurden, beinhalten oft recht triviale Geschehnisse, die keineswegs bizarr sein müssen. Diese Feststellung bringt uns einen wesentlichen Aspekt des Bedeutungsproblems nahe: Verständlichkeit des Trauminhalts ist nicht identisch mit Ersichtlichkeit der Traumbedeutung (SEITZ 1982). Grundsätzlich sind zwei Ebenen zu unterscheiden, wie wir seit FREUD (1900) wissen: die Ebene des manifesten Trauminhalts und die Ebene der latenten Traumbedeutung. Während das Verhältnis dieser beiden Ebenen verschieden aufgefasst werden kann - als Verhüllung oder als Enthüllung (RICOEUR 1965) - besteht ihr Unterschied notwendigerweise (VON USLAR 1964). Die wesentliche Deutungsschranke besteht darin, dass im Traum zwei Wirklichkeitsebenen ineinander greifen: erst wenn in der scheinbaren Wirklichkeit des Traums eine tiefere Wirklichkeit aufscheint, kann der Traum Bedeutung annehmen.

1.2 EINE DEFINITION VON TRAUMBEDEUTUNG

Um das Problem der Traumbedeutung analysieren zu können, muss zumindest ansatzweise geklärt sein, was es überhaupt heisst, von 'Bedeutung' zu reden. Es gibt ein ausserordentlich breites Spektrum von Auffassungen über die Bedeutung von 'Bedeutung'. ARKIN (1978) referiert eine Liste von 13 verschiedenen Auffassungsmöglichkeiten und weist darauf hin, dass er keine Vollständigkeit beansprucht.

> Actually, that which is included in the category of meaningfulness is so complex as to defy concise description. (..) For example, the 'meaning' of an expression may pertain to aspects of denotation, connotation, intentions, implication, emotion, pro-

gnostication, emphasis, memories, associations, encoding, and other related considerations (ARKIN 1978, 554).

Angesichts dieser Ueberfülle von Auffassungsmöglichkeiten von 'Bedeutung' verzichtet ARKIN auf eine Definition. Er plädiert für eine extreme Ausweitung des Bedeutungsbegriffs und eine grundsätzliche Anerkennung einer Mehrzahl von Bedeutungsmöglichkeiten.

> For the purpose of my exposition, 'meaning' is to be understood in its broadest possible sense to include conscious and unconscious meanings of all verbal and non-verbal forms of expression of the psyche (..). It is therefore, invalid and simplistic to seek *the* underlying meaning of a dream (a.a.O., 554).

Es darf nicht übersehen werden, dass durch das Konzept der Bedeutungsmehrzahl die Bedeutungsfrage keineswegs beantwortet ist. Wenn man nicht einem indifferenten Pluralismus verfallen will, muss man nach Kriterien suchen, die entscheiden lassen, was die Bedeutungen sein können und wie sie sich unterscheiden.

Wie die Skizzierung der hermeneutischen Position gezeigt hat, ist Bedeutung eine offene (oder dynamische) Grösse, die in der dialogischen Auseinandersetzung zwischen TRAUM (Objektpol) und INTERPRET (Subjektpol) bestimmt wird. Bedeutungsauffassungen lassen sich prinzipiell in traumzentrierte und interpretzentrierte Ansätze aufteilen: Bedeutung ist einerseits das, was der Traum hergibt, anderseits das, was der Interpret herausholt.

Es fällt nun aber auf, dass in diesem dialogischen Verhältnis der Träumer keinen eigenen Platz hat. Dabei ist er der einzige, der über das Traumerlebnis berichten kann. Bestimmte Zusatzinformationen zum Traum bekommen wir nur von ihm. Vor allem aber ist er der hauptsächliche Adressat aller Deutungsversuche. An seiner Reaktion lassen sich Deutungen messen. Es muss also ein weiterer Subjektpol eingeführt werden, der als primärer dem sekundären des Interpreten gegenübergestellt wird: der TRÄUMER.

Bei näherer Betrachtung des Objektpols ergibt sich ebenfalls eine Verdoppelung. Der Deutungsgegenstand TRAUM hat nämlich selbst einen GEGENSTAND. Das kann beispielsweise die Person sein, die im Traum verzerrt auftritt, oder die Sorge des wachen Träumers, die ihn in den Traum hinein begleitet. Dieses indirekte Objekt ist also der Bezugspunkt im Wachleben des Träumers, der im direkten Objekt, dem Traum, zur Darstellung kommt. Dass es sich hier um einen eigenen Pol handeln muss, kann daraus ersehen werden, dass in der Deutungspraxis ein entscheidender Schritt getan ist, wenn die Frage beantwortet werden kann, worauf sich ein bestimmtes Traumelement oder ein Traumsegment bezieht. In diesem Fall kann sich für den ganzen Traum ein neuer Sinn ergeben, der evtl. plausibler ist, weil er einen konsistenteren Zusammenhang zwischen den Traumteilen herstellt.

In Bedeutungsanalysen trifft man immer wieder auf den Faktor 'Kontext'. Häufig wird 'Kontext' als Sammelname für all jene nicht leicht spezifizierbaren Faktoren verwendet, die dem Hauptfaktor 'Text' gegenüberstehen. Dass Kontextfaktoren auch im Fall des Traums relevant sind, liegt auf der Hand. Wichtig ist etwa, in welchem Traum-Kontext ein Traumelement steht, in welchen Wach-Kontext ein Traum gestellt wird, in welchem situativen Kontext ein Traum gedeutet wird, schliesslich welcher theoretische Kontext an den Traum herangetragen wird. Weil offensichtlich sehr unterschiedliche Dinge unter den Kontext-Begriff fallen, soll er differenziert werden. Der trauminterne Kontext wird dem Faktor TRAUM zugerechnet, der Wach-Kontext dem Faktor GEGENSTAND, sofern er als Bezugspunkt des Traums dient.

Für den situativen und den theoretischen Kontext sollen zwei neue Faktoren in das Bedeutungsgeschehen eingeführt werden. Der Faktor SITUATION umfasst jene Faktoren, die in der Deutungs- und Anwendungssituation die Traumbedeutung mitkonstituieren: die Beziehung zwischen Träumer und Interpret, das Setting (etwa eine Therapiesituation), das Thema (das momentan im Vordergrund steht) und andere relevante Umstände. - Der Faktor SYSTEM ist das eigentliche Instrument der Bedeutungsbildung. 'System' meint in diesem Zusammenhang weniger die Gesamtheit von theoretischen Annahmen, auf welche sich ein konkreter Deutungsprozess stützt, sondern das spezifische Zeichensystem, das die Regeln für die Bedeutungsbildung liefert.

Als Metapher für das Bedeutungsgeschehen kann nun ein 'Hexalog', ein Spiel zwischen sechs Teilnehmern, gewählt werden. Am Zustandekommen von Traumbedeutung sind beteiligt: der Traum, der Interpret, der Träumer, der Bezugsgegenstand, die Anwendungssituation und das Zeichensystem. Es ist nun möglich, eine genetische Definition (MENNE 1980, 28) von Traumbedeutung zu formulieren, die die wesentlichen Faktoren der Bedeutungsbildung samt ihrer Interaktion berücksichtigt:

Traumbedeutung ist das, was ein TRAUM dem TRÄUMER an einem GEGENSTAND zeigt, wenn ihn (d.h. den Traum) ein INTERPRET in einer bestimmten SITUATION mit einem ZEICHENSYSTEM zusammenbringt.

Die zentrale Einsicht ist wohl die, dass 'Bedeutung' eine ausgesprochen dynamische Qualität hat. Traumbedeutung muss grundsätzlich als Resultat einer Interaktion, als Produkt eines Prozesses aufgefasst werden. Deswegen drängt sich in der Erforschung der Traumbedeutung ein Perspektivenwechsel auf: es ist müssig, der Bedeutung eines Traums wie einer statischen Eigenschaft, die etwa im Traumtext versteckt wäre, nachzujagen; noch unergiebiger ist es freilich, die Bedeutungssuche ganz aufzugeben oder in das freie Belieben abzudrängen. Der Ausweg liegt dort, wo dem Entstehen der Traumbedeutung, dem Prozess der Bedeutungsbildung, nachgegangen wird.

Der Prozess der Bedeutungsbildung stellt sich unter verschiedenen Aspekten dar, je nach dem, welchem Bedeutungsfaktor das Hauptgewicht beigemessen wird. Abbildung 1 gibt eine Uebersicht über die sechs Faktoren der Bedeutungsbildung und bezeichnet die entsprechenden Prozessaspekte.

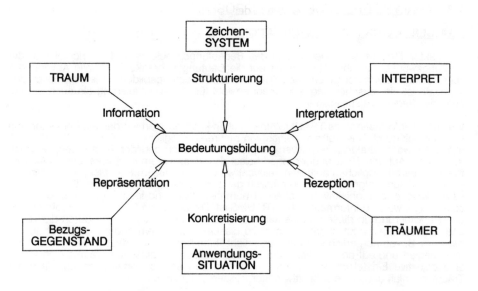

Abbildung 1:   Die 6 Bedeutungsfaktoren bei der Bildung von Traumbedeutung und die
dazugehörigen Aspekte des Bedeutungsprozesses.

1.3 ANALYSE DES BEDEUTUNGSPROBLEMS

1.3.1 DER FAKTOR *TRAUM*: INFORMATION

Der Faktor TRAUM bildet den Fokus des Bedeutungsproblems. Auf ihn richtet sich der Deutungswunsch, an ihm stossen wir auf die Deutungsschranke (1.1). Wie Abbildung 1 zeigt, ist *Information* der Beitrag des TRAUMS zur Bedeutungsbildung. Die Information des TRAUMS ist ein entscheidendes Moment sowohl für die Konstituierung als auch die Lösung des Bedeutungsproblems.

Was ist die Information des TRAUMS? Information kann definiert werden als Reduktion von Unsicherheit durch das Auftreten eines von mehreren möglichen Ereignissen (ECO 1972, 52ff.). Nur wo es Ereignisalternativen gibt, kann Information gebildet, übertragen, verarbeitet werden. Auf den TRAUM übertragen heisst das, dass Traumereignisse, die als Alternative zu anderen möglichen auftreten, relevant werden. An diesem Punkt ist grosse Vorsicht geboten. Traumereignisse können nämlich ganz verschiedener Natur sein. Einerseits gibt es *empirische*, d.h. objektiv erfassbare, Traumereignisse, und insofern ist es eine empirische Frage, was die Information des TRAUMS ist. Die adäquate Methode ist Beobachtung und Registrierung. In diesem Sinne kann der TRAUM Information liefern durch die Tatsache, dass er überhaupt auftritt, dass er zu diesem und keinem andern Zeitpunkt auftritt, dass er z.B. von körperlicher Unruhe und nicht Ruhe begleitet ist, dass er auf gewisse Stimuli reagiert und auf andere nicht. Zur Erfassung dieser empirischen Traumereignisse ist eine objektive Einstellung angebracht, und man darf es als Vorteil ansehen, dass der Träumer schläft und keine subjektiven Störgrössen produziert.

Es sind in der Regel nicht diese empirischen Traumereignisse, auf die bei Bedeutungsfragen Bezug genommen wird. Vielmehr meint man die Ereignisse, die in der Traumwelt stattgefunden haben. Diese müssen wir als *phänomenale* Ereignisse bezeichnen. Phänomenale Ereignisse können nicht beobachtet, wohl aber beschrieben werden, und zwar von der Person, die sie erlebt hat. Man ist hier völlig auf die Auskunft des TRÄUMERS angewiesen, und statt der objektiven Einstellung muss notwendigerweise eine intersubjektive Einstellung eingenommen werden. Die Daten liegen in Form eines Traumberichts und eventueller zusätzlicher Angaben vor. Das spezielle Problem hierbei ist, dass der TRÄUMER, der ja geweckt werden muss, selbst keinen unmittelbaren Zugang mehr zu den phänomenalen Traumereignissen hat. Er muss sie in der Erinnerung rekonstruieren, bevor er sie beschreiben kann. Durch die sprachliche Formulierung werden die Traumphänomene einer erneuten Bearbeitung ausgesetzt, die gewöhnlich stärker verändernd eingreift als bei der Beschreibung von Wachphänomenen. Es hat also eine doppelte Umsetzung stattgefunden: durch Erinnerung und Beschreibung.

Empirisch ist die Tatsache des Träumens, phänomenal der Inhalt des Träumens erfassbar. Eine sinnvolle Information über einen TRAUM muss aber aus beiden Quellen gespeist werden. Erst das phänomenale Was eröffnet dem empirischen Dass den Zugang zur Traumwelt; umgekehrt führt erst das empirische Dass des Träumens wieder zurück in die Wachwelt. Es handelt sich hier um einen eigenartigen Zirkel von Wissen und Nicht-Wissen: das phänomenal Erschlossene muss empirisch wieder geschlossen werden, um als Information gelten zu können. Diese strukturelle Widersprüchlichkeit der TRAUM-Information führt, pointiert gesagt, zugleich zu Reduktion und Produktion von Unsicherheit. Analoge Verhältnisse bestehen übrigens bei sämtlichen fiktionalen Gebilden.

Wenn hier von der Information des TRAUMS die Rede war, mag das vertraut geklungen haben. In der letzten Dekade hat sich auch in der Traumforschung das Paradigma der Informationsverarbeitung durchgesetzt (ANTROBUS 1978, PALOMBO 1978, MCCARLEY & HOBSON 1979, KOUKKOU & LEHMANN 1980, MOSER ET AL. 1980, FOULKES 1981). Der Informationsbegriff wird hier aber nicht auf den Prozess des Träumens beschränkt, sondern zusätzlich auf den vorgängigen Wachprozess wie auch auf den nachfolgenden Prozess des Verstehens und Deutens eines Traums bezogen. Auch PALOMBO (1980) wendet den Informationsbegriff auf den Prozess der Traumdeutung an, wenn er von FREUDs (1980) Verfahren sagt:

> It adds the information contained in the patient's associations and history to the information provided by the dream materials, forming a new and more complex entity, the dream interpretation itself (PALOMBO 1980, 194).

1.3.2 DER FAKTOR *INTERPRET:* INTERPRETATION

Der INTERPRET ist der eigentlich handelnde Teil im Bedeutungsgeschehen. Durch ihn wird Bedeutung formuliert; durch ihn gibt der TRAUM etwas her, womit dann der TRÄUMER etwas anfangen kann. Deshalb kann der INTERPRET der *Agent* im Bedeutungsprozess genannt werden. 'Agent' verweist einerseits auf das Aktiv-Sein des INTERPRETEN, anderseits auf die Vermittlerstellung zwischen TRAUM und TRÄUMER. In diesem Sinn wird der TRAUM zum *Offerenten* und der TRÄUMER zum *Interessenten*. Mit 'Agent', 'Offerent' und 'Interessent' wird eine Teilstruktur der Bedeutungsdynamik bezeichnet. Durch diese drei Begriffe wird deutlich, inwiefern TRAUM, INTERPRET und TRÄUMER aufeinander angewiesen sind: ohne TRAUM hat der INTERPRET nichts zu tun; ohne INTERPRET kann der TRAUM sein Angebot nicht absetzen; ohne TRÄUMER erlahmt, wenn man so will, die Nachfrage.

Inwiefern ist das Aktiv-Sein des INTERPRETEN problematisch? Inwiefern trägt die *Interpretation* zum Bedeutungsproblem des Traums bei? Die Antwort ist im Verhältnis zwischen INTERPRET und TRAUM zu suchen. Für dieses Verhältnis, das oben (1.1) als dialogisch beschrieben wurde, ist charakteristisch, dass es sich nicht auflösen lässt, weder durch eine Vereinigung noch durch eine Trennung. 'Vereinigung' würde heissen: die Deutung des INTERPRETEN fällt völlig zusammen mit der Bedeutung des TRAUMS; und 'Trennung' würde besagen: die Deutung des INTERPRETEN hat nichts zu tun mit der Bedeutung des TRAUMS.

Demgegenüber gibt es zwei hermeneutische Prinzipien: die Unendlichkeit und die Gebundenheit der Interpretation. Der Deutungsprozess ist insofern unendlich, als er das Ganze der Traumbedeutung niemals expliziert, und insofern gebunden, als er Teile der Traumbedeutung nur in ständigem Rückgriff auf den TRAUM erfasst. Dadurch erhält das Interpretieren seinen *diskursiven* Charakter: vergleichbar dem hypothesengeleiteten wissenschaftlichen Denken nähert er sich Schritt für Schritt seinem Ziel, der Bedeutung. Insofern müsste es möglich sein, einen Formalismus zu finden, der das Interpretieren in methodischer Strenge und Exaktheit übernehmen würde. Das Interpretieren ist aber ebenso durch seinen *intuitiven* Charakter ausgezeichnet. Auch wenn das Ganze der Bedeutung nicht expliziierbar ist, so kann es doch intuitiv erfasst werden. Durch Intuition kommt ein Grossteil der Hypothesenbildung zustande. Der intuitive Aspekt von Interpretation ist schwerlich formalisierbar. Der INTERPRET agiert einerseits als regelgeleitetes System, anderseits als intuitive Person.

Dieser eigentümliche Doppelcharakter der Trauminterpretation, halb intuitiv-emotional, halb diskursiv-intellektuell, wurde schon vor 25 Jahren von FROMM & FRENCH (1962) treffend beschrieben. Sie präsentieren im Kern auch schon eine Interpretationstheorie, die auf dem sinnvollen Zusammenspiel von Intuition und Diskursivität basiert.

> In order to understand a dream, the interpreter must involve himself open-mindedly in a parallel re-creative, non-schematic process. It is an intuitive activity. But if it is to be more than a hit-or-miss spouting off of the analyst's own brainstorms it requires also scientific self-discipline and the willingness to evaluate critically and conscientiously the ideas and hypotheses one has arrived at intuitively. Only then can the interpreter find out whether his intuitive hypotheses are correct, need modification and/or refinement, or whether they should be discarded because they are wrong (FROMM & FRENCH 1962, 271).

18

Im Wechselspiel von intuitiver Hypothesenbildung und diskursiver Hypothesenüberprüfung lässt sich im Faktor INTERPRET - analog zum Faktor TRAUM - ein Moment sowohl der Konstituierung als auch der Lösung des Bedeutungsproblems des Traums aufdecken.

Es sei nun auf eine Besonderheit des Interpretationsbegriffs im Bereich der Traumforschung verwiesen. In der kognitiven Psychologie wird der Begriff häufig verwendet: es scheint, dass jegliche Strukturierungsleistung in der Wahrnehmung oder im Sprachverstehen als 'Interpretation' bezeichnet werden kann. Hier handelt es sich um einen sehr weiten Interpretationsbegriff mit einem Umfang, der in etwa dem der 'Codierung' bzw. 'Decodierung' entspricht. So aufschlussreich es ist zu sehen, dass interpretative Aktivität schon auf ausgesprochen datennaher Ebene zu finden ist, so sehr kann diese Feststellung auch verwirren. Im Falle des Traums handelt es sich nicht um eine gewöhnliche Information, die interpretiert wird, sondern um eine paradoxal strukturierte (1.3.1), die häufig 'metaphorisch' oder 'symbolisch' genannt wird.

Entsprechend ist auch die Arbeit der Interpretation eine besondere: sie befasst sich mit dem, was RICOEUR (1969) "Doppelsinn" nennt:

> Diese Arbeit wird angeregt durch eine intentionale Struktur, die nicht im Verhältnis von Sinn und Sache besteht, sondern in einer Architektur des Sinns, in einem Verhältnis von Sinn und Sinn, von zweitem und erstem Sinn, ob es sich nun um ein Analogieverhältnis handelt oder nicht, ob der erste Sinn den zweiten verschleiert oder enthüllt (im Orig. kursiv, Anm. R.S.) (RICOEUR 1969, 30).

Unschwer ist im "ersten Sinn" der 'manifeste Inhalt' und im "zweiten Sinn" die 'latente Bedeutung' zu erkennen. Das Besondere der Interpretation von Träumen - und psychischen Manifestationen überhaupt - ist die Bewegung von einem Sinn zu einem andern, tiefern Sinn und nicht, wie beim Sprachverstehen, von einer Sache (Wortlaut) zu einem Sinn (Inhalt) oder gar, wie bei der Wahrnehmung, von einer Sache (Stimuli) zu einer Sache (Gegenstand).

1.3.3 DER FAKTOR *TRÄUMER*: REZEPTION

Der TRÄUMER ist als Interessent im Bedeutungsgeschehen bezeichnet worden (1.3.2). Für ihn wird in der Regel der Prozess der Bedeutungsbildung entfaltet. Was er als Bedeutung akzeptiert, kann wirksam werden; was er als Bedeutung verwirft, bleibt wirkungslos. In der Wirkung, die ein TRAUM auf den TRÄUMER ausübt, nimmt die Bedeutung eine spezifische Form an, geht in Endlichkeit über. So kann man von einem Prinzip der Endlichkeit der Wirkung reden, das im Kontrast steht zum Prinzip der Unendlichkeit der Interpretation (1.3.2).

In bezug auf die Traumbildung liegt es auf der Hand, dass Person und Situation des TRÄUMERS das Traumprodukt stark determinieren und deshalb bei der Frage nach der Traumbedeutung relevant werden. HALL (1966) liefert hierzu eine farbenprächtige Beschreibung:

> The cardinal rule for understanding dreams is that a dream is a creation of the dreamer's mind. The dreamer is playwright, producer, director, scenery designer, stage manager, prompter, principal actor and audience all at the same time. He writes and prepares the dream for production, sets the stage and designs the costumes, arranges the business and stage effects, provides the props, instructs the actors in the interpretation of their parts, assumes the leading role, does the work of the stagehands, and then sits back to enjoy or suffer through the performance. In short, a dream is a projection of what the dreamer thinks about himself, about other people and about the world (HALL 1966, 86).

Auch wenn man über die Brauchbarkeit von Metaphern in der Theoriebildung geteilter Meinung sein kann, ist doch nicht zu übersehen, dass der letzte Satz des zitierten Abschnitts ein Kernstück einer interpretativen Theorie darstellt. Damit ist der Stellenwert des Faktors TRÄUMER für die Trauminterpretation angesprochen. Es ist bekannt, dass schon der berühmte antike Traumgelehrte, ARTEMIDOR VON DALDIS, Informationen über den Träumer als unerlässlich für die Traumdeutung ansah.

> Es ist für den Träumenden und für den Ausleger nützlich, und nicht nur nützlich, sondern geradezu notwendig, dass der Traumdeuter genau weiss, wer der Träumende ist, dass er über dessen Beruf, seine Herkunft, seine Vermögensverhältnisse, seinen Gesundheitszustand und über sein Alter unterrichtet ist (ARTEMIDOR VON DALDIS 1979, 24).

Die Bedeutung eines TRAUMS lässt sich nur in Hinsicht auf den TRÄUMER bestimmen. Dieses Prinzip, das also schon im 2. Jahrhundert n. Chr. formuliert wurde, hat FREUD (1900) mit seiner Technik der freien Assoziation radikalisiert und ins Zentrum seines Deutungsverfahrens gerückt.

Aber die Rolle des TRÄUMERS erschöpft sich gewiss nicht darin, dass er den TRAUM determiniert und den INTERPRETEN informiert. Als Interessent im Bedeutungsprozess hat er eigenständige Relevanz, d.h. TRAUM und INTERPRET übernehmen auch eine Funktion für ihn. Diesem Umstand wurde lange Zeit theoretisch und praktisch zu wenig Rechnung getragen (ULLMAN & ZIMMERMAN 1979). Dabei ist es unverkennbar der TRÄUMER, den der TRAUM in erster Linie betrifft und dem der INTERPRET Verständnishilfe leistet. Deshalb wird die Frage zentral: was macht der TRÄUMER mit der Information des TRAUMS und der Interpretation des INTERPRETEN? Das ist gemeint, wenn von der *Rezeption* des TRÄUMERS die Rede ist.

Es ist interessant festzustellen, wie der Rezeptionsgedanke seit etwa Mitte der siebziger Jahre verschiedene Bereiche innerhalb und ausserhalb der Psychologie durchdrungen hat (vgl. z.B. MANDL 1981). Den entsprechenden Ansätzen ist gemeinsam, dass sie ihren Gegenstand als Kommunikationsphänomen betrachten, und zwar unter der Perspektive des Rezipienten. Darüber hinaus gibt es jedoch beträchtliche Unterschiede, vor allem in bezug auf die Frage, was das Verhältnis von kognitiven und emotionalen Faktoren in der Rezeption sei. Je mehr der kognitive Faktor betont wird, desto stärker treten die strukturellen Beschränkungen der Rezeption hervor; je mehr der emotionale Faktor gewichtet wird, desto zentraler erscheinen die identifikatorischen Möglichkeiten der Rezeption. Diese beiden Aspekte der Rezeption sollen *schematisch* und *identifikatorisch* benannt werden.

In der Traumrezeption ist der identifikatorische Aspekt leicht ersichtlich. Der TRÄUMER macht sich spontan oder vermittelt durch die Interpretation Teile des TRAUMS zu eigen, sei es, dass er sich damit identifiziert, so wie er es, in der Rezeption von äusserem Geschehen oder von fremden Produkten tun kann, sei es, dass er sie als Projektion aus dem eigenen Innern anerkennt und zurückholt. Dieser identifikatorische Rezeptionsaspekt ist von einer gewissen Unberechenbarkeit geprägt, er kann einsetzen oder auch nicht, er kann Teile des TRÄUMERS oder seine ganze Person erfassen, er kann sich allmählich oder plötzlich einstellen, er kann geringe oder starke Auswirkungen haben. Demgegenüber ist die schematische Rezeption viel kalkulierbarer. Es ist nicht erstaunlich, dass die Wissenschaften, die viel auf Exaktheit halten, z.B. die Cognitive Science, sich vorwiegend mit den schematischen Aspekten der Textrezeption abgeben, während insbesondere hermeneutische Ansätze schematische Aspekte geringer zu achten scheinen. Auch hier könnte ein semiotischer Ansatz - sofern er den subjektiven Faktor genügend ins Spiel bringt - überbrückend wirken.

Was heisst das nun für das Bedeutungsproblem? Auch bei diesem dritten Faktor ist ein Doppelaspekt erkennbar. Das Verhältnis von identifikatorischen und schematischen Anteilen der Rezeption korrespondiert offensichtlich jenem von intuitiven und diskursiven Anteilen der Interpretation. Während eine rein schematische Konzeption der Traumrezeption am

Bedeutungsproblem vorbeizielt, da sie es auf ein Wissensproblem reduziert, würde sich eine rein identifikatorische Konzeption gewissermassen im Bedeutungsproblem verlieren, da sie keine konkrete Beschreibung des Rezeptionsprozesses liefern könnte. Nur durch das Zusammenspiel von schematischer und identifikatorischer Aktivität kann der Doppelcharakter der Traumwirkung als (kognitiv erworbenes) Wissen, das (emotional) engagiert und verändert, erfasst werden.

1.3.4 DER FAKTOR *GEGENSTAND*: REPRÄSENTATION

Die Frage nach dem GEGENSTAND des TRAUMS ist vielleicht die augenfälligste beim Bedeutungsproblem. Sie kann in die prägnante Form gesetzt werden: wofür steht der TRAUM? Es scheint völlig einleuchtend zu sein, dass die Bedeutung gefunden ist, wenn sich angeben lässt, wofür der TRAUM steht. In dieser Sichtweise erscheint der TRAUM als direktes Objekt, das vor ein indirektes Objekt gestellt ist und den Blick auf dieses entweder - wie eine Wand - verstellt oder - wie ein Fenster - eröffnet.

Diese Ansicht ist nicht falsch, aber irreführend. Sie suggeriert, dass die Bedeutung eines TRAUMS eine statische Grösse sei. Demgegenüber ist schon mehrmals auf den dynamischen Charakter der Traumbedeutung verwiesen worden. Um im Bilde zu bleiben, liesse sich sagen, dass der TRAUM nicht 'für einen Gegenstand steht', sondern 'sich in bezug auf einen GEGENSTAND bewegt', und zwar in Abhängigkeit von der Aktivität des INTERPRETEN und des TRÄUMERS als Rezipienten.

Der zweite Irrtum bestünde in der Annahme, dass der GEGENSTAND, auf den der TRAUM verweist, ein konkretes Einzelding sei, so wie ein Eigenname für eine ganz bestimmte Person steht. Diese konkrete Bezugnahme lässt sich auf der Ebene einzelner Traumelemente durchaus auffinden, nicht aber auf der Ebene des Traumganzen. Dort wird Bezug genommen auf etwas von der Art einer Situation, nicht eines Dings, oder in anderer Terminologie: auf eine Relation, nicht auf eine Substanz. Unter den beiden Einschränkungen der nicht-statischen Bezugnahme und des nicht-substantiellen Gegenstandes ist festzuhalten, dass ein zentraler Bedeutungsaspekt im GEGENSTAND liegt, auf den der TRAUM Bezug nimmt.

Der GEGENSTAND eines bedeutungshaften Ausdrucks ist in der Semantik seit OGDEN & RICHARDS (1923) unter dem Terminus 'Referent' in eine permanente Diskussion geraten. Die Autoren haben mit ihm gerade die konkreten Einzeldinge oder Sachen gemeint, von denen oben Abstand genommen wurde. Wenn der Terminus hier Verwendung findet, so nicht im Sinne von OGDEN & RICHARDS, sondern so, wie oben der GEGENSTAND des TRAUMS einschränkend beschrieben wurde. Der Terminus *'Referent'* ist nämlich geeignet, das Verhältnis aufzuzeigen, in welchem der GEGENSTAND zu den andern bisher besprochenen Faktoren steht. Der Traum-GEGENSTAND ist in der Bedeutungsdynamik jener Teil, der die Bedeutung wieder einbringt oder zurückbringt, wie die wörtliche Uebersetzung von 'Referent' nahelegt. Ziel des Wieder-Einbringens ist das Bewusstsein und Handeln des TRÄUMERS (des 'Interessenten'), vermittelt wird es durch die Tätigkeit des INTERPRETEN (des 'Agenten'), die wiederum das Angebot des TRAUMS (des 'Offerenten') voraussetzt.

Auch der Faktor GEGENSTAND hat eine eigenständige Relevanz, d.h. er geht nicht auf in der Funktion, die er für die andern Faktoren hat. Der GEGENSTAND des TRAUMS kann als das Stück Wirklichkeit, das er ist, durchaus für sich selbst bestehen. Er ist auch nicht auf den TRAUM angewiesen, um sich Geltung zu verschaffen, vermag er doch in Reaktionen des wachen TRÄUMERS genügend Bedeutung zu erlangen. Dass die Bedeutung bis ins Bewusstsein des TRÄUMERS getragen wird, kümmert den Referenten nicht. Er steht aber gewissermassen zur Verfügung, seinen Teil beizutragen, wenn sich ein TRAUM als Offerent zur Uebertragung anbietet.

In Hinsicht auf den GEGENSTAND des TRAUMS ist die Bedeutungsbildung ein Prozess der *Repräsentation*. In dessen Verlauf kommt im TRAUM der GEGENSTAND zur Darstellung, zur Vergegenwärtigung oder, wie häufig angenommen wird, zur Verbildlichung. So heisst etwa für HALL (1966), der sich ebenfalls mit dem Referenten der Traumbedeutung beschäftigt hat, Träumen ein Sichtbarmachen von Unsichtbarem, und den unsichtbaren GEGENSTAND identifiziert er mit Gedanken des TRÄUMERS.

> The images of a dream are the concrete embodiments of the dreamer's thoughts; these images give visible expression to that which is invisible, namely, conceptions.
> - Accordingly the true referent of any dream symbol is not an object or acitivity, it is always an idea in the mind of a dreamer (HALL 1966, 95).

Mit der Bestimmung des Traum-GEGENSTANDES als Gedanke des TRÄUMERS kommt HALL in die Nähe von FREUDs (1900) Begriff des latenten Traumgedankens. Allerdings übernimmt er nicht die damit verknüpfte These, dass der Traumgedanke in entstellter Form in den TRAUM eingehe. Hier liegt eine Schwierigkeit: wenn der GEGENSTAND des TRAUMS ein Gedanke ist, was ist dann der Gegenstand des Gedankens? Und in welcher Weise geht dieser in den TRAUM ein? Ist er vielleicht selbst nur ein Gedanke? Wenn die Objektivität des Traum-GEGENSTANDES in die Subjektivität des Bewusstseins des TRÄU-MERS aufgelöst wird, gibt es offensichtlich keine befriedigende Antwort auf die Frage nach der Repräsentation des GEGENSTANDS im TRAUM.

Mit dem Problem der Repräsentation als Bezug eines Subjekts auf ein Objekt hat sich die phänomenologische Psychologie von Anfang an auseinandergesetzt. Sie hat im Begriff der Intentionalität einen Lösungsansatz gefunden.

> Intentionalität meint die doppelte Zentrierung alles psychischen Lebens, dass alles Bewusstsein Bewusstsein von ... ist, und jede Gegenständlichkeit, ob als Wirklichkeit oder Möglichkeit, als mir geltende mit einer konkreten Form des Gerichtetseins korreliert (GRAUMANN & METRAUX 1977, 42).

Für unsern Zusammenhang heisst das, dass der Traum-GEGENSTAND weder mentalistisch eliminiert noch behavioristisch fixiert werden kann. Als Bezugs-GEGENSTAND des TRÄUMERS ist er - so wie der TRAUM selbst - eine sinnvolle Grösse, ein subjektiv aufgefasstes Objekt. In der Repräsentation des GEGENSTANDS sind so ein subjektives und ein objektives Moment zu unterscheiden, die aber nicht nebeneinander auftreten, sondern notwendig aufeinander bezogen sind. Die Repräsentation hat einen *objektiv-subjektiven* Doppelcharakter.

Wenn der GEGENSTAND des TRAUMS weder nur objektiv noch nur subjektiv ist, wenn er kein Ding und auch kein Gedanke ist, als was ist er denn aufzufassen? Auch hier bietet die phänomenologische Psychologie einen Grundbegriff als Lösungsansatz an. Es ist der Begriff der *Situation*. In ihm ist Objektives und Subjektives notwendig miteinander verbunden. Seinem Umfang nach ufert der Begriff fast ins Grenzenlose aus, seinem Inhalt nach ist er aber präzis zu bestimmen als Person-Welt-Beziehung.

> Wenn eine Person, die wir als Leibsubjekt konzipieren, in ihrem jeweiligen historischen Horizont und sozialen Kontext mit einer konkreten Umwelt in Kommunikation tritt, sprechen wir von einer Situation (GRAUMANN & METRAUX 1977, 46).

Situation hat grundsätzlich den Charakter einer Subjekt-Objekt-Relation. Nun ist auch und gerade der Repräsentation dieser Charakter zuzusprechen. Hier kommt aber als notwendiges drittes Moment das Medium, der TRAUM, hinzu. Im Prozess der Bedeutungsbildung wird die Repräsentation einer Situation (des TRÄUMERS) im TRAUM herausgearbeitet.

1.3.5 DER FAKTOR *SYSTEM*: STRUKTURIERUNG

Das SYSTEM, in welchem Bedeutungen aufgebaut werden, tritt im Prozess der Bedeutungsbildung kaum an die Oberfläche, entfaltet aber seine Wirkung umso mehr in einer darunter liegenden Schicht. Es hat deshalb in der Geschichte der Semantik lange gedauert, bis diesem Faktor der ihm gebührende Stellenwert eingeräumt wurde. Was die Sprachwissenschaft betrifft, hat in unserem Jahrhundert diesbezüglich eine eigentliche Umschichtung stattgefunden: an die Stelle einer historischen Orientierung trat mehr oder weniger radikal eine Systemperspektive; aus Philologie wurde Linguistik. Im linguistischen Strukturalismus finden sich die prägnantesten Aussagen zur Systemgebundenheit von Bedeutungen. In Anlehnung an die Linguistik hat auch in der Literaturwissenschaft strukturales Denken enormen Einfluss gewonnen und wichtige Ergebnisse gebracht. Von dieser Entwicklung dürfte auch eine Wissenschaft vom Traum profitieren, sofern sie überhaupt gewillt ist, den Traum als bedeutungsvolles Objekt zu sehen.

Die charakteristische Leistung des Faktors SYSTEM im Bedeutungsgeschehen ist die *Strukturierung* von Traumbedeutung. Dieser Terminus verweist auf den reich befrachteten Begriff der Struktur. PIAGET (1973), der dem Strukturalismus in den Wissenschaften eine Monographie gewidmet hat, sieht in der Dynamik eine der Haupteigenschaften von Strukturen. Sie sind nicht statische Formen, sondern Systeme von Transformationen.

> Wenn die Besonderheit der strukturierten Ganzheiten auf ihre Aufbaugesetze zurückgeht, sind sie folglich von Natur aus strukturierend, und diese ständige Dualität oder, genauer, Bipolarität der Eigenschaften, dass sie immer und gleichzeitig strukturierend und strukturiert sind, erklärt in erster Linie den Erfolg dieses Begriffs (..). Eine strukturierende Tätigkeit kann aber nur aus einem System von Transformationen bestehen (PIAGET 1973, 12f).

Dass diese Denkweise in der Traumtheorie so neu nicht ist, mag der Hinweis auf FREUD (1900) verdeutlichen. In der Darstellung von FOULKES (1978) ist der FREUDsche latente Traumgedanke nichts anderes als eine motivationale Struktur, die über die Transformationen der Traumarbeit zum Traumprodukt, dem manifesten Trauminhalt, führt.

An dieser Stelle möchte ich Begriffsverwirrungen vorbeugen. Es geht um das terminologische Verhältnis von 'System' und 'Struktur'. Was ich hier im Anschluss an PIAGET 'Struktur' genannt habe, deckt sich ungefähr mit dem, was oben 'System' hiess. Die beiden Begriffe werden in der Literatur manchmal synonym, gelegentlich gar antonym gebraucht. Grundsätzlich empfiehlt es sich, 'System' als geordnete Gesamtheit von Elementen und deren Beziehungen zueinander zu verstehen und 'Struktur' als Unterbegriff zu verwenden, der die Gesamtheit der Beziehungen zwischen den Elementen meint.

Im Hinblick auf den Faktor SYSTEM erscheint der Prozess der Bedeutungsbildung als Strukturierung. Aber ist das dieselbe Strukturierung, die dem FREUDschen Konzept der Traumarbeit zugeordnet ist? Nur zum Teil; handelt es sich doch das eine Mal um TRAUM-Bildung, das andere Mal um Bedeutungsbildung. Die TRAUM-Bildung ist mit dem TRAUM-Produkt abgeschlossen, bei der Bedeutungsbildung hingegen lässt sich schwerlich angeben, wo sie einsetzt. Je strukturierter ein TRAUM-Produkt ist, desto stärker hat die Bedeutungsbildung schon während der Traumbildung eingesetzt.

Daraus ist aber nicht zu schliessen, dass je strukturierter ein TRAUM-Produkt ist, umso weniger Interpretationsarbeit nötig wäre, zeigt doch FREUDs Lebenswerk, dass gerade beim TRAUM gegenläufige Bedeutungsprozesse - bewusstseinsnahe und bewusstseinsferne - stattfinden können. Daher ist auch die Möglichkeit zuzulassen, dass das Zeichen-SYSTEM, aufgrund dessen - hypothetischerweise - der TRAUM gebildet wird, nicht übereinstimmt mit dem Zeichen-SYSTEM, das in der Interpretation und evtl. Rezeption des TRAUMS verwendet wird.

Hier stellt sich also wieder die Frage, inwieweit Bedeutungen, die aus einem TRAUM herausgelesen werden, vorher gewissermassen hineingelegt wurden. Die einzige Möglichkeit eines Auswegs ist, Spuren des dem TRAUM zugrundeliegenden Zeichen-SYSTEMs zu sichern, durch sorgsame Prüfung des TRAUM-Produkts auf seine Strukturiertheit hin, oder aber - indirekt - durch Assoziierenlassen des TRÄUMERS. Beides ist von FOULKES (1978) versucht worden. Das Zeichen-SYSTEM, das an der Bedeutungsbildung beteiligt ist, hat intermediären Status, liegt zwischen TRAUM und INTERPRET. Insofern es aus Analysen von TRAUM-Produkten gewonnen werden kann, hat es *analytischen* Charakter, insofern es aus Modellvorstellungen konstruiert wird, hat es *synthetischen* Charakter.

Es findet sich also auch beim Faktor SYSTEM ein Doppelaspekt, der zum Bedeutungsproblem beiträgt: der analytisch-synthetische Charakter des Zeichen-SYSTEMS. Noch eine Bemerkung zum Verhältnis zu den übrigen Faktoren: wenn das Zeichen-SYSTEM das Mittel ist, durch welches Bedeutungen gebildet werden, ist ihm die Rolle des *Instruments* im Bedeutungsverhältnis zuzuweisen. Einmal ist es ein Instrument für den INTERPRETEN (den Agenten), der implizit oder explizit auf es zurückgreift. Zum andern ist es aber auch ein Instrument für den TRAUM (den Offerenten), dessen Bedeutungsangebot erst in einem SYSTEM von Alternativen zustandekommt. Schliesslich ist es auch ein Instrument für den TRÄUMER (den Interessenten), dessen Rezeptionsschemata wie ein Zeichen-SYSTEM strukturiert sein müssen. Was den Traum-GEGENSTAND (den Referenten) betrifft, so bildet er einen Bestandteil des Zeichen-SYSTEMS.

1.3.6 DER FAKTOR *SITUATION*: KONKRETISIERUNG

Mit diesem letzten Faktor ist der praktische Kontext gemeint, in welchem die Traumbedeutung konkrete Form annimmt. Es ist das Hier und Jetzt der beiden Subjekte im Bedeutungsprozess, des INTERPRETEN und vor allem des TRÄUMERS. Dieser Faktor steht nicht zufällig an letzter Stelle, denn hier findet der Uebergang der Bedeutung in die Praxis statt. Auch der Traum-GEGENSTAND, der ja gewissermassen am Anfang des Bedeutungsbildungsprozesses steht, wurde als Situation bestimmt (1.2.4).

Gemeint war dort das Ganze oder Komponenten der Lebenssituation des Träumers. Hier nun ist die SITUATION gemeint, bei der die Bedeutung in die Praxis umgesetzt wird. Das ist zunächst die SITUATION, in welcher der TRAUM erzählt wird, dann die SITUATION, in der interpretiert wird, und schliesslich die SITUATION, in der TRAUM rezipiert wird. Häufig wird es sich um dieselbe SITUATION handeln. Wichtig ist aber, der SITUATION der Rezeption eine gewisse Offenheit zuzugestehen: sie soll sich bis dahin erstrecken, wo der TRÄUMER praktische Konsequenzen aus dem TRAUM zieht, den TRAUM - wie man sagen kann - anwendet.

Anwendung oder Applikation ist ein Aspekt des Bedeutungsprozesses, der die traditionelle Hermeneutik lange beschäftigt hat. So unterschied z.B. die hermeneutische Reflexion des Pietismus zwischen einer 'subtilitas intelligendi' (Fähigkeit des Verstehens), einer 'subtilitas explicandi' (Fähigkeit des Auslegens, Interpretierens) und einer 'subtilitas applicandi' (Fähigkeit des Anwendens des Verstandenen) (LEIBFRIED 1980, 117). Diese Phasen-Einteilung hat gewisse Entsprechungen in unserer Analyse, in der konsequent zwischen dem INTERPRETEN und dem Rezipienten unterschieden wird (allerdings ohne auszuschliessen, dass der TRÄUMER auch sein eigener INTERPRET sein könnte). Der 'subtilitas intelligendi' dürfte primär die Intuition des INTERPRETEN (1.3.2) und sekundär die Kognition des Rezipienten (1.3.3) entsprechen; der 'subtilitas explicandi' lässt sich die Diskursivität des INTERPRETEN (1.3.2) zuordnen. Die 'subtilitas applicandi' soll weniger als eine Fähigkeit eines Subjekts, sondern als Teilprozess der Bedeutungsbildung, als das Wirksamwerden des Faktors SITUATION, erfasst werden. Für diesen Teilprozess (oder Prozessaspekt) wird hier der Terminus '*Konkretisierung*' verwendet.

Als SITUATIVE Bedingungen des Bedeutungsprozesses wurden oben (1.2) die Beziehung TRÄUMER-INTERPRET, das Thema der Kommunikation und das Setting aufgeführt, in welchem der TRAUM erzählt und interpretiert wird. Für den Einfluss des Settings gibt es eine schöne Illustration. FISCHER (1978) hat in einer Dissertation die Frage untersucht, "ob eine Abhängigkeit besteht zwischen den während einer Therapie produzierten manifesten Trauminhalten und der Therapieform" (a.a.O.,224). Da er sich ausschliesslich auf Berichte von Therapeuten stützt, können wir nicht beurteilen, ob allfällige Effekte heissen, dass unterschiedlich geträumt wird oder unterschiedlich Träume erzählt werden. Streng genommen könnten wir sogar nur sagen, dass Gruppen von Therapeuten unterschiedlich Patiententräume notieren. Für unsern Zusammenhang haben diese Einschränkungen aber keinen vermindernden Wert, da hier allfällige Einflüsse des Settings auf das Erzählen von TRÄUMEN und das Auffassen der TRÄUME durch den INTERPRETEN (hier: den Therapeuten) interessieren.

Solche Einflüsse konnten in der Tat nachgewiesen werden. FISCHER (1978), der 240 Träume von FREUDschen vs. JUNGschen Analysepatienten inhaltsanalytisch untersucht hat, fasst seine Ergebnisse wie folgt zusammen:

> Die Träume der FREUDschen Patienten enthielten mehr triebdynamische (aggressive und sexuelle) Inhalte, sie waren intensiver affektiv gefärbt, und der Träumer war in ihnen häufiger in eine aktive Auseinandersetzung mit seiner Umwelt verstrickt. - Die Träume der JUNGschen Patienten enthielten häufiger mythologische und regressive (die Vergangenheit des Träumers betreffende) Inhalte, sie waren extremer irrational und von Alltagssituationen weit entfernt, und in ihnen kamen häufiger Naturinhalte vor (FISCHER 1978, 225).

Man weiss nicht, wie weit für diese bemerkenswerten Ergebnisse die Faktoren TRAUM (Produktion), INTERPRET (Therapeuten-Erwartung) oder TRAEUMER (Klientel) verantwortlich gemacht werden können. Bestimmt ist aber der Faktor SITUATION (Therapiesetting) relevant, da von ihm abhängt, welche TRAUM-inhalte präsentiert werden.

In Analogie zu der Rollenzuordnung der andern Faktoren könnte der Faktor SITUATION als *Konsequent* im Bedeutungsprozess bezeichnet werden. Wichtiger als die Bezeichnung ist seine Funktion als Garant der Praxis. Was ist die Praxis des TRÄUMERS? Ist es das praktische Handeln oder das praktische Bewusstsein? Hier erscheint der letzte Aspekt des Bedeutungsproblems. Traumbedeutung kann sich in der Einsicht oder im Handeln konkretisieren, wobei die Grenze nicht klar zu ziehen ist. Aendert sich als Ergebnis des Bedeutungsprozesses etwas an der Person oder an der Situation? Diese Alternative deckt eine erstaunliche Parallele zwischen einem Bedeutungsbildungs- und einem Therapieprozess auf. Die Pole der Alternative wären als *epistemisch* und *pragmatisch* zu bezeichnen. In Hinsicht auf die SITUATION, in der die Bedeutungsbildung stattfindet, stellt sich das Bedeutungsproblem als epistemisch-pragmatische Polarität dar.

Die Analyse des Bedeutungsproblems hat erkennen lassen, in welcher Weise die sechs in 1.2 bestimmten Bedeutungsfaktoren im Prozess der Bildung von Traumbedeutung involviert sind. Jeder dieser Faktoren lässt einen spezifischen Aspekt des Bedeutungsproblems hervortreten: Der TRAUM informiert phänomenal-empirisch, der INTERPRET interpretiert intuitiv-diskursiv, der TRÄUMER rezipiert identifikatorisch-schematisch, der GEGENSTAND repräsentiert sich subjektiv-objektiv, das Zeichen-SYSTEM strukturiert analytisch-synthetisch, und die SITUATION konkretisiert epistemisch-pragmatisch. Hier sind sechs Variationen des einen Themas herauszuhören: des *Verhältnisses von Innen und Aussen*.

1.4 LÖSUNGSVERSUCHE DES BEDEUTUNGSPROBLEMS

Angesichts der Komplexität des Bedeutungsproblems erstaunt es nicht festzustellen, dass eine Fülle von sehr verschiedenartigen Lösungsversuchen vorliegt. Hier ist nicht der Ort, eine historisch oder systematisch umfassende Darstellung dieser Ansätze zu geben. Für diesbezügliche Interessen ist auf die klassische Uebersicht von JONES (1970) oder spätere Sammelwerke (WOLMAN 1979, NATTERSON 1980) zu verweisen. In diesem Kapitel sollen exemplarisch einige ausgewählte Ansätze behandelt werden bezüglich der Leitfrage: Wie geht der jeweilige Autor mit dem Bedeutungsproblem um? Zu diesem Zweck wird jeweils untersucht:

1) Welche Auffassung der Traumbedeutung wird vertreten?
2) Welcher Zugang zur Traumbedeutung wird vorgeschlagen?
3) Welche Bedeutungsfaktoren werden berücksichtigt?
4) Was geschieht mit den übrigen Faktoren?

Bei der Auswahl der Ansätze habe ich in erster Linie darauf geachtet, prägnante Beispiele für die verschiedenen Bedeutungsaspekte zu finden. Darüber hinaus habe ich alle mir bekannten Beiträge aus der experimentellen Traumforschung, die sich explizit mit dem Bedeutungsproblem befassen, berücksichtigt. Schliesslich habe ich mich im Zweifelsfall für einen Ansatz entschieden, der einflussreicher als andere geworden ist.

1.4.1 FREUD (1900/1916): *DER BEARBEITETE GEDANKE, DER ERFÜLLTE WUNSCH UND DAS DURCHGESETZTE VERBOT*

1) Sigmund FREUD spricht selten von der Bedeutung des Traums. Er zieht den Ausdruck 'Sinn' vor. Der Grund mag darin liegen, dass er sich weniger mit der These, dass Träume bedeutungslos (irrelevant) seien, sondern mit der stärkeren These, dass sie unsinnig (absurd) seien, auseinandersetzt. Es ist FREUDs Ueberzeugung, dass sich das Unsinnige am Traum auf die manifeste Ebene beschränkt und dass auf der latenten Ebene nur sinnvolle Gedanken zu finden sind. Was heisst hier 'sinnvoll', was meint FREUD mit 'Sinn'?

> (..) 'einen Traum deuten' heisst, seinen 'Sinn' angeben, ihn durch etwas ersetzen, was sich als vollwichtiges, gleichwertiges Glied in die Verkettung unserer seelischen Aktionen einfügt (FREUD 1900, 117).

Man kann also vorläufig 'Sinn' mit 'Einfügbarkeit in die psychischen Prozesse des Träumers' oder allgemeiner mit 'psychischem Zusammenhang' übersetzen. Nun ist wichtig zu bemerken, dass FREUD konsequent zwischen - wie wir heute sagen - dem kognitiven und dem motivationalen Aspekt von psychischen Zusammenhängen unterscheidet. Begrifflich schlägt sich diese Unterscheidung nieder in der Gegenüberstellung von 'latenten Traumgedanken' und 'Wunscherfüllung'. Der kognitive Aspekt der These, dass der Traum einen Sinn hat, besagt, dass die Traumerzählung ersetzbar ist durch die Formulierung von Traumgedanken, deren Transformation sie ist. Die Traumgedanken unterscheiden sich nicht grundsätzlich von Gedanken des Wachzustands. Der erste Sinn des Traums liegt in den latenten Traumgedanken.

Nachdem der Traum in den kognitiven Zusammenhang des Träumers eingefügt ist, bleibt zu erklären, warum er überhaupt und gerade in diese Form transformiert wird, was das Motiv der Transformation ist.

> Der Traum stellt einen gewissen Sachverhalt so dar, wie ich ihn wünschen möchte; *sein Inhalt ist also eine Wunscherfüllung, sein Motiv ein Wunsch* (Hervorh. d. Freud) (FREUD 1900, 137).

Der motivationale Aspekt der These, dass der Traum einen Sinn hat, besagt also, dass er die Realisierung eines Wunsches ist. Dieser Wunsch entstammt - im Gegensatz zu den latenten Traumgedanken - immer dem Unbewussten, ist verdrängt. Aus dieser Quelle wird die Dynamik des Traums gespeist. FREUD musste feststellen, dass der motivationale Aspekt der These vom Traumsinn erheblich mehr Widerspruch als der kognitive Aspekt hervorgerufen hat. In den 'Vorlesungen zur Einführung in die Psychoanalyse' geht er darauf ein, indem er nachdrücklich auf die Unterscheidung der latenten und der manifesten Ebene hinweist:

> Der Traum mag (..) alles mögliche sein, insoweit Sie nur die durch ihn vertretenen Gedanken berücksichtigen, Warnung, Vorsatz, Vorbereitung usw.; er ist immer auch die Erfüllung eines unbewussten Wunsches, und er ist nur dies, wenn Sie ihn als Ergebnis der Traumarbeit betrachten (FREUD 1916, 227).

Nachdem das Motiv des Träumens als unbewusster Wunsch bestimmt ist, bleibt noch eine Frage zu klären: warum ist der Charakter der Wunscherfüllung so selten manifest? FREUD, dem es um vollständige Determination psychischer Phänomene geht, kann hier keinen prozessbedingten Fehler oder gar Zufall einräumen, vielmehr ist hier eine Absicht am Werk. Die Instanz der Absicht heisst 'Traumzensur', der Prozess 'Traumentstellung'. Nun sind die Elemente für FREUDs vollständige Traumformel beisammen:

> Der Traum ist die (verkleidete) Erfüllung eines (unterdrückten, verdrängten) Wunsches (Hervorh. d. Freud) (FREUD 1900, 175).

Es ist eine Eigentümlichkeit von FREUDs Denken, kognitive und motivationale Aspekte oder spezifischer - wie RICOEUR (1969) sagt - hermeneutische und energetische Konzepte, d.h. Sinn und Kraft, zu verbinden.

> Zu sagen, der Traum sei die Erfüllung eines verdrängten Wunsches, heisst zwei Begriffe zusammenzubringen, die zwei verschiedenen Bereichen angehören: die Erfüllung, die zur Rede des Sinns gehört (..), und die Verdrängung, die zur Rede der Kraft gehört; der Begriff der Verstellung, der beides vereint, drückt die Verschmelzung der beiden Begriffe aus, da die Verkleidung eine Art von Offenbarung und gleichzeitig die Verstellung ist, die diese Offenbarung verfälscht, die dem Sinn angetane Gewalt (Hervorh. d. Ricoeur) (RICOEUR 1969, 104).

Kognition und Motivation bilden nach FREUD kein Nebeneinander, sondern ein konfliktives Ineinander. Vorstellungen unterliegen Trieb- und andern Kräften. Der Traum wird als Illusion aufgefasst: ein beschädigter Ursprungssinn, ein erzwungener Pseudo-Sinn. Es sind drei Grössen, die die Traumillusion herstellen: a) eine kognitiv strukturierte Thematik (die 'latenten Traumgedanken') und eine motivationale Dynamik mit b) einem positiven Motiv der Realisierung (die 'Wunscherfüllung') und c) einem negativem Motiv der Neutralisierung (die 'Verdrängung', die 'Entstellung'). Somit ist für FREUD die Bildung eines Traums eine dreifache Formation: eine Transformation von Traumgedanken, eine Performation eines Wunsches und eine Deformation aufgrund eines Verbots. Da in FREUDs determinativer Perspektive Traumerklärung mit Traumdeutung zusammenfällt, entspricht der dreifachen Formation eine dreifache Bedeutung. Die Bedeutung eines Traums ist a) der latente Traumgedanke, b) der verdrängte Wunsch, der erfüllt wird, und c) das Verbot der Traumzensur.

2) Welchen Zugang zur Traumbedeutung schlägt FREUD vor?

> Was tun Sie (..) in dem Falle, dass ich eine Ihnen unverständliche Aeusserung von mir gebe? Mich fragen, nicht wahr? Warum sollen wir nicht dasselbe tun dürfen, den Träumer befragen, was sein Traum bedeutet? (Hervorh. d. Freud) (FREUD 1916, 116).
>
> (..) es ist doch sehr wohl möglich, ja sehr wahrscheinlich, dass der Träumer es doch weiss, was sein Traum bedeutet, nur weiss er nicht, dass er es weiss, und glaubt darum, dass er es nicht weiss (Hervorh. d. Freud) (a.a.O., 117).

Dieses unbewusste Wissen des Träumers um die Traumbedeutung wird vom sog. Deutungswiderstand in Schach gehalten, der "die Objektivierung der Traumzensur" (a.a.O., 152) ist. Das Bestimmen der Traumbedeutung ist deshalb eine mühselige Angelegenheit, eine Arbeit: die *Deutungsarbeit*. Sie ist die Umkehrung der Traumarbeit. Diese Situation verlangt eine eigene Methode. Es geht darum, den Träumer sein unbewußtes Wissen unter Umgehung des Deutungswiderstands mitteilen zu lassen.

FREUD hat hierzu die Technik der *freien Assoziation* entwickelt. Der Träumer ist angewiesen, zu den einzelnen Traumelementen seine spontanen Einfälle mitzuteilen. Er hat dabei die sog. Grundregel zu befolgen, keinen Einfall von der Mitteilung auszuschliessen, "auch wenn sich eine der vier Einwendungen gegen ihn erhebe, er sei zu unwichtig, zu unsinnig, gehöre nicht hierher oder er sei zu peinlich für die Mitteilung" (FREUD 1916, 130). Der Traumdeuter erfährt dadurch den kognitiv-motivationalen Kontext, aus dem der Traum stammt, den "Gedanken- und Interessenkreis" (a.a.O., 120). Die Voraussetzung bei der Technik der freien Assoziation ist, dass gerade im freien Spiel des Bewusstseins des Träumers die determinierende Kraft seines Unbewussten wirksam wird. FREUD nimmt an, dass es dieselben Determinanten sind, die den Traum und die Assoziationen hervorbringen.

3) Auf welche Faktoren der Bedeutungsbildung fokussiert FREUD, welche Bedeutungsaspekte hebt er hervor? Zunächst fällt die Gewichtung des *Faktors TRAUM* auf. Dieser wird stark abgewertet, mehr noch: beargwöhnt. Er hat ja den Status einer Illusion.

> Der Traum will niemandem etwas sagen, er ist kein Vehikel der Mitteilung, er ist im Gegenteile darauf angelegt, unverstanden zu bleiben (FREUD 1916, 234).

Der Abwertung des TRAUMS entspricht unmittelbar die Aufwertung des *Faktors INTERPRET*. Die Listen des Unbewussten durchschaut nur ein aufmerksamer INTERPRET. Seine Deutungsarbeit hebt Schritt für Schritt die Traumarbeit auf, bis die eigentliche Bedeutung sichtbar wird. Interpretation ist für FREUD das zentrale Moment der Bedeutungsbildung, wie auch der Titel seines Buches: "Die Traumdeutung" zeigt. Das Bedeutungsproblem ist ein Deutungsproblem. Dieses wiederum fällt zusammen mit einem Erklärungsproblem. Deuten ist alles andere als beliebig; deuten heisst erklären, wie der Traum zustande gekommen ist.

Damit erscheint ein weiterer Faktor im Blickfeld: der *GEGENSTAND*. Der GEGENSTAND ist das, worauf der TRAUM - offen oder versteckt - Bezug nimmt. In FREUDs komplexer Perspektive gibt es dreierlei GEGENSTÄNDE: jenen des (Traum-) Gedankens, jenen des Wunsches und jenen des Verbots. (Der erste ist eine unerledigte Sache des Vortages, der zweite ein sog. Triebobjekt aus der Kindheit, der dritte das Verdrängte.) Diese drei Grössen sind repräsentiert im Traumgebilde, aber aufgrund ihres konfliktiven Verhältnisses auf entstellte Weise. Diese Entstellung ist kein Zufallsprozess, sondern folgt einer gewissen Ordnung.

An diesem Punkt kommt der *Faktor SYSTEM* ins Spiel. FREUD verwendet den Systembegriff nicht; an seiner Stelle redet er manchmal von der 'Sprache' des Traums.

> Traumgedanken und Trauminhalt liegen vor uns wie zwei Darstellungen desselben Inhaltes in zwei verschiedenen Sprachen, oder besser gesagt, der Trauminhalt erscheint uns wie eine Uebertragung der Traumgedanken in eine andere Ausdrucksweise, deren Zeichen und Fügungsgesetze wir durch die Vergleichung von Original und Uebersetzung kennenlernen sollen. Die Traumgedanken sind uns ohne weiteres verständlich, sobald wir sie erfahren haben. Der Trauminhalt ist gleichsam in einer Bilderschrift gegeben, deren Zeichen einzeln in die Sprache der Traumgedanken zu übertragen sind (FREUD 1900, 280).

Es sind vor allem die 'Fügungsgesetze', an deren Entdeckung FREUD soviel lag, nämlich die sog. Mechanismen der Traumarbeit: Verdichtung, Verschiebung, Verbildlichung, Verkehrung und sekundäre Bearbeitung. Bezeichnenderweise kann nur die sekundäre Bearbeitung (und evtl. noch die Verbildlichung) als Strukturierungsprozess angesehen werden; die andern sind Destruktionsprozesse, die eine Menge von heterogenen Elementen liefern. Diese werden durch die sekundäre Bearbeitung notdürftig zu einem Ganzen montiert, zum Pseudo-Sinn des manifesten Trauminhaltes. Ueber die Frage, wie die Montage, die notdürftige Strukturierung, aussieht, gibt FREUD keine Aufklärung. Er verweist nur auf die analoge Leistung des wachen Bewusstseins. Das ist vielleicht unbefriedigend, aber konsistent mit FREUDs Ansatz. Der Traum ist "darauf angelegt, unverstanden zu bleiben" (FREUD 1916, 234), er verwendet eine Art Anti-Sprache, ein Anti-Zeichen-SYSTEM.

4) Wie steht es mit den restlichen Faktoren der Bedeutungsbildung? Der *Faktor TRÄUMER* hat für FREUD einen ganz bestimmten Stellenwert: einerseits unerlässlich, anderseits klar untergeordnet. Die Bedeutung-für (den TRÄUMER), soweit sie aus den freien Assoziationen des TRÄUMERS ersichtlich ist, ist unerlässlich für den INTERPRETEN. Sie ist aber der Bedeutung-durch (den INTERPRETEN) untergeordnet, weil sie wie der TRAUM als interpretierbares Produkt gilt. Die Rezeption des TRÄUMERS zählt nicht um ihretwillen, sondern in ihrer Funktion für die Interpretation.

Der *Faktor SITUATION* schliesslich geht teilweise in die FREUDsche Bedeutungsbildung ein. Das wird deutlich an den sog. Analysenträumen, speziell den Initialträumen. Diese werden explizit auf die Deutungssituation, nämlich den psychoanalytischen Prozess angewandt. Aber auch hier gilt wie beim vorhergehenden Faktor, dass der resultierende Bedeutungsaspekt, die Bedeutung-bei, der Bedeutung-durch untergeordnet wird; geht es doch nicht darum, den TRAUM irgendeine Konkretisierung finden zu lassen, sondern dieselbe in die Deutungsarbeit des INTERPRETEN einfliessen zu lassen.

Zusammenfassend ist festzustellen, dass in FREUDs Lösungsversuch des Bedeutungsproblems alle Faktoren der Bedeutungsbildung berücksichtigt sind. Die Gewichtung der einzelnen Faktoren ist aber sehr unterschiedlich. Die zentrale Stelle im Bedeutungsverhältnis nimmt für FREUD der INTERPRET, also der Agent, ein. Er enträtselt den TRAUM, der kein bereitwilliger, sondern ein ziemlich heimtückischer Offerent ist. Ihm listet der INTERPRET den GEGENSTAND, also den Referenten, ab. Das gelingt ihm nur, wenn er neben seiner Intuition das SYSTEM, also das Instrument, gut beherrscht. Ferner muss sich der TRÄUMER, also der Interessent, dem INTERPRETEN zur Verfügung stellen.

Dies ist wohl der heikelste Punkt: der Interessent hat sich für den Agenten zur Verfügung zu halten; aus dem Interessenten wird ein Patient. Das drückt sich unter anderem darin aus, dass eine von der Interpretation abweichende Rezeption (des TRÄUMERS) als Widerstand deklariert, deklassiert werden kann. Auch bedeutungsbildende Aspekte der SITUATION sind nur erwünscht, soweit sie der INTERPRET in seine Deutungsarbeit einbringen kann.

Diese Gewichtung der Bedeutungsfaktoren unterliegt einer durchgehenden Logik: sie erscheint gebündelt in der determinativen Auffassung FREUDs. Wenn Bedeutung als Determination aufgefasst wird, hat das den grossen Vorteil, dass eine Traumdeutung zugleich eine Traumerklärung ist. Der Nachteil ist aber, dass die Bedeutung in der Abhängigkeit des Woher gefangen bleibt, ihr Wohin als Illusion verwerfen muss. Genau hier greift JUNG ein.

1.4.2 JUNG (1928/1945): *DIE ERSTREBTE ERKENNTNIS*

1) Anders als FREUD hat Carl Gustav JUNG kein grösseres Werk über den Traum verfasst. Das Traumproblem hat ihn jedoch in verschiedenen Zusammenhängen stark engagiert; seine Schriften sind gewissermassen inspiriert vom Phänomen 'Traum' und seiner Bedeutung. Die klarsten Aussagen JUNGs über die Traumbedeutung finden wir dort, wo er sich von FREUD abgrenzt. In Anlehnung an die scholastische Unterscheidung einer 'causa efficiens' (Wirkursache) und einer 'causa finalis' (Zweckursache) postuliert er, dass es zwei grundsätzlich verschiedene Auffassungsweisen von - insbesondere psychischen - Phänomenen gebe: eine kausale Auffassung, die nach dem Warum des Phänomens fragt, und

eine finale Auffassung, die nach dem Wozu des Phänomens fragt. FREUD habe eine ausschliesslich kausale Auffassung vertreten; es gehe nun darum, ihr eine *finale Auffassung* an
die Seite zu stellen.

> Die finale Betrachtungsweise des Traumes, welche ich der FREUDschen Anschau-
> ung gegenüberstelle, bedeutet, wie ich ausdrücklich feststellen möchte, nicht eine
> Leugnung der causae des Traumes, wohl aber eine andere Interpretation der zum
> Traum gesammelten Materialien. Die Tatsachen, nämlich eben die Materialien, blei-
> ben dieselben, aber der Massstab, mit dem sie gemessen werden, ist ein anderer.
> Die Frage lässt sich einfach folgendermassen formulieren: Wozu dient dieser
> Traum? Was soll er bewirken? Diese Fragestellung ist insofern nicht willkürlich, als
> man sie auf alle psychischen Tätigkeiten anwenden kann (JUNG 1928, 103).

Die Alternative kausal vs. final lässt sich gut auf Bedeutungsfragen anwenden. Am besten
eignet sie sich wohl zur Charakterisierung der Bedeutung von menschlichen Handlungen.
Eine Handlung kann verstanden werden als verursachte Reaktion oder als zielgerichtete
Aktion. Im ersten Fall ist die Bedeutung der Handlung ihr Grund, im zweiten Fall ihr Zweck.
In Uebertragung auf den Traum: FREUD hat sich in der Tat mit dessen Grund beschäftigt.
JUNG plädiert dafür, die Bedeutung des Traums (auch) als Zweck des Traums aufzufas-
sen, so gut wie wir bewusste Leistungen als zweckorientiert verstehen können.

> Zu diesen zweckmässigen Reaktionen gehört meines Erachtens der Traum, indem
> er zu einer gegebenen Bewusstseinslage das unbewusste, dazu konstellierte Mate-
> rial in einer symbolischen Kombination dem Bewusstsein zuführt (JUNG 1928, 114).

JUNG legt Wert auf die Feststellung, dass der Zweck des Traumes immer in Relation zum
Bewusstsein des Träumers steht. Diese Relation ist kompensatorischer Natur. Durch den
Traum gleicht das Unbewusste des Träumers aus, was der bewussten Einstellung fehlt.

> Die Träume verhalten sich kompensatorisch zur jeweiligen Bewusstseinslage (i.
> Orig. kursiv, Anm. R.S.) (a.a.O., 113).

Wenn der Zweck des Traumes in der Kompensation besteht, heisst das, dass nicht unterschieden wird zwischen Zweck und Funktion. JUNG redet daher auch meist von der kompensatorischen Funktion. Damit erfährt der Zweckbegriff eine starke Einengung: es gibt
kein bestimmtes Etwas, was bezweckt wird; es zählt allein der Bezug auf das Bewusstsein.
Man kann sich fragen, ob dann JUNGs Anspruch auf Finalität noch berechtigt ist. Wenn ja,
dann in dem Sinne, wie ein kybernetisches System final ist: *selbst-regulativ.* Die Bedeutung
des Traums ist seine Funktion im System 'Psyche'; sie besteht in der Kompensation dessen, worin das Teilsystem 'Bewusstsein' (oder 'Ich') bezüglich der Anpassung fehl geht; in
dieser Funktion trägt der Traum zur "Selbststeuerung des psychischen Systems" (JUNG
1945, 154) bei. Nach dieser Konzeption wird dem Traum eine enorm wichtige Bedeutung
beigemessen, ohne dass man sagen könnte, worin sie besteht. JUNG sagt selbst von seiner Traumauffassung im Vergleich zu der von FREUD:

> Diese Auffassung steht nun mit der FREUDschen Formel zunächst nur insofern in
> Widerspruch, als sie darauf verzichtet, eine bestimmte Aussage über den Sinn des
> Traumes zu machen (JUNG 1928, 126).

Die Uebereinstimmung sieht JUNG darin, dass auch FREUDs 'Wunscherfüllung' eine Form
der Kompensation ist. Bleibt es dabei, dass uns JUNG nichts Genaueres sagt, worin die
Bedeutung des Traums besteht? Dass er gegenüber FREUDs Formel zwar eine Ausweitung, aber zugleich eine Entleerung vornimmt? JUNG gibt weitere Auskunft:

> Gegenüber der bekannten FREUDschen Ansicht vom Wesen des Traumes, dass er
> eine 'Wunscherfüllung' sei, haben ich und ebenso mein Freund und Mitarbeiter A.
> MAEDER den Standpunkt eingenommen, der Traum sei eine *spontane Selbstdar−*

stellung der aktuellen Lage des Unbewussten in symbolischer Ausdrucksform (Hervorh. d. Jung) (a.a.o., 126).

Zwei Präzisierungen lassen sich diesem Zitat entnehmen. Einmal ist es die unbewusste Situation, die im Traum dargestellt wird und die kompensatorisch zur bewussten Situation des Träumers steht. Es ist wahrscheinlich weniger irreführend zu sagen, dass es nur eine Situation des Träumers gibt, seine Entwicklungssituation innerhalb des sog. Individuationsprozesses (JUNG 1945, 155), aber zwei Repräsentationen, eine bewusste und eine unbewusste. Beide zusammen bilden erst die Gesamtdarstellung.

Die zweite Präzisierung in obigem Zitat betrifft die Darstellung: es handelt sich um 'Selbstdarstellung'. In den Bildern des Traums, in den verschiedenen Gestalten, stellt sich 'das Unbewusste' selbst dar. Da JUNG das Unbewusste als Teil des psychischen Systems konzipiert, das die Persönlichkeit ausmacht, stellen sich im Traum Anteile der Persönlichkeit des Träumers selbst dar. Das meint JUNG mit dem Begriff der Projektion.

> Alle Inhalte unseres Unbewussten sind konstant projiziert in unsere Umgebung, und nur insofern wir gewisse Eigentümlichkeiten unserer Objekte als Projektionen, als Imagines durchschauen, gelingt es uns, sie von den wirklichen Eigenschaften derselben zu unterscheiden (JUNG 1928, 127).

Wenn der Traum als *Projektion* bestimmt wird, dann liegt seine Bedeutung im Aufweis von Persönlichkeitsanteilen des Träumers. Im Anschluss an oben wäre jetzt vollständiger zu formulieren: die Bedeutung des Traums liegt im Aufweis von Persönlichkeitsanteilen, die nicht ins Bewusstsein integriert sind. Der Aufweis eigener Anteile ist potentiell auf Selbsterkenntnis - und die wiederum auf Selbst-Werdung, 'Individuation' - ausgerichtet. Von daher bekommt der Traum einen lehrhaften Charakter. An einer Stelle sagt JUNG vom Traumsymbol: "es verhüllt nicht, sondern es lehrt" (JUNG 1928, 106). Damit stellt er sich antipodisch zu FREUD.

Was scheinbar nur eine Nuance ist, nämlich FREUDs Bestimmung des Traums als Illusion und JUNGs Bestimmung des Traums als Projektion, impliziert hermeneutisch gesehen einen grundsätzlichen Unterschied. RICOEUR (1969) spricht von zwei verschiedenen Hermeneutiken, die im Konflikt miteinander liegen: die Hermeneutik des Zweifels sieht im Manifesten die Verhüllung, Maskierung des Latenten und betreibt Interpretation als Illusionsabbau; die Hermeneutik des Glaubens sieht im Manifesten die Enthüllung, Offenbarung des Latenten und betrachtet Interpretation als Bereicherung. Wie zur Bestätigung sagt JUNG, dass

> selten einer, der es sich nicht verdriessen liess, seine Träume während längerer Zeit mit berufenem Beistand zu verarbeiten, ohne Bereicherung und Erweiterung seines Horizontes geblieben ist (JUNG 1945, 155).

Während FREUD klar der Hermeneutik des Zweifels zuzuordnen ist, wird es bei JUNG nicht so deutlich, ob er eine Hermeneutik des Glaubens vertritt. Der Fall wäre klarer, wenn er den Traum nicht nur als Projektion, sondern explizit als Reflexion bestimmt hätte. Tendenziell vertritt er sicher diese Auffassung, aber es gibt auch Stellen, wo er davor warnt, vom Traum nur weise Lenkung zu erwarten. JUNG fasst also die Bedeutung des Traums als *Erkenntnis* auf. Dieser Begriff vermag wohl am ehesten die heterogenen Konzepte 'Finalität', 'Kompensation' und 'Projektion' zusammenzufassen.

2) Welchen Zugang zur Traumbedeutung schlägt JUNG vor? Hier fällt zunächst eine methodische Vorsicht auf:

> Das Verstehen der Träume ist (..) eine so schwierige Sache, dass ich es mir schon längst zur Regel gemacht habe, wenn mir jemand einen Traum erzählt und nach meiner Meinung frägt, vor allem einmal zu mir selber zu sagen: "Ich habe keine Ahnung, was dieser Traum bedeutet." Nach dieser Feststellung kann ich dann daran

gehen, den Traum zu untersuchen (JUNG 1945, 148).

Der erste Schritt besteht in der Aufnahme der *Assoziationen* des Träumers. Assoziiert wird zu hervorstechenden Einzelheiten des Traums; es geht darum festzustellen, in welcher Bedeutungsnuance sie dem Träumer erscheinen. Im Unterschied zu FREUDs Technik der freien Assoziation bleibt JUNGs Methode näher beim manifesten Trauminhalt. Nach der Aufnahme der Assoziationen oder - wie JUNG auch sagt - des Kontextes schaut man, ob der Traumtext nun gut lesbar ist, ob sich ein Gesamtsinn ergibt. Als zusätzliche Hilfe kann die sog. funktionale Definition von Objekten dienen, z.B.: Telefon = Mittel der persönlichen Kommunikation über Distanzen hinweg.

In den Fällen, wo Assoziationen und Definitionen kein befriedigendes Resultat bringen, setzt eine typisch JUNGsche Methode ein: die *Amplifikation*. Dabei versucht der Interpret, die Traumsymbole anzureichern, indem er Verbindungen herstellt zu archetypischen Symbolen, die aus dem Fundus der Mythen, Folklore, Religionen stammen. Dies setzt grosse Kenntnisse des Interpreten voraus.

> Whereas a Jungian analyst withholds his or her own personal associations to a patient's dream image, the addition by the analyst of amplificatory background to an understanding of the dream is considered legitimate and necessary if the dream's larger meaning and significance are to be uncovered (GREENE 1979, 312).

Entsprechend der Bestimmung des Traums als Projektion hat JUNG eine wichtige interpretationstheoretische Unterscheidung eingeführt. Projektion ist der 'Akt' eines Subjekts auf ein Objekt. In jeder Projektion müssten dann neben subjektiven auch objektive Anteile zu finden sein. JUNG wendet diese Ueberlegung auf die Figuren im Traum an: sie können - wie er formuliert - auf der Subjektstufe oder auf der Objektstufe gedeutet werden. Die Deutung auf der Subjektstufe "fasst, wie der Terminus sagt, alle Figuren des Traumes als personifizierte Züge der Persönlichkeit des Träumers auf" (JUNG 1928, 129), während die Deutung auf der Objektstufe sie mit realen Bezugspersonen des Träumers identifiziert. Wann ist welche Deutungsweise angebracht? Als Faustregel gilt:

> Wenn ich (..) von einem Menschen träume, mit dem mich ein vitales Interesse verbindet, dann wird gewiss die Deutung auf der Objektstufe näher liegen als die andere. Wenn ich dagegen von einem mir in Wirklichkeit fernstehenden und indifferenten Menschen träume, dann liegt die Deutung auf der Subjektstufe näher (JUNG 1928, 130).

Spätere Autoren, z.B. PERLS (1969), sind einen Schritt weitergegangen, indem sie nicht nur die Traumfiguren, sondern sämtliche Traumelemente subjektstufig zu deuten begannen. Mir scheint JUNGs Unterscheidung der Deutungsstufen deshalb wichtig zu sein, weil sie explizit Interpretation als standpunktbedingte Aktivität auffasst. Analoges hat schon JUNGs Unterscheidung von kausaler und finaler Betrachtungsweise geleistet.

3) Welche Faktoren der Bedeutungsbildung hat JUNG berücksichtigt? In der Finalität des Traums, auf die JUNG solchen Wert gelegt hat, ist zunächst der *Faktor TRÄUMER* zu erkennen. Auf ihn als Interessenten ist ja der Prozess der Bedeutungsbildung hingeordnet; für ihn wird er entfaltet. Wenn der TRAUM einen Zweck hat, dann für den TRÄUMER. JUNG geht zwar nicht näher auf die Rezeption des TRÄUMERS ein, er bleibt allgemein, wenn er sagt, der TRAUM bringe eine Korrektur der bewussten Einstellung des TRÄUMERS. Er wertet den TRÄUMER jedoch insoweit auf, als er die Traumbedeutung in den Individuationsprozess des TRÄUMERS einbettet.

Hier wird auch der *Faktor SITUATION* berührt, insofern als die Individuation durch das Praktisch-Werden, die Konkretisierung der Traumbedeutung gefördert wird. Auch dieser Faktor liegt in der Zielrichtung der Finalität, weil er den Uebergang der Bedeutung in die Praxis bezeichnet. Es ist aber auch hier festzustellen, dass JUNG den Prozess der Konkretisierung wohl anpeilt, aber nicht beschreibt.

Anders steht es mit dem *Faktor TRAUM*: JUNG wertet ihn gegenüber FREUD auf, indem er den manifesten Inhalt nicht als Pseudo-Sinn einschätzt. In diesem Zusammenhang interessieren erstens der Vorschlag, mit Traumserien zu arbeiten und zweitens die Beschreibung der sog. dramatischen Struktur des TRAUMS. JUNG unterscheidet (auf der manifesten Ebene) die Phasen der Exposition, der Komplikation, der Kulmination und des Resultats.

Mit dieser Strukturierung bezieht er zugleich den *Faktor SYSTEM* ein: der beschriebene dramatische Ablauf kann als Bestandteil der sog. Traumsprache aufgefasst werden. Wiewohl JUNG dem SYSTEM-Faktor aufgrund der immanenten Rationalität nicht freundlich gesonnen war, hat er ihn doch beträchtlich gefördert, so etwa in der Erforschung der archetypischen Symbole. Diese sind im semiotischen Sinne sicher Zeichen, nicht willkürliche natürlich, sondern 'motivierte'. Im Vergleich mit FREUD fällt auf, dass dieser vor allem Prozesse des Zeichen-SYSTEMS (die 'Mechanismen der Traumarbeit') und JUNG vor allem Strukturen des Zeichen-SYSTEMS (die 'archetypische Symbolik') herausgearbeitet hat.

Mit dem *Faktor GEGENSTAND* hat sich JUNG auf differenzierte Weise auseinandergesetzt. Als GEGENSTAND bestimmt er die Situation des TRÄUMERS, soweit sie von der bewussten Einstellung nicht erfasst ist. Die Situation kann nun unter zwei alternativen Aspekten erscheinen, dem objektiven und dem subjektiven. Im ersten Fall ist der Andere der GEGENSTAND einer Traumfigur (auf die konzentriert sich JUNG), im zweiten Fall rückt das Selbst an seine Stelle, projiziert sich auf ihn.

Diese Aspektivität des GEGENSTANDS setzt das Aktiv-Werden des *Faktors INTERPRET* voraus, die Wahl der sog. Deutungsstufe. Der INTERPRET hat auch sonst einen hohen Stellenwert im Prozess der Bedeutungsbildung. Wie bei FREUD setzt er die Assoziationen des TRÄUMERS zum Traumkontext zusammen. Dies verlangt - wie JUNG betont - viel Geschick und Erfahrung. Aber anders als bei FREUD führt er zusätzlich die sog. Amplifikation durch, was weitreichende Kenntnisse voraussetzt.

4) Auch bei JUNG sind sämtliche Faktoren der Bedeutungsbildung berücksichtigt. Natürlich sind sie ganz anders gewichtet als bei FREUD. Der finale Zug verschiebt das Kräfteverhältnis mehr gegen den TRÄUMER und die SITUATION hin. Dadurch wird aber die Abhängigkeit vom INTERPRETEN nicht stark verringert. Dieser bleibt seinerseits stärker als bei FREUD auf den TRAUM bezogen: er betrachtet ihn als wertvolle Unterstützung für die Aufgabe der Interpretation. Die Unterstützung des TRAUMS besteht darin, dass er den GEGENSTAND durchscheinen lässt, ihn nicht etwa versteckt. Die Relation des Durchscheinens impliziert aber ein SYSTEM von Zeichen. Gerade beim Zeichen-SYSTEM zeigt sich wieder ein interessanter Unterschied: für FREUD ist es ein Instrument der Traumarbeit und umgekehrt der Deutungsarbeit; für JUNG hat es mehr Eigenwert, die archetypischen Symbole führen gewissermassen ein Leben für sich.

Insgesamt scheinen bei JUNG die sechs Faktoren der Bedeutungsbildung in einem recht ausgewogenen Verhältnis zu stehen. In manchen Punkten sind sie aber merkwürdig unscharf konzipiert. Was bei FREUD als Kampf des Interpreten gegen ungleiche Gegner erschien, ist bei JUNG ein mässigender Ausgleich innerhalb eines Ganzen. FREUDs Jugendidol war Hannibal, JUNGs könnte Augustus gewesen sein.

1.4.3 BOSS (1953/1975): *DIE VOLLZOGENE EXISTENZ*

1) Medard BOSS nennt sein Traumverständnis 'phänomenologisch-daseinsanalytisch'. Als Devise für das phänomenologische Denken, das in unserem Jahrhundert vor allem von HUSSERL begründet wurde, kann der GOETHEsche Aphorismus gelten: "Nur nichts hinter den Phänomenen suchen; sie selbst sind die Lehre!" Phänomenologie versteht sich als radikale, auf die Wurzeln zurückgehende Wissenschaftskritik. An die Stelle theoretischer Konstruktionen, an die Stelle genetischer, struktureller oder funktioneller Erklärungen soll die

phänomenologische Wesensschau treten. Diese wird durch sog. Reduktion der konkreten Wahrnehmungsgehalte auf reine Bewusstseinsinhalte erreicht.

> Der phänomenologische Zugang (..) bemüht sich, alle bloss 'logischen' Schlussfolgerungen zu vermeiden und ganz bei dem faktisch Vorliegenden zu verweilen, um in immer differenzierterer und präziserer Weise der von diesem selbst her sich kundgebenden qualitativen Bedeutsamkeiten und Verweisungszusammenhänge inne zu werden (BOSS 1975, 15).

Gemäss dem phänomenologischen Ansatz postuliert BOSS, dass sich die Bedeutung des Traums im *Phänomen* Traum erschliesst. Bedeutung wird aufgefasst als *Verweisung*. Sie liegt nicht dem Traum zugrunde, sondern zeigt sich in ihm. Die Unterscheidung einer manifesten und einer latenten Ebene lehnt BOSS als künstliche Trennung ab. Dass im Traum etwas manifest wird, heisst nicht, dass es zwei Gegenständlichkeiten gibt, eine latente und eine manifeste. Es gibt nur eine Grösse: die Seinsweise, die Existenzverfassung eines konkreten Menschen, und diese zeigt sich im Traum.

An diesem Punkt erscheint die daseinsanalytische Komponente von BOSS' Traumverständnis. Das Wesen, das sich im Traum erschliesst, ist die Existenz des Träumers.

> Ob ein Mensch wach ist oder ob er träumt, immer trägt sich in den Ereignissen beider Verfassungen ein und dasselbe Dasein aus, stets ist es die Selbigkeit einer menschlichen Existenz, die sich als eine Identität durch das Wachen und Träumen hindurchhält (BOSS 1953, 238).

Als Fundament seiner Daseinsanalytik verwendet BOSS die Existenzialontologie HEIDEGGERs. Existenz ist Weltbezug, ist 'In-der-Welt-Sein'. Menschliches Sein ist weder objektiver Sachverhalt noch subjektiver Zustand, weder körperlich noch geistig, sondern ein Sich-Verhalten-zu. Ein Traum ist nichts Dinghaftes, aber auch nichts Ideelles, sondern das bestimmte Existieren eines Menschen, bzw. die Erinnerung daran. Summarisch heisst das: BOSS fasst die Traumbedeutung phänomenolgisch als Wesen des Traums und daseinsanalytisch als *Existenz* des Träumers auf.

2) Welchen Zugang schlägt BOSS zur Traumbedeutung vor? In radikaler Weise werden alle bisherigen Methoden (so gut wie die Theorien) abgelehnt. Vor allem FREUD und JUNG sind es, die unter das Verdikt fallen. Ihre Traumdeutungen sind nach BOSS' Meinung durchwegs Umdeutungen. Ueberhaupt sollte das Deuten von Träumen eingestellt und stattdessen das *Auslegen* von Träumen betrieben werden.

> Das Auslegen der Träume (..) betrachtet deren Phänomene nicht mehr als blosse Sinnbilder, von deren sinnenhaften Bildlichkeit man nach Art des metaphysischen Denkens zu einem übersinnlichen Sinn, von Anschaulichem zu Unanschaulichem zu transzendieren braucht. Das phänomenologische Auslegen will vielmehr das anschaulich in einem Traum Gegebene in seinem eigenen, vollen Gehalt sehen und sich aneignen (BOSS 1953, 137).

Diese kontrastive Darstellung lässt aufhorchen. Wie sieht denn das auslegende gegenüber dem deutenden Vorgehen aus? Ist es überhaupt ein (diskursives) Vorgehen oder ist es reine Intuition? Als konkrete Anweisung sind bei BOSS zwei Punkte zu finden, deren Beachtung er empfiehlt. Man hat

> gegenüber sämtlichem Traumgeschehen erstens des genauesten zu bedenken, wofür, für welche Gegebenheiten das Existieren eines Träumenden offen, für wessen Anwesen-können es zugänglich ist. Dies gibt uns zugleich zu erkennen, wogegen sich die Offenheit seiner Traumwelt als verschlossen erweist. Zweitens bedarf es einer nicht minder strengen Untersuchung der Art und Weise, wie sich der Träumer jeweils zu dem sich ihm in seiner Traum-Welt-Offenheit Zeigenden verhält und ins-

besondere der Stimmung, aus welcher heraus er sich gerade so und nicht anders benimmt. Kann beides präzise erfasst werden, ist damit auch schon des Träumers gesamtes Existieren, das ihm im gegebenen Zeitpunkt des Träumens vollziehbar ist, umschrieben und gekennzeichnet. Alles andere ist willkürliche Zutat (BOSS 1975, 40).

Das Traumphänomen wird ausgelegt auf das Ansprechbar-Sein und das Antworten des Traum-Ichs hin. Anders formuliert: ausschlaggebend ist, wie der Träumer im Traum die Welt sowohl erfahrungsmässig wie handlungsmässig interpretiert. Für die therapeutische Anwendung seines Traumverständnisses schlägt BOSS vor, dem Träumer die Frage zu stellen, ob er im Traum eigene Lebensmöglichkeiten ahnen könne. BOSS resümiert selbst:

> Im Augenblick kommt es (..) lediglich auf die Einsicht an, dass sich im Grunde das angeblich so schwierige Problem sogenannter Traumdeutung auf die einfachen zwei Fragen danach reduziert, für welches Vernehmen von welchen Gegebenheiten das Existieren eines bestimmten Menschen in seinem augenblicklichen Traumzustand offen ist und für den Welteingang oder die Entbergung welcher zusätzlicher analoger Bedeutungsgehalte seine nachfolgende Wachverfassung hellsichtiger geworden ist (BOSS 1975, 43).

Auch wenn es verwundert, mit welcher Keckheit BOSS das Deutungsproblem entblättert, so ist nicht zu übersehen, dass er es mit seiner zweiten Frage in ein Rezeptionsproblem verwandelt. Es kommt nun darauf an, was der Träumer mit seinem Traum macht.

3) Welche Faktoren der Bedeutungsbildung berücksichtigt BOSS? Sein phänomenologischer Ansatz beschränkt ihn entschieden auf das Traumphänomen, auf den *Faktor TRAUM*. BOSS scheint sich ausschliesslich für den Bedeutungsaspekt zu interessieren, der sich am TRAUM zeigt, indem er "ganz bei den Phänomenen verweilt" (BOSS 1975, 44). Man muss jedoch nüchtern feststellen, dass ihn sein Abhebungseifer gegen alles Bisherige - inklusive die phänomenologischen Kollegen KLAGES (1914), BINSWANGER (1947), BOSSARD (1951), VON USLAR (1964) - nicht nur zur Ueberhebung verleitet, sondern auch für die Tatsache blind macht, dass er nicht ohne Einbezug anderer Faktoren der Bedeutungsbildung auskommt.

4) Was geschieht mit den nicht-berücksichtigten Faktoren? Wenn der Faktor TRAUM der einzig relevante im Bedeutungsverhältnis wäre, dann müsste jedermann jederzeit dieselbe Traumbedeutung erschliessen können. Das Bedeutungsproblem wäre auf ein Informationsproblem reduziert. Doch bei BOSS sieht das keineswegs so aus. Erstens hat der *Faktor INTERPRET* uneingestanden - eine wichtige Funktion. Auch wenn wir seine Tätigkeit 'Auslegen' statt 'Deuten' nennen, ist doch er es, der dem TRÄUMER die Augen öffnen muss. Das ist zwar phänomenologisch gesehen konsistent, da sich eine Wesensschau keineswegs von selbst einstellt; aber das heisst ja gerade, dass es ein Subjekt braucht, damit ein Phänomen sein Wesen enthüllt. Und dass dieses Subjekt meist doch der INTERPRET ist, dem BOSS übrigens viel Erfahrung und Geschick abverlangt, und nicht etwa der bedachtsame TRÄUMER, ist phänomenologisch keineswegs zwingend. Warum verhält es sich nicht so, dass der TRÄUMER seinem Therapeuten den TRAUM auslegt?

Der *Faktor TRÄUMER* ist das potentielle Opfer des getarnten INTERPRETEN. Auch ihm wird praktisch eine Funktion zugewiesen, die ihm theoretisch abgesprochen wird. BOSS lässt der Rezeption des TRÄUMERS einen breiten Raum, wenn er ihn fragt, inwiefern ihn der TRAUM 'hellsichtiger' für das wache Existieren macht. Auch BOSS sieht, dass es sich hier nicht mehr um das phänomenologische Traumverständnis selbst, sondern um dessen Anwendung handelt. Konkret heisst das, dass dem Faktor TRÄUMER der gebührende Platz im Bedeutungsverhältnis eingeräumt wird.

Den *Faktor GEGENSTAND* ereilt dasselbe Schicksal wie die Faktoren INTERPRET und TRÄUMER: abgelehnt und doch in Dienst genommen. BOSS hält immer wieder fest, dass es nichts gebe, das im Traum symbolisiert, dargestellt, repräsentiert werde. Einen Traum-

GEGENSTAND will er nicht kennen. Wohl aber sieht er im Traumphänomen einen Verweisungszusammenhang. Die 'Verweisung' kommt denn doch dem Aspekt der Repräsentation sehr nahe. Es lässt sich auch angeben, worin BOSS den GEGENSTAND sieht: in der Welt. Die Bedeutung wird ja als Existenz bestimmt, und diese wiederum als Bezugnahme auf Welt.

Das Zeichen-SYSTEM lässt sich bekanntlich in (Bedeutungs-)Strukturierungen auffinden. Es gibt eine rudimentäre Strukturierung, die BOSS am Traumphänomen vornimmt: der Traum zeigt, wie Welt erfahren und wie auf sie handelnd geantwortet wird. Da auf weitere Strukturierung verzichtet wird, kann BOSS auch den *Faktor SYSTEM* entbehren.

Der *Faktor SITUATION*, der konkretisierend in die Bedeutungsbildung eingeht, ist als einziger in BOSS' Lösungsversuch des Bedeutungsproblems weder theoretisch noch praktisch relevant.

Insgesamt ergibt die Analyse von BOSS' Ansatz in unserem Faktorensystem eine einzigartige Privilegierung des Faktors TRAUM.

1.4.4 ULLMAN (1979): *DAS AUSGEDRÜCKTE GEFÜHL*

1) Montague ULLMAN stellt die seltene Verbindung eines angesehenen (experimentellen) Traumforschers und eines (klinischen) Trauminterpreten dar. Während er sich schon seit je für die soziokulturelle Dimension des Traums interessierte (z.B. ULLMAN 1960), ist er in den letzten Jahren dazu übergegangen, den Traum zum Gegenstand sozialer Kommunikation zu machen. Er hat einen Ansatz entwickelt, dem Träumer in einer Kleingruppe Hilfe zum Verständnis seines Traums zu bieten. Diesen Ansatz nennt er 'experiential', was unvollständig mit 'erlebnis-zentriert' übersetzt werden kann. Mit dieser Bezeichnung ordnet sich ULLMAN in die Bewegung der Humanistischen Psychologie ein.

> The experiential dream group is one way of helping a dreamer realize in a feeling way the relevance of the images he creates at night to the issues he faces during the day (ULLMAN 1979, 422).

Das Wesentliche am experientialen Ansatz ist wohl der "respect for the authority of the dreamer" (ULLMAN & ZIMMERMAN 1979, 317). Der Träumer steht im Mittelpunkt des Bedeutungsgeschehens. Weder ein System noch ein Interpret darf ihm übergeordnet werden.

> Any particular theory, including Freudian theory, is just one of a number of possible systems of meanings that the dreamer can explore. No theory should be allowed to assume priority over the dreamer's own felt responses to the imagery. The dreamer, not the theory, is the authority over the dream. The dream is the dreamer's own theory of who he is and what he is going through at the time (ULLMAN & ZIMMERMAN 1979, 53).

Wenn hier der Traum als 'Theorie' bestimmt ist, wird vorausgesetzt, dass er keine abstrakte, sondern eine sehr konkrete Repräsentation ist, die in einem metaphorischen Verhältnis zu ihrem Gegenstand steht. Der Traum ist ein Bild, eine "symbolic depiction of a real-life situation" (a.a.O., 26). ULLMAN verwendet gerne den Begriff der visuellen *Metapher*, der ihm besonders geeignet scheint, die expressive Funktion des Traums zu berücksichtigen (vgl. ULLMAN 1969).

> Through the use of visual imagery a great deal of information is organized in highly condensed form and presented at a glance, so to speak, instead of linearly. As metaphorical statements the images are intended to communicate the feelings behind them (ULLMAN 1979, 412).

Abgesehen davon, dass hier in neuem Zusammenhang die 'Verdichtung' anzutreffen ist, wird deutlich, dass ULLMAN die Traumbedeutung als *Gefühl* auffasst. Dieses Gefühl ist - entsprechend dem experiential-humanistischen Ansatz - eng verwandt dem, was BOSS 'Existenz' nennt: es ist bezogen auf die 'real-life situation', auf eine aktuelle Problematik (ULLMAN nennt sie 'predicament'). 'Gefühl' betont aber im Vergleich mit 'Existenz' stärker den subjektiven Aspekt. Es ist sozusagen die reine Form der subjektiven Bedeutung, der Bedeutung-für.

2) Es versteht sich fast von selbst, welchen Zugang zur Traumbedeutung ULLMAN vorschlägt.

> I myself always begin with the assumption that the meaning of a dream image is the meaning attributed to it by the dreamer (ULLMAN & ZIMMERMAN 1979, 28).

Und er endet auch damit:

> The only reliable guideline is the feeling response of the dreamer. (..) One sure guideline to the closeness and rightness of the fit between meaning and image is whether it has a liberating impact on the dreamer, leading to further insights about the dream (a.a.O., 29).

Der Begriff des Gefühls hat sehr verschwommene Grenzen. Das liegt am Phänomenbereich, den er umfasst, nicht an ihm selbst. Die Verschwommenheit von 'Gefühl' hat den Vorteil, dass sie auf grenzüberschreitende Phänomene aufmerksam macht. Die stärkste Grenze ist die zwischen Träumen und Wachen; häufig ist das Gefühl, der emotionale Zustand, das einzige, was nach dem Erwachen vom Traum noch übrig bleibt. Das Gefühl-im-Traum setzt sich fort im Gefühl-nach-dem-Traum. Aber auch später, und auch bei andern Personen,kann es leicht geschehen, dass ein Gefühl-gegenüber-dem-Traum zur Wiederbelebung des Gefühls-im-Traum führt. Diese Ueberlegung mag erklären, warum bei ULLMAN die Traumbedeutung und der Zugang zur Traumbedeutung zusammenfallen: im grenzüberschreitenden Gefühl.

Den Prozess der Bedeutungsbildung nennt ULLMAN *'dream appreciation'* statt 'dream interpretation', entsprechend der Kompetenzbeschneidung des Interpreten, wie ich beifügen möchte. Sein Vorschlag ist, die 'apppreciation' des Traums in einem Gruppensetting zu bewerkstelligen. Ist das nicht ein Widerspruch zur Privilegierung des Faktors TRÄUMER?

> The paradox of dream work is that the dream, the product of our most private and intimate being, can best be brought to fullest realization through being shared with another or others. The helpful outside emotional support and the stimulation of imaginative input brings the dreamer closer to his own production (ULLMAN & ZIMMERMAN 1979, 13).

Die Teilnehmer der Traumgruppe sind angewiesen, auf zwei Ebenen auf den Traum zu reagieren, den der Träumer erzählt hat. Einerseits sollen sie die Gefühle beschreiben, die der Traum bei ihnen auslöst, anderseits sollen sie die 'Traumbilder' auf mögliche metaphorische Bedeutungen hin explorieren. Beiden Aktivitäten wird freier Lauf gelassen; statt von 'freier Assoziation' könnte man von 'freier appreciation' sprechen. Der Gruppenleiter hat darauf zu achten, dass keiner der Teilnehmer die Rolle eines Trauminterpreten beansprucht. Anschliessend geht es darum, eine Verbindung zwischen Traum und aktueller Lebenssituation herzustellen, auch 'relevant life context' genannt. Dies geht in Form eines Dialogs zwischen Teilnehmer und Träumer vor sich. Erst dann kann sich beim Träumer ein "real sense of certainty and excitement about the meaning of the dream" (ULLMAN & ZIMMERMAN 1979, 115) einstellen.

3) Welche Faktoren der Bedeutungsbildung berücksichtigt ULLMAN? Was deutlich geworden ist, ist der Stellenwert des *Faktors TRÄUMER*. Dieser rückt eindeutig ins Zentrum des

Bedeutungsverhältnisses; die Bedeutung-für wird allen andern Bedeutungsaspekten übergeordnet. ULLMAN geht aber nicht soweit, die andern Bedeutungsaspekte für unerheblich
zu erklären. Wenn er den Bezug zur aktuellen Lebenssituation als wesentlich ansieht,
nimmt er Stellung zum *Faktor GEGENSTAND*. Der entsprechende Bedeutungsaspekt, die
Bedeutung-auf, vermag die Bedeutung-für beträchtlich zu verstärken. Der Faktor GEGEN-
STAND unterstützt also den Faktor TRÄUMER.

Dieselbe Funktion weist ULLMAN dem *Faktor INTERPRET* zu. Auch wenn er den Terminus
'Interpret' ersetzen möchte, besetzt ULLMAN mit den Teilnehmern und dem Leiter der
Traumgruppe doch die Stelle, die 'Interpret' genannt wurde. Sie machen dem TRÄUMER
Vorschläge für die Bedeutung: durch sie kann es geschehen, dass dem TRÄUMER ein
neuer Aspekt bewusst wird.

Der *Faktor TRAUM* erhält die ihm gemässe Rolle: weder überbewertet, noch unterschätzt.
Als Offerent stellt er die Information zur Verfügung, in Form von 'Traumbildern', die dann für
die 'metaphorische' Interpretation und Rezeption gebraucht wird. Der *Faktor SITUATION*
wird von ULLMAN stärker gewichtet, als dies bisher der Fall war. Im Verlauf der Arbeit mit
dem Traum in der Gruppe kann der TRAUM vorübergehend die Funktion einer Mitteilung
an die Gruppe bekommen; in diesem Fall prägt das 'Hier und Jetzt' die Bedeutungsbildung. Es geht aber nie soweit, dass der entsprechende Aspekt, die Bedeutung-bei, die
Bedeutung-für in den Hintergrund drängen würde.

4) Der einzige Faktor, den ULLMAN tendenziell abwertet, ist der *Faktor SYSTEM*. Das ist
von seinem Ansatz her durchaus konsequent: wo es primär um Erleben geht, wirkt jeder
SYSTEM-Einfluss als Einschränkung. ULLMAN ist aber zu lange in der Forschung tätig gewesen, als dass er einem Irrationalismus erliegen könnte. Wie wir gesehen haben, redet er
sogar explizit von 'systems of meanings'. Er ist sich bewusst, dass SYSTEME den Status
eines 'Instruments' der Bedeutungsbildung haben und als solche leicht missbraucht werden können. Deshalb die Skepsis gegenüber dem Faktor SYSTEM.

1.4.5 KARLE, CORRIERE, HART & WOLDENBERG (1980): *DAS AUSGELEBTE GEFÜHL*

1) 'Verändern statt interpretieren' - diesen berühmten Slogan beziehen KARLE et al. auf
den Traum. Und damit kein Zweifel aufkommt, sagen sie auch gleich, was besser ist:

> Both understanding or interpreting a dream, and dream transformation or the com-
> plete expression of feelings in a dream, can be complementary. Transformation,
> however, supercedes interpretation. It is not possible to transform a dream without
> also understanding it, but it is easily possible to understand a dream without feeling
> it or changing from the symbolic feeling representation to a nonsymbolic feeling ex-
> perience (KARLE et al. 1980, 7).

Man mag sich fragen, warum Träume überhaupt verändert werden sollen. Es ist ein thera-
peutisches Interesse, das KARLE et al. leitet. In der sog. Feeling-Therapy, die sie entwickelt
haben (KARLE, WOLDENBERG & HART 1976), wird auf stärkere *Expressivität* der Träume
hingearbeitet, in der Annahme, dass sich emotionale Prozesse im Träumen und im Wachen
wechselseitig bedingen. Träumveränderung ist für KARLE et al. therapeutischer Indikator
und therapeutischer Faktor; Traumveränderung heisst Persönlichkeitsveränderung. Die
Autoren geben sich aber damit nicht zufrieden. Sie scheinen von ihrem Ansatz eine Art
Weltveränderung zu erwarten:

> We believe that this new clinical and research approach will have a major impact on
> psychology over the next 20 years. It will change people's ways of thinking and the
> directions of their work (KARLE et. al. 1980, 75).

Worin besteht denn dieser neue Ansatz, den KARLE et al. propagieren? Sie nennen ihn
'*funktional*' und führen ihn zurück bis auf JAMES und DEWEY, die anstelle einer psycholo-

gischen Untersuchung von Inhalt und Struktur des Bewusstseins eine Untersuchung der Funktion des Bewusstseins im praktischen Kontext betrieben hätten. So wie FREUD den WUNDTschen Strukturalismus auf den Traum angewendet habe, gehe es nun darum, den Funktionalismus auf den Traum anzuwenden.

> The application of the functional approach to dreams provides a shift in focus from dream symbols and content to dreamer functioning, from the structure and meaning of symbols to the emotional function of the dream for the dreamer. Instead of seeking the interpretation of dream symbols, a functional analysis looks at *how the dreamer is functioning emotionally in the dream* (Hervorh. d. Karle et al.) (a.a.O.., 6).

Eine Prüfung des Begriffs der emotionalen Funktion ergibt, dass KARLE et al. ihn auf zwei verschiedene Weisen verwenden. Das eine Mal geht es um die Funktion für den Träumer: in diesem Fall müsste eine funktionale Analyse des Traums erfassen, welche emotionalen Wirkungen (evtl. auch Auslöser) beim wachen Träumer festzustellen sind. Das andere Mal geht es um das 'Funktionieren' des Traum-Ichs: diesen Fall sehen die Autoren vor, wenn sie analysieren, wie das Traum-Ich emotional reagiert. Es ist dann allerdings nicht einzusehen, warum eine solche Analyse 'funktional' heisst. Bisher wurden entsprechende Bemühungen in der Traumforschung 'inhaltsanalytisch' genannt.

Bei näherer Betrachtung des 'Functional Scoring System for Dreams' fällt auf, dass Merkmale des Traumprodukts (Variablen 'Feeling Intensity' und 'Dream Clarity') und Merkmale des Traum-Ichs (Variablen 'Dreamer Activity' und 'Dreamer Expression') zusammengewürfelt werden (a.a.O., 8f.). Alle vier Variablen sollen den sog. *Traumprozess* erfassen. Vielleicht steckt hinter dieser Vermischung eine ähnliche Annahme, wie wir sie bei BOSS gefunden haben: dass sich durch das Wachen und das Träumen dieselbe Existenz hindurchzieht. Die sog. Parallelismus-Hyptohese von KARLE et al. scheint dafür zu sprechen. Es ist aber festzuhalten, dass auch der Begriff des Traumprozesses zwar emphatisch, aber merkwürdig unscharf gebraucht wird.

In bezug auf die Bestimmung des Traums vertreten KARLE et al. eine ähnliche These wie ULLMAN: der Traum ist ein bildlicher Ausdruck von Gefühlen.

> Functional Transformation theory views dreams as images of feelings - visual images that reflect the dreamer's degree of complete or incomplete feeling. Complete feelings consist of physiological sensations with matched cognitive meanings and overt behavioral expressions. Dreams, therefore, serve as indicators of the functioning of internal feeling processes (KARLE et al. 1980, 8).

Im Unterschied zu ULLMAN geht es KARLE et al. weniger um Qualität als um Intensität des Gefühls. Der Traum zeigt den Ausprägungsgrad, weniger die Tönung, der Gefühlslage des Träumers. Damit wird deutlicher, weshalb die Autoren so stark die Blickverschiebung vom Trauminhalt auf den Traumprozess betonen: an die Stelle eines Gefühlsinhalts tritt das Fühlen. Dieses zu verändern kann durchaus therapeutisch relevant sein. Als Veränderungsziel gilt:

> A transformative highly functional dream exhibits a high level of feeling and complete expression of feeling by a dreamer who makes satisfying contact in the dream and is fully active and clear about his actions and feelings within the dream (i. Orig. z.T. kursiv, Anm. R.S.) (a.a.O., 8).

Stichwortartig gesagt fassen KARLE et al. die Traumbedeutung als *Gefühl* auf. Sie akzentuieren dabei viel stärker den Prozess als den Inhalt des Fühlens. Allerdings gibt es Stellen, wo sie diesen Unterschied wieder verwischen.

2) Welchen Zugang zur Traumbedeutung schlagen KARLE et al. vor? Wenn die Autoren *'Transformation'* statt Interpretation betreiben, darf nicht geschlossen werden, dass sie sich nicht für die Bedeutungsfrage interessieren; nach ihrer Auffassung setzt 'Transformation'

das Verstehen des Traums voraus. In Abwandlung von FREUDs bekanntem Statement: "Nach vollendeter Deutungsarbeit lässt sich der Traum als eine Wunscherfüllung erkennen" (FREUD 1900, 140) formulieren KARLE et al.:

> (..) when the work of transformation is completed, the dreamer feels what was left incomplete in the dream, and the partial feeling is made complete (KARLE et al. 1980, 7).

Wie sieht die Veränderungsarbeit am Traum aus? Sie findet - im Unterschied zu ULLMAN - in einem therapeutischen Setting statt. Das Beispiel, das die Autoren berichten, stammt aus einer Einzeltherapie. Vermutlich wäre der Ansatz aber auch auf Gruppentherapie übertragbar.

> The functional perspective suggests a two-step way of working with dreams. First, allow the dreamer to feel how he lives his life at his present symbolic level of feeling. Second, feel what his life could be like at an expanded level of feeling. Process questions lead to methods in which the dreamer is helped to return to the dream and feel how he functions in each dream picture. He is helped to become aware of which feelings were left incomplete, and how this incompletion occurred. The specific further steps that result are not based on technique, but rather on the dreamer and his particular dream (a.a.O., 65).

Ähnlich wie bei ULLMAN ist es dieselbe Grösse, die als Traumbedeutung und als Zugang zur Bedeutung aufgefasst wird: das Gefühl resp. das Fühlen. Während aber ULLMAN mit seiner 'appreciation' eine sanfte Form der Bedeutungsbildung vorschlägt, treten KARLE et al. mit ihrer 'transformation' für eine tatkräftige Form ein. Im Vergleich mit FREUD fällt auf, dass auch KARLE et al. mit einem Konfliktbegriff arbeiten: statt vom Konflikt zwischen Wunsch und Verbot reden sie vom Konflikt zwischen Potential und Grenzen (a.a.O., 65f.). Der FREUDschen These von der entstellten Wunscherfüllung entspricht die These vom unvollständigen (im Sinn von: eingeschränkten!) Gefühlsausdruck. Während aber FREUDs Deutungsarbeit nicht auf unbeschränkte Wunscherfüllung ausgerichtet ist, kennt die Veränderungsarbeit von KARLE et al. keinen Zweifel: Gefühlsausdruck soll uneingeschränkt sein.

Auch mit JUNG lässt sich ein interessanter Vergleich anstellen: für die Autoren ist 'Individuation' ein anderer Name für 'Transformation'; während erstere durch eine "progression in the symbols" angezeigt werde, sei es bei letzterer eine "progression in feeling expression" (a.a.o., 21). KARLE et al. plädieren dafür, an die Stelle der JUNGschen "archetypal image expansion" ihre "transformative feeling expansion" zu setzen, da therapeutischer Fortschritt von einem Weniger, nicht einem Mehr an Symbolen zu erwarten sei; Gefühle wollen nicht betrachtet, sondern gelebt werden (a.a.O., 22f.). Der Unterschied, der hier zutage tritt, zielt auf die Polarität, die bei der Besprechung des Faktors SITUATION gefunden wurde: Bedeutungen werden konkret auf epistemische oder pragmatische Weise (1.3.6).

3) Welche Faktoren der Bedeutungsbildung berücksichtigen KARLE et al.? Wie soeben angedeutet hat der *Faktor SITUATION* einen hohen Stellenwert, er steht im Zentrum. Die Transformation des TRAUMS zielt explizit auf den Uebergang der Traumbedeutung in die Praxis des TRÄUMERS. Der TRAUM kann dabei immer wieder neu Bedeutung annehmen, je nach der emotionalen Situation des TRÄUMERS, die sich gerade darbietet. Insofern ist es berechtigt, den Ansatz von KARLE et al. 'funktional' zu nennen: der TRAUM interessiert in seiner Funktion für die Praxis. Und Praxis heisst für die Autoren Unmittelbarkeit des Gefühlsausdrucks, (Aus-)Leben des Gefühls.

Wie ersichtlich geht es bei der Bedeutungsbildung nicht um eine beliebige SITUATION, sondern um diejenige des Träumers: damit wird dem *Faktor TRÄUMER* Rechnung getragen; die Arbeit am TRAUM ist auf die Rezeption und die daraus resultierende Bedeutungfür angewiesen. Der TRÄUMER ist aber untergeordnet; im Unterschied zu ULLMAN überlassen ihn KARLE et al. nicht der freien 'appreciation'.

Hier greift kräftig der *Faktor INTERPRET* ein; er leitet die Rezeption des TRÄUMERS. Der INTERPRET entscheidet - in der Rolle des Therapeuten - primär, ob im Traum das Gefühl unvollständig oder vollständig ausgedrückt wird. Das macht ihn als Agenten im Bedeutungsverhältnis mächtiger, als KARLE et al. vermutlich wahrhaben wollen. Allerdings ist er in seiner Arbeit nicht höher gestellt als der Faktor SITUATION; vor allem formuliert er auch keine Interpretation, er ist interpretativ nur in seinen Anweisungen.

Dem *Faktor TRAUM* wird eine mittlere Position zugeteilt. Mit dem phänomenologischen Ansatz stimmen die Autoren darin überein, dass der Traum selbst schon genug Information ist; sie sind aber der Meinung, dass er erst in der Mitteilung und der Transformation 'lebendig' wird (KARLE et al. 1980, 26f.). Somit wird auch dieser Faktor dem - belebenden - Faktor SITUATION untergeordnet.

4) Wie steht es um die Faktoren, die KARLE et al. nicht berücksichtigen? Ihr Lösungsversuch des Bedeutungsproblems ist bisher der erste und wird der einzige sein, der ohne den *Faktor GEGENSTAND* auskommt. Das zeigt sich deutlich an ihrer Bedeutungsgrösse: das Gefühl wird inhaltlich entleert, dafür prozessuell aufgewertet. Vor dem reinen Fühlen muss das Gefühlte (also der Gegenstand des Gefühls) zurücktreten. Die Devise ist: Fühlen, egal was! Der gesteigerten Expressivität entspricht die verminderte Intentionalität des Traums. Diese Akzentverlagerung ist übrigens durchaus konsistent mit dem Ansatz von KARLE et al.: damit der TRAUM transformiert werden kann, muss sein Bezug auf einen GEGENSTAND vernachlässigt werden; andernfalls wäre es 'nur' eine neue Interpretation. Die Frage stellt sich hier, ob nicht besser der GEGENSTAND als der TRAUM verändert würde. KARLE et al. nehmen zwar an, dass mit der Veränderung des TRAUMS eine Veränderung der Persönlichkeit einhergeht, aber auch die Persönlichkeit ist für sie im wesentlichen auf den Prozess des Fühlens reduzierbar. Das Gegenständliche wird dem Zuständlichen geopfert.

So gesehen ist es nur logisch, wenn die Autoren Symbole als Umweg des Gefühls ansehen. Symbole haben ja u.a. die Eigenschaft, dass sie auf GEGENSTÄNDE verweisen, sie repräsentieren. Während für JUNG die Symbole an den GEGENSTÄNDEN das (projizierte) Selbst aufzeigen, führen sie für KARLE et al. nur weg vom Selbst. Da Symbole Elemente eines Zeichensystems sind, erstaunt es nicht, dass die Autoren meinen, auf den *Faktor SYSTEM* verzichten zu können. Er, der strukturierend in die Bedeutungsbildung eingreift, steht dem extremen Prozessualismus von KARLE et al. nur im Wege. So wenig wie auf einen GEGENSTAND lässt das reine Fühlen auf eine 'Sprache' (SYSTEM) angewiesen. Oder wenn, dann um sie gleich überwinden zu können. Diesen speziellen Fall besprechen KARLE et al.: Symbole können nach ihnen insofern nützlich sein, als sie dem Gefühl die Absurdität seiner Symbol-Verhaftetheit aufzeigen (KARLE et al. 1980, 23f.). Nicht mehr absurd wäre das total befreite Gefühl. Wen kümmert's, dass es das Leben gefunden, aber die Sprache verloren hat?

1.4.6 CARTWRIGHT (1974): *DAS ERFORSCHTE PROBLEM*

1) Rosalind Dymond CARTWRIGHT gehört zu den wenigen Traumforschern, die den Versuch unternahmen, sich dem Problem der Traumbedeutung auf experimentellem Weg zu nähern. Die Studie, von der ich hier berichte, trägt den Untertitel "A methodological study of dream meaning and function". Wie ersichtlich behandelt CARTWRIGHT die Frage der Traumbedeutung im Kontext der (psychologischen) *Funktion* des Traums. In diesem Punkt weiss sie sich einig mit FREUD, für den Bedeutung 'Einfügbarkeit' in die Psyche hiess (1.4.1).

CARTWRIGHT nimmt, im Einklang mit den meisten heutigen Traumforschern, an, dass die Funktion des Traums in der *Adaption* an die Realität liegt. Weil unter 'Realität' natürlich jene des Wachens gemeint ist, tritt die Frage des Verhältnisses von Wach- und Traumbewusstsein, die "relation of dreaming to waking mental activity" (CARTWRIGHT 1974, 387), in den Vordergrund. In der Sprache FREUDs hiesse das, dass an die Stelle der Macht des

Unbewussten die Anforderungen der Realität rücken; die Bedeutungsfrage wird dann nicht mehr durch die unbewusste Determination des Traums, sondern durch die Realtitätsverarbeitung im Traum entschieden.

Was muss im Prozess des Träumens an die Realität angepasst werden? CARTWRIGHT spricht recht allgemein vom "affective concern", also von der aktuellen emotionalen Problematik; diese wird im Traum aufgenommen, verarbeitet und womöglich einer Lösung zugeführt (a.a.O., 388). Die Bedeutungsfrage ist beantwortet, wenn sich angeben lässt, welches Problem auf welche Weise im Traum gelöst wurde. Wir können sagen, dass unter der Bedeutung des Traums das (emotionale) *Problem* des Träumers und dessen Lösungsversuch verstanden wird.

2) Wie ist es nun möglich, einen *experimentellen* Zugang zu einer so aufgefassten Traumbedeutung zu erlangen? Das herkömmliche experimentelle Paradigma in der Traumforschung ist das Reiz-Reaktions-Paradigma.

> (..) experimenters interested in the meaning question began using a paradigm in which a before sleep or a during sleep stimulus was applied and the subject awakened (..) for a report. In this way the attempt was made to work out the relationship between some real event and the direct or symbolic representation of it in the dream images. The hope was that the language and grammar out of which dream thought is constructed might become clearer (a.a.O., 387).

CARTWRIGHT sieht zwei problematische Punkte an der bisherigen Reizverarbeitungsforschung. Einerseits wurde mit zuwenig Versuchspersonen, andererseits mit wenig geeigneten Reizen gearbeitet. Für ihre Untersuchung setzt sie beim zweiten Punkt an: sie operiert mit Reizen, die sowohl subjektiv hoch relevant als auch spezifisch genug sind, um (im Traumbericht) wiederauffindbar zu sein. Mit dieser Modifikation gelingt es ihr, mit dem Reiz-Reaktions-Paradigma fruchtbare Resultate zu gewinnen.

> The study to be reported here is another attempt to use this paradigm to further explore the meaning and function of dreaming. In this instance a presleep wish, personally relevant to each subject, was employed and its representation and function examined in the dreams that followed (a.a.O., 388).

Als experimentellen Reiz wählte CARTWRIGHT also einen bewussten Wunsch, den sich die Versuchspersonen vor dem Einschlafen mehrmals wiederholen mussten. Der Wunsch wurde individuell für jede Versuchsperson mithilfe des Q-sort-Verfahrens bestimmt: 70 Karten mit Eigenschaftswörtern mussten zunächst nach dem Grad der Entsprechung mit dem realen, danach mit dem idealen Selbstbild sortiert werden. Dasjenige Eigenschaftswort, bei dem sich diesbezüglich die stärkste Diskrepanz ergab, wurde zur Formulierung des experimentellen Wunsches verwendet: beispielsweise "I wish I were not so (hostile, irritable, unhappy)". Zwei weitere Eigenschaftswörter wurden als Kontroll-Wörter ausgewählt. Am Experiment nahmen 19 Versuchspersonen während zweier aufeinanderfolgender Nächte (1 Experimentalnacht) teil. Erhoben wurden alle REM-Träume. Ein nicht-eingeweihter Beurteiler hatte die Aufgabe, die Traumberichte daraufhin zu beurteilen, ob eines oder mehrere der drei Eigenschaftswörter zur Beschreibung des Traum-Ichs oder einer Traumfigur dienen könnte. Als spezielle Kategorie wurde auch das Gegenteil einer Eigenschaft zugelassen.

Dieses experimentelle Design erbrachte bessere Resultate, als man von üblichen Reizverarbeitungs-Studien gewohnt ist. Bei 15 von 17 Versuchspersonen (2 wurden ausgeschlossen wegen fehlender Kontroll-Wörter) liess sich in mindestens einem der Traumberichte das experimentelle Eigenschaftswort zur Beschreibung verwenden; für die Kontroll-Wörter war dasselbe nur bei 9 resp. 11 Versuchspersonen möglich.

Ein interessantes Ergebnis ist, dass nur wenige Versuchspersonen träumten, dass sie selbst die erwünschte Eigenschaft hätten. Bei den meisten Verarbeitungen war es so, dass das Traum-Ich die reale (nicht die ideale) Eigenschaft aufwies und dafür evtl. sogar belohnt zu werden schien. Das spricht tendenziell eher für die sog. Kontinuitäts- als für die Komplementaritätshypothese bezüglich des Verhältnisses von Wachen und Träumen (vgl. CARTWRIGHT 1977, 119f.).

> The function of these dreams seems not to be one of gratification by carrying out the wish but more often one of reviewing the emotional implications involved (CARTWRIGHT 1974, 392).

CARTWRIGHT interpretiert die Resultate ihrer Untersuchung mit einem Problemlösungs-Ansatz. Der Traum ist weniger eine Wunscherfüllung als eine (versuchte) Problemlösung. Damit entfernt sie sich von der FREUDianischen Traumauffassung und neigt zu derjenigen von ADLER (vgl. CARTWRIGHT 1977, 120ff.). Unter den Bedingungen des Schlafzustandes kann eine freiere Exploration von Lösungsmöglichkeiten stattfinden.

> One function of dreaming thought appears to be to explore the emotional compo-
> nents of a tension area which may be different from those available to the waking
> self (CARTWRIGHT 1974, 392).

Insgesamt ist die Studie von CARTWRIGHT eine einfallsreiche Art, sich experimentell dem Problem der Traumbedeutung zu nähern. Die Bezeichnung ihrer experimentellen Stimuli als 'Wunsch' darf aber nicht zur Meinung verleiten, dass hier eine FREUDsche Hypothese geprüft wurde. Weder handelt es sich um einen verdrängten Wunsch noch um eine entstellte Form. Leider entzieht sich FREUDs realitätsaufbrechendes Denken grundsätzlich einem (klassischen) experimentellen Zugriff.

3) Welche Faktoren der Bedeutungsbildung berücksichtigt CARTWRIGHT? Von ihrem experimentellen Ansatz her steht der *Faktor GEGENSTAND* im Zentrum; an diesem muss angesetzt werden, um eine experimentelle Beeinflussung des TRAUMS zu erreichen. Entsprechend wird die Bedeutungsbildung als Repräsentation aufgefasst. Es interessiert, wie der GEGENSTAND, nämlich der Stimulus (der "affective concern") im TRAUM repräsentiert ist. Das besondere an diesem Ansatz ist, dass der GEGENSTAND zum vornherein feststeht.

Der TRAUM tritt im nachhinein in Erscheinung, als abhängige Variable. Damit erhält der *Faktor TRAUM* einen abhängigen Status. Dennoch wird ihm sorgfältige Aufmerksamkeit gewidmet; an ihm müssen ja die Verarbeitungen gefunden werden. Seine Information entscheidet über Bestätigung oder Verwerfung der Hypothese.

Die Information des TRAUMS ist aber auch in CARTWRIGHTs Experiment auf Interpretation angewiesen: der *Faktor INTERPRET* greift in der Rolle eines Raters in die Bedeutungsbildung ein. Dem Rater ist die - allgemein in Reizverarbeitungsexperimenten - prekäre Aufgabe gestellt, über die Repräsentation des GEGENSTANDES zu befinden. Hier zeigt sich deutlich, dass der Faktor INTERPRET wohl wichtig, aber ebenfalls untergeordnet ist. Der Rater kann nicht frei interpretieren, sondern muss sich möglichst 'objektiv' verhalten. Trotzdem ist ihm ein Ermessensspielraum überlassen bei der Beurteilung, in welche Kategorie ein Traum(bericht) fällt.

Diese Kategorien sind natürlich systematisch geordnet, was den *Faktor SYSTEM* ins Spiel bringt. Beim Kategoriensystem handelt es sich um ein - wie wir z.B. schon bei BOSS gefunden haben - rudimentäres Zeichen-SYSTEM. Es gibt nur zwei Klassen mit je zwei Gliedern: einerseits Traum-Ich vs. Traumfigur, anderseits Eigenschaft X vs. Eigenschaft Nicht-X. Beidemal sind die Glieder der Klassen gleichbedeutend: Traum-Ich und Traumfigur repräsentieren das Selbst, Eigenschaft X und Nicht-X repräsentieren die experimentell gewünschte Eigenschaft. Implizit werden damit 4 primitive Zeichenprozesse postuliert: Wiederholung (Traum-Ich hat X), Verschiebung (Traumfigur hat X), Umkehrung (Traum-Ich hat Nicht-X) und Verdrehung (Traumfigur hat Nicht-X). Das erinnert an FREUDs Zeichenprozesse, die er unter dem Begriff der Traumarbeit konzipiert hat. Auch bei diesem Faktor muss man von einer Unterordnung unter den Faktor GEGENSTAND reden; das SYSTEM ist so rudimentär, weil es nur auf die Wiedererkennung des GEGENSTANDS angelegt ist.

4) Dass die *Faktoren TRÄUMER und SITUATION* ausgeblendet bleiben, überrascht nicht mehr. Spätestens seit der Besprechung von KARLE et al. besteht die Vermutung, dass die Faktoren GEGENSTAND einerseits und TRÄUMER und SITUATION anderseits in einem komplementären Verhältnis zueinander stehen; es ist das Verhältnis von Ursprung und Ziel der Bedeutungsbildung. Wo Objektivität als erstrebenswert gilt - und das ist in der experimentellen Wissenschaft sicher der Fall -, wird das Subjekt durch die Unerbittlichkeit des GEGENSTANDES den Verstrickungen der Praxis entzogen.

1.4.7 KRAMER, HLASNY, JACOBS & ROTH (1976): *DER HERGESTELLTE BEZUG*

1) Milton KRAMER hat 1976 auf einem Symposium der Association for the Psychophysiological Study of Sleep, dem bereits "historical significance" (FISS 1979, 50) zugesprochen wird, vehement Stellung gegen Robert MCCARLEY und seinen propagierten Mind-Body-Isomorphismus bezogen. Dieser hat damals noch einen groben biologischen Redaktionsimus gegenüber Traumprozessen vertreten; die bald darauf vorgelegte Activation-Synthesis-Hypothese ist schon bedeutend vorsichtiger formuliert (HOBSON & MCCARLEY 1977, MCCARLEY & HOBSON 1979, MCCARLEY & HOFFMAN 1981).

Vor diesem Hintergrund muss man die Studie von KRAMER et al. lesen, die übrigens durch Einfachheit und Eleganz besticht. Ihr Titel lautet: "Do dreams have meaning? An empirical inquiry". Die Autoren sagen eingangs, was sie unter 'Bedeutung des Traums' verstehen:

> Despite their disparate descriptions of dreaming, all theorists who have addressed the psychological significance of dreams make three identical, if unarticulated, assumptions. First, they assume that dreams have meaning, i.e., that dreams are orderly, nonrandom events. Second, they assume that dreams are meaningful - that the content of the dream is overtly or covertly related to the waking, subjective life of the dreamer. Finally, they hold that dreams subserve some important psychological function and contribute to the adaptive capacity of the individual (KRAMER et al. 1976, 778).

KRAMER et al. setzen bei der ersten Bedeutungsauffassung an: dem Geordnetsein. Man kann hier von einer *strukturellen* Bedeutungsauffassung reden; es ist aber wichtig zu sehen, dass es sich nur um eine syntaktische, keineswegs semantische Struktur handelt. In dieser Perspektive genügt es, dass sich im Traumphänomen irgendeine Struktur entdecken lässt, ohne dass sich diese Struktur auf etwas anderes bezieht; diese Bedingung ist schon erfüllt, wenn sich eine beliebige Menge von Träumen oder Traumteilen in zwei Kategorien einteilen lässt. Ein solcher Strukturbegriff ist identisch mit dem Informationsbegriff. Ein entsprechender Befund würde genügen, um die allfällige Behauptung zu widerlegen, Träume seien das Resultat zufälliger Neuronen-Entladungen.

Einen Schritt weiter geht die zweite Bedeutungsauffassung in obigem Zitat, die den Bezug des Traums zur Wachwirklichkeit des Träumers meint. Hier kann eine Struktur *semantisch* werden; die Minimalbedingung in diesem Fall wäre, dass Träume von der Kategorie X_1 auf das Wirklichkeitssegment Y_1 und Träume von der Kategorie X_2 auf das Wirklichkeitssegment Y_2 verweisen. Ein Grenzfall liegt dann vor, wenn X_1 und X_2 nicht inhaltlich bestimmt, sondern nur als anders unterschieden werden. Genau das ist der Ansatz in der Untersuchung von KRAMER et al.: Bedeutung als Unterscheidbarkeit von Träumen, die zu verschiedenen - nach einem Kriterium aus der Wachwirklichkeit gebildeten - Gruppen gehören.

Die dritte Bedeutungsauffassung, die KRAMER et al. präsentieren, erinnert an jene von CARTWRIGHT (1974): Bedeutung als adaptive *Funktion* des Traums. KRAMER et al. gehen aber in ihrer Untersuchung nicht näher auf diese Bedeutungsauffassung ein. Sie halten sich im wesentlichen wie gesagt an die zweite Auffassung: allgemein formuliert liegt die Bedeutung eines Traums in seinem *Bezug* auf die Wachwirklichkeit des Träumers. Untersucht wird der Bezug nur daraufhin, ob er in Träumen unterscheidbare Formen hervorbringt.

2) KRAMER et al. suchen wiederum einen *experimentellen* Zugang zum Bedeutungsproblem. Sie verwenden jedoch kein klassisches Design; es wird keine unabhängige Variable manipuliert und deren allfälliger Effekt auf Signifikanz geprüft. Die Autoren führen ein Sortierungsexperiment durch. Ihre Ueberlegung ist die, dass auf der Ebene von (klinischen und demografischen) Gruppen von Personen systematische Unterschiede im Trauminhalt bereits nachgewiesen sind. Die Frage ist nun, ob sich dasselbe auf der Ebene des Individuums finden lässt.

> If dreams do have meaning (i.e., are orderly) at the individual level, they should be distinguishable among individuals (trait) and within an individual (state), as they have already been shown to be at the group level. More specifically, we should be able to distinguish the dreams of different individuals, the dreams of one individual on different nights, and the position of one dream within a series of dreams in one night (KRAMER et al. 1976, 778).

KRAMER et al. verwendeten die Träume von 12 männlichen Studenten (20-25 Jahre alt) aus jeweils 20 Labornächten und von 11 männlichen Schizophrenen (40-55 Jahre alt) aus jeweils 2mal 3 Labornächten. 3 Beurteiler hatten blind 3 Sortierungsaufgaben zu lösen. In der ersten Aufgabe ging es darum, zwei Sets von Träumen von 5 Studenten und von 5 Patienten in je 5 gleich grosse Gruppen nach vermutlicher Person-Zugehörigkeit zu sortieren. In der zweiten Aufgabe mussten je 15 Träume von 10 Studenten und 5 Patienten in je 5 gleich grosse Gruppen nach vermutlicher Nacht-Zugehörigkeit sortiert werden. Die dritte Aufgabe schliesslich bestand darin, insgesamt 84 Sets von jeweils 3 Träumen aus einer Nacht nach vermutlicher Reihenfolge in der Nacht zu sortieren. Aufgabe 1 und Aufgabe 2 wurde von allen 3 Beurteilern korrekt gelöst (statistisch signifikant), Aufgabe 3 hingegen nicht. Eine interessante Beobachtung war, dass erfahrene und unerfahrene Beurteiler gleich gut abschnitten.

KRAMER et al. interpretieren ihre Resultate folgendermassen:

> This study supports the assumptions of all depth psychologists that dreams are orderly, nonrandom events. Judges can successfully distinguish among the dreams of different people and among the dreams of one person on different nights. (..) The fact that an individual's dreams are distinguishable from those of another individual suggests that dreams reflect enduring traits of personality. (..) We believe that the reactive or state nature of the dream is reflected in the judges' ability to sort successfully the dreams of one night from those of another (..) (a.a.O., 780).

Träume scheinen also auf personale und situative Merkmale zu reagieren, diese zu 'reflektieren'. Vom ganzen Ansatz her können KRAMER et al. bekanntlich nicht sagen, wie diese Reflektion aussieht, hingegen dass sie spezifische Unterschiede hinterlässt. Weiteren Aufschluss könnte man erst bekommen, wenn die Beurteiler gehalten wären, ihre intuitiven Vorstellungen beim Sortieren systematisch zu explizieren.

3) Welche Faktoren der Bedeutungsbildung berücksichtigen KRAMER et al.? Ihre Bedeutungsauffassung verquickt auf eigentümliche Weise die Faktoren TRAUM und GEGENSTAND: insoweit sie die Traumbedeutung über das Finden einer immanenten Ordnung (bei Traumberichten) anstreben, konzentrieren sie sich auf die Information, also den Beitrag des *Faktors TRAUM*. Im Unterschied etwa zu einem phänomenologischen oder einem inhaltsanalytischen Ansatz machen sie Halt beim Befund, *dass* eine Ordnung vorliegt. Entsprechend können sie auch nicht angeben, was für eine Bedeutung der TRAUM hat.

In diese Lücke springt der *Faktor GEGENSTAND* mit seiner Repräsentation: das Kriterium für die zu findende Ordnung wird aus der traumexternen Wirklichkeit geholt. Der TRAUM wird behandelt als Indikator für unterschiedliche Personen und Situationen. Aber auch hier wird nicht näher nach dem GEGENSTANDS-Aspekt gefragt; es genügt der Nachweis der Verschiedenheit. KRAMER et al. fragen, ob der TRAUM eine - nicht welche - Bedeutung habe.

Der *Faktor INTERPET* hat eine ähnliche, aber wichtigere Funktion wie bei CARTWRIGHT (1974): er befindet in der Rolle eines Beurteilers über die Bedeutungsfrage. Bei KRAMER et al. ist er dabei gänzlich auf seine Intuition angewiesen, während er sich bei CARTWRIGHT noch an ein Kategoriensystem halten konnte. Aber auch KRAMER et al. schränken ihn in der Interpretationsfreiheit ein, indem sie ihm eine bestimmte Aufgabe stellen.

Der *Faktor SYSTEM* hat eine deutlich abgeschwächte Funktion; wir haben gesehen, dass KRAMER et al. mit einem Mittelding zwischen einer syntaktischen und einer semantischen Struktur operieren. Wenn sich Träume von der Art X_1 auf die Person Y_1 und jene von der Art X_2 auf die Person Y_2 beziehen lassen, liegt sicherlich ein sehr rudimentäres Zeichen-SYSTEM vor. Abgesehen von der Minimalgrösse der Zeichenklassen und dem Fehlen einer prozessuellen Vorstellung ist die Spezialität dieses SYSTEMS, dass es inhaltsleer (formal) und vorwiegend auf Unterschieden aufgebaut (oppositionell) ist: X_1 ist zwar äquivalent mit Y_1, aber von beiden wissen wir nur, dass sie Nicht-X_2 und Nicht-Y_2 sind.

4) Wie bei CARTWRIGHT (1974) bleiben die *Faktoren TRÄUMER und SITUATION* unberücksichtigt. Dies scheint der Preis zu sein, wenn man die Traumbedeutung objektivierend fixieren will. Der TRÄUMER und die (Anwendungs-)SITUATION sind die am wenigsten berechenbaren Faktoren im Bedeutungsgeschehen; über sie drängt die Bedeutung - salopp formuliert - zum Leben. Schon der Faktor INTERPRET bereitet dem kalkulierenden Denken beträchtliche Mühe; aber an ihn kann man wenigstens die Aufforderung richten, seine Intuitionen möglichst in den diskursiven Bereich überzuführen. Vom TRÄUMER als dem Interessenten die gleiche Rationalität zu verlangen hiesse, seine Rezeption in Schemata zu zwingen und ihn womöglich selbst zum Schema erstarren zu lassen. Was den Faktor SITUATION betrifft, muss man feststellen, dass aufgrund seines ausserordentlich fluktuierenden Charakters Aussagen über seinen Beitrag zur Bedeutungsbildung wohl immer der Relativität des Hier und Jetzt unterstellt bleiben.

1.4.8 ANTROBUS (1978): *DIE GESTALTETE ERINNERUNG*

1) John S. ANTROBUS hat zusammen mit ARKIN und ELLMAN 1978 eine grossangelegte Bestandsaufnahme der gesamten experimentell orientierten Traumforschung herausgegeben. Noch während der Vorbereitung des Sammelwerks hat er einen Artikel veröffentlicht, der seine persönliche Forschungsmotivation durchschimmern lässt.

> After a decade of research on sleep and dreaming, I finally conceded that I ought to have a better reply to the frequent appeal, "What does this dream mean?" than, "Oh, dream interpretation is a clinical art. It has no scientific basis!" The first step, it seemed, would be to isolate the factors which make some, admittedly post hoc, dream interpretations so terribly convincing (ANTROBUS 1977, 327).

Als augenfälligsten Faktor isoliert er die "functional relation between waking and dreamed events" (ANTROBUS 1977, 328). Die Bedeutungsauffassung von ANTROBUS orientiert sich also am Bezug der Traum- zu den Wachereignissen. Damit stimmt er mit der zweiten Auffassung von KRAMER et al. (1976) überein.

> I used "interpretation" and "meaning" in the most general sense of an object or event symbolizing, representing, or standing for another object or event. (..) With respect to dreaming we are faced with the option either that the symbols are figments of the interpreter's imagination or that most dream thought and imagery is of this remote symbolic, metaphoric character (ANTROBUS 1978, 570).

Die Form der *Repräsentation*, die häufig 'symbolisch' genannt wird, möchte ANTROBUS - im Anschluss an ULLMAN (1969) und unter Hervorhebung des kreativen Aspekts - 'metaphorisch' nennen. Die These vom Traum als Metapher wird dem Paradigma der Informationsverarbeitung unterstellt; ANTROBUS vertritt diesbezüglich einen *konstruktivistischen* Standpunkt.

> Let us assume that many of the elements of the dream exist in long-term memory prior to the dream but that this particular construction or combination of the elements is novel. (..) Construction of the dream events seem more similar to the creation of an original metaphoric parable or fable (ANTROBUS 1978, 571).

Die Elemente, aus denen der Traum konstruiert wird, gehören einem relevanten Wachereignis an; es sind "features preserved from the original event in the waking state" (a.a.O., 572). ANTROBUS glaubt, das delikate Problem der Aehnlichkeit von Traum- und Wachereignissen mit einem Konzept der "common features" lösen zu können. Solange nicht klar wird, nach welchen Gesichtspunkten die extrahierten Features zum Traumganzen kombiniert werden, stellt dieses Konzept nicht viel mehr als eine Umschreibung des metaphorischen Charakters des Traums dar.

Hier hilft ANTROBUS' Vorschlag weiter, dass die metaphorische Beziehung auf der Ebene der "abstract organization" (a.a.O., 573), nicht auf der Ebene konkreter Objekte, anzusiedeln ist. Die abstrakte Organisation (auch: 'Struktur') ist das Gemeinsame von Wach- und Traumereignis. Ihre Darstellung geschieht vorzüglich in der Form eines semantischen Netzwerks, dessen Knoten das eine Mal von Elementen des Wachereignisses, das andere Mal von Elementen des Traumereignisses besetzt sind.

Wir können hier eine direkte Entsprechung zu FREUDs Idee der Traumgedanken erkennen, die die Aktivität des (wachen) Vorbewussten fortsetzen und während des Träumens eine Transformation erfahren. ANTROBUS betont aber stärker den Vergangenheitsaspekt der repräsentierten Wachereignisse; es handelt sich um "events stored in memory from the individual's past" (ANTROBUS 1977, 328). Seine Traumgedanken sind Konstruktionen aus Gedächtnismaterial. Insofern liegt die Bedeutung des Traums in der gestalteten *Erinnerung*.

ANTROBUS erwägt auch - analog zu FREUD - den motivationalen Aspekt der Traumrepräsentation. In diesem Punkt ist er leider ziemlich undeutlich. Die Motivation liegt im Bereich der "pressing personal concerns, conflicts, or desires of the waking state" (ANTROBUS 1978, 573); einerseits wird sie mit der 'abstrakten Organisation' identifiziert, andererseits als aktive Einheit für das Abrufen der gespeicherten Wachereignisse verantwortlich gemacht. Schliesslich streift ANTROBUS noch den emotionalen Aspekt der metaphorischen Repräsentation: Gegenstand der Metaphern kann ein "affective event or emotional state" sein (a.a.O., 579). Potentiell fasst er Traumbedeutung also auch als Sorge ('concern') und als Gefühl auf. Zusammenfassend ist festzustellen, dass ANTROBUS eine recht breite Bedeutungsauffassung vertritt, die sich einerseits an FREUDs Traumtheorie orientiert und Anregungen von ULLMAN aufnimmt, andererseits bemüht ist, seine Konzepte in der aktuellen Sprache der kognitiven Psychologie zu formulieren.

2) Welchen Zugang zur Traumbedeutung schlägt ANTROBUS vor? Wie CARTWRIGHT (1974) und KRAMER et al. (1976) wählt auch er einen *experimentellen* Zugang. Als grundsätzliche Schwierigkeit sieht er

> (..) the inability of anyone to achieve even a modest predictive control over the content, the objects, and events of the mentation report. One cannot cut strong models on soft data! (ANTROBUS 1978, 569).

Diese Erkenntnis ist sicherlich wertvoll. Umso mehr erstaunt, dass sich ANTROBUS zum Ziel setzt, eine Methode der "independent experimental manipulation of the abstract organization and the specific concrete content" zu finden (a.a.O., 576). Seine Experimente befinden sich noch im Stadium der Erprobung.

ANTROBUS verwendet den experimentellen Typus der 'During-Sleep-Stimulation' und kombiniert ihn mit einem Verfahren der konditionierten Reaktion. Zunächst lernt die Versuchsperson, mittels negativer Verstärkung spezifische visuelle Stimuli zu diskriminieren; anschliessend werden die visuellen Stimuli mit spezifischen Kombinationen von Tönen assoziiert. Diese Tonkombinationen werden dann während des Schlafs dargeboten. Was zeigen die vorläufigen Ergebnisse?

> Preliminary evidence suggests that subjects dream of events that have many of the same features as the originally conditioned visual stimulus, yet the specific persons and objects in the dream may be quite different than the conditioned stimuli (a.a.O., 576).

Der Logik von ANTROBUS' Darlegungen gemäss müsste das Experiment nicht einfach gemeinsame Merkmale zwischen Traum- und (hypothetischerweise repräsentiertem) Wachereignis aufzeigen, sondern die Erhaltung der abstrakten Organisation bei Ersetzung einzelner Elemente. In diese Richtung scheint ein Beispiel zu weisen: eine Versuchsperson träumte, dass sie eine Torte mit einem Küchenmesser anschnitt, als Reaktion auf einen Ton, der mit dem visuellen 'Stimulus' eines Mannes, der mit einem Holzmesser die Rinde eines Stamms ablöst, assoziiert war.

Wenn man anzunehmen bereit ist, dass in diesem Beispiel der visuelle 'Stimulus' im Traum repräsentiert ist, stellt sich in der Tat die Erhaltung einer abstrakten Organisation heraus: die dreistellige Relation des Schneidens (jemand schneidet etwas mit etwas). Die Transformation des Wach- in das Traumereignis umfasst die Prozesse 'Verschiebung' (Traum-Ich statt Mann) und 'Ersetzung' (Torte statt Baumstamm; Küchenmesser statt Holzmesser); auf der Merkmalsebene lassen sich als Subprozesse neben 'Weglassung' (z.B. bei Schneideobjekt: hölzern) und 'Einführung' (z.B. bei Schneideobjekt: essbar) auch 'Wiederholung' (z.B. bei Schneideobjekt: zylinderförmig) bestimmen.

Einige dieser Prozesse - die zumindest potentiell den Status von Zeichenprozessen haben - waren schon bei FREUD (1900) und CARTWRIGHT (1974) zu finden. So gesehen eröffnet ANTROBUS' Zugang einen interessanten Aufschluss über strukturelle Aspekte des Traums, auch wenn viele Fragen ungeklärt bleiben. Es ist nicht ganz einsichtig, warum er doch wieder eher die Traumelemente als die Traumstruktur ins Auge fasst. Möglicherweise liegt es an seiner ursprünglich behavioristischen Orientierung.

3) Welche Faktoren der Bedeutungsbildung berücksichtigt ANTROBUS? Das Schwergewicht liegt auf dem *Faktor GEGENSTAND*: Bedeutung heisst für ihn in erster Linie Repräsentation. Damit setzt ANTROBUS erwartungsgemäss die Reihe der experimentell orientierten Forscher CARTWRIGHT (1974) und KRAMER et al. (1976) fort. Er konzipiert aber 'Repräsentation' weniger als Wahrnehmung denn als Erinnerung. Deshalb kommt er nicht umhin, den rekonstruktiven bzw. konstruktiven Charakter der Repräsentation anzuerkennen.

Damit wird der *Faktor SYSTEM* einbezogen, der ja für die Strukturierung zuständig ist. Im vorhergehenden Abschnitt wurde illustriert, welche Struktur ('abstrakte Organisation', als Netzwerk dargestellt) und welche Elemente (primär 'features', sekundär 'objects') ANTROBUS vorsieht. Darüber hinaus wurde versucht, einige Prozesse der Transformation zu bestimmen, die sein Ansatz nahelegt.

Als dritten Faktor berücksichtigt ANTROBUS den *Faktor TRAUM*; dieser ist bei einem experimentellen Verfahren als (abhängige, evtl. auch unabhängige) Variable nötig. Die Analyse des TRAUMS ergibt, welche Elemente und Relationen er enthält, und der Vergleich mit dem (hypothetischen) GEGENSTAND zeigt, was in der Transformation erhalten bleibt und was verändert wird. Dieser Befund lässt den Schluss zu, dass der Faktor TRAUM insofern interessiert, als er die Aktivität des Faktors SYSTEM erkennen lässt. Der Faktor

SYSTEM erreicht damit einen Stellenwert, der jenem des Faktors GEGENSTAND gleichkommt.

4) Was geschieht mit den übrigen Faktoren der Bedeutungsbildung? ANTROBUS ist von den bisher besprochenen Autoren derjenige, der mit den wenigsten Faktoren auskommt. Nicht nur, dass die *Faktoren TRÄUMER und SITUATION* wie bei den andern experimentell orientierten Autoren dem Ideal der Objektivität zum Opfer fallen. ANTROBUS ist bisher der erste, der den Einfluss des *Faktors INTERPRET* bis zur Irrelevanz schmälert. Dies dürfte seiner Auffassung von Wissenschaft entsprechen, die der Exaktheit den höchsten Wert beizumessen scheint. Interpretation soll durch Analyse ersetzt werden. Man könnte argumentieren, dass auch der Analysator noch gewisse interpretative Leistungen erbringt, z.B. durch die Bestimmung der Features. Aber gerade die Features sind es, die die Traumbedeutung bis zur Unkenntlichkeit zerstückeln. Dass dies nicht notwendig der Preis der Exaktheit ist, demonstriert der Ansatz von FOULKES (1978).

1.4.9 FOULKES (1978): *DIE GEREGELTE BEZIEHUNG*

David FOULKES' fundamentales Werk "A grammar of dreams" hat eine gewisse Verwirrung hinterlassen. Vielleicht liegt es daran, dass FOULKES geschafft hat, wovon viele bisher nur zu träumen wagten: den Abgrund zwischen Traumforschung und Traumdeutung zu überwinden. Jedenfalls scheint sich die Hoffnung nicht erfüllt zu haben, die an das Buch geknüpft wurde:

> Foulkes' groundbreaking effort should breathe new life into dream research for the understanding of the meaning of dreams (GOLDBERGER 1978).

Stattdessen ist man der Traumgrammatik von FOULKES mit höflichem Schweigen, gewichtigen Bedenken (PALOMBO 1979) oder gar offener Feindschaft (PERALDI 1981) begegnet.

Warum überhaupt eine Grammatik des Traums? FOULKES macht Ernst mit der geläufigen Redeweise, der Traum habe seine eigene Sprache. In Anlehnung an CHOMSKY (1957) hält er eine Grammatik für die Essenz menschlicher Sprache. 'Grammatik' wird definiert als

> an economical set of rules for assigning valid structural descriptions to the components of expressive structures and for defining the ways in which such components may be combined to form that infinite set of expressive structures, and only that set (..) (FOULKES 1978, 14).

Eine Grammatik in diesem Sinn soll das Träumen charakterisieren können. Vor allem aber soll sie beliebige Traumäusserungen verstehbar - und erklärbar - machen lassen. Wie sein Vorbild CHOMSKY räumt FOULKES in seiner Konzeption einer generativen Traumgrammatik den syntaktischen Aspekten auf Kosten der semantischen Aspekte eine Vorzugsstellung ein.

> Both in interpretation and in explanation, students of dreams have for too long put themselves in the position of translators who have dictionaries but no elementary grammars. They hear the key words and, from them, pick up on some of the major concerns of the speaker. But they haven't done a very good job in learning the speaker's native tongue (or the structure of her or his thinking). (..) In dream psychology today we need to grasp the inner structure, i.e., the grammar, of the peculiar foreign language of our own nighttime experience (a.a.O., 16).

FOULKES ist der Meinung, dass FREUD der einzige klassische Traumtheoretiker mit einem wirklichen Verständnis für diese Anforderung sei; insofern sei FREUDs Traumtheorie die aktuellste der vielen noch vorhandenen Traumtheorien. Das berühmte 6. Kapitel der 'Traumdeutung' enthalte im Kern eine Traumgrammatik.

> (..) Freud's dream-work mechanisms (..) are attempts to characterize the grammatical rules governing the translation of a finite set of underlying, personally significant propositions into the infinitely various forms of dream imagery. They are, in short, transformational and combinational rules of a dream grammar (a.a.O., 17).

Bei allen Unterschieden sind für FOULKES die Gemeinsamkeiten von FREUDs Traumgrammatik und CHOMSKYs generativ-transformationeller Grammatik hervorstechend: beide haben ihr Problem mit der Einführung zweier Ebenen gelöst, wobei auf der tieferen nach elementaren Regeln basale Strukturen gebildet würden, die dann durch eine geordnete Serie von *Transformationen* zu einer Vielfalt von Oberflächen-Ausdrücken verwandelt würden (a.a.O., 17f.).

Diese Darstellung macht hellhörig: einerseits eröffnet sie Möglichkeiten für eine "reevaluation of Freud's dream grammar" (a.a.O., 18), die FOULKES auf glänzende Weise genutzt hat; andererseits wirft sie die Frage auf, wie sehr FREUD der Parallele zuliebe zurechtgebogen wird. Es ist nämlich unverkennbar, dass aus der Raffinesse der Traumarbeit eine nüchterne Operation gemacht wird. Während bei FREUD die Traumarbeit in der Bearbeitung der (meist vorbewussten) Traumgedanken unter dem Anspruch eines unbewussten Wunsches und dem Verbot der Traumzensur besteht (1.4.1), bleiben bei FOULKES nur die Traumgedanken übrig. Auf die für FREUD zentrale Wunscherfüllungsthese wird explizit verzichtet (a.a.O., 43ff.), und der Begriff der Traumzensur findet kaum je Erwähnung.

Hier wird unmittelbar greifbar, was es heisst, von FREUD eine rationalistische oder - wie FOULKES selbst sagt - kognitive Interpretation zu geben. Sie präsentiert sich in kristallisierter Form als die These vom propositionalen Unbewussten (a.a.O., 19ff.). Diese These lässt sich wohl nur schwer vereinbaren mit FREUDs Charakterisierung des Unbewussten (System Ubw), das in scharfem Gegensatz zu den Systemen Vbw (Vorbewusstes) und Bw (Bewusstsein) steht.

> Fassen wir zusammen: Widerspruchslosigkeit, Primärvorgang (Beweglichkeit der Besetzungen), Zeitlosigkeit und Ersetzung der äusseren Realität durch die psychische sind die Charaktere, die wir an zum System Ubw gehörigen Vorgängen zu finden den erwarten dürfen (im Orig. z.T. kursiv, Anm. R.S.) (FREUD 1915, 146).

FOULKES wendet sich aber - trotz der Verabschiedung der Wunscherfüllungsthese - durchaus der ausschlaggebenden Rolle des Traumwunsches zu. Er nimmt ihm aber seinen unbändigen Charakter und kleidet ihn in das Korsett einer motivationalen Struktur.

> (..) I will propose (..) that motive structures, whether or not they are accessible to conscious awareness (..), are representational or ideational in quality and linguistic and propositional in form. The infant's attachment to its mother, for instance, is imagined to be coded in the form: *I* (ego=subject) *want* (motive=verb) *her* (object, both in the psychoanalytic and grammatical senses) (Hervorh. d. Foulkes) (FOULKES 1978, 20).

In FREUDs Termini heisst das nicht mehr und nicht weniger, als dass der Traumwunsch in den Bereich der Traumgedanken eingegliedert wird. So erst wird es möglich, dass der Traum von einer - ihn generierenden - *Tiefenstruktur* her erklärt werden kann und nicht mehr auf die Kraft eines einbrechenden Wunsches zurückgeführt werden muss. In diesem Punkt stimmen FOULKES und FREUD überein: eine gute Trauminterpretation soll auch eine Traumerklärung sein. Die Schwierigkeit zeigt sich erst auf den zweiten Blick: wenn der Traum durch seine Tiefenstruktur erklärt wird, durch was soll denn diese erklärt werden? Etwa durch eine noch tiefere Struktur, und so fort? CHOMSKY, von dem sich FOULKES inspirieren liess, konnte dieses Problem umgehen, indem er gar nicht den Anspruch erhob, das Realisieren (die Performanz) grammatikalischer Aeusserungen, sondern deren abstrakte Voraussetzung (die Kompetenz) zu erklären. Das wäre im Fall des Traums eine höchst unbefriedigende Lösung.

Hier stossen wir an eine Grenze dessen, was eine (generative) Traumgrammatik überhaupt leisten kann: die Analyse der grammatischen (Tiefen-)Struktur eines beliebigen Traums und dessen Rekonstruktion durch eine Reihe von Operationen. Das ist gewiss ein beträchtlicher Fortschritt für die Traumforschung. Es darf aber nicht übersehen werden, dass die gesamten Realisierungsaspekte ungeklärt bleiben, so z.B. die Fragen: Was veranlasst die Tiefenstruktur, überhaupt einen Traum zu generieren? Was bedingt die Wahl des Transformationsprozesses X anstelle von Y? Was führt dazu, dass das Traumerlebnis als Realität erscheint? Das sind Fragen, die nicht mehr gelöst werden können, wenn dem Traumwunsch sein ihm innewohnender Drang nach Erfüllung genommen und er in eine Struktur gebannt wird, die 'motivational' heisst, aber eigentlich kognitiv ist (a.a.O., 204).

1) Welche Bedeutungsauffassung vertritt FOULKES? Bisher ist vielleicht zu wenig deutlich geworden, dass FOULKES seine Grammatik nicht nur als Instrument für eine Struktur- und Prozessanalyse, sondern ausdrücklich auch für eine Bestimmung der Traumbedeutung versteht. Den analytischen Teil seiner Grammatik, den er als Scoring System for Latent Structure (SSLS) präsentiert, nennt er

> an objective procedure for coding and analyzing dream and free-associative material so as to implement the two great goals of Freud's dream psychology: the characterization of how the mind operates in sleep and the determination of the meaning of dreams (a.a.O., 193).

FOULKES führt den Begriff 'private meaning' ein. Dieser Begriff markiert ein doppeltes Abrücken von der bisherigen Forschungspraxis: die Zuwendung zu nicht-manifesten Gehalten und zu den freien Assoziationen.

> To say that SSLS deals with *private* meaning means two things: (1) In the analysis of *dream-report statements* themselves, persons, objects, places, and events are not always taken at face value. (..) manifest dream-elements (..) are subject to recodification in SSLS on the basis of contextual information contained in the dream itself. (..) (2) SSLS also permits the derivation of private meaning through its analysis of the dreamer's *free associations* to manifest dream-report statements (Hervorh. d. Foulkes) (a.a.O., 194f.).

Wie dieses Zitat erkennen lässt, wird die Traumbedeutung aus verbalem Material extrahiert. Die Extraktion umfasst im wesentlichen eine Reduktion und eine Transformation. Doch worauf wird reduziert und wodurch wird transformiert? Hier operiert SSLS mit einem fruchtbaren Einfall, der das Verfahren ungemein vereinfacht: das gesamte verbale Material wird in sogenannte 'interactive sentences' and 'associative sentences' unterteilt. Die 'interactive sentences' entsprechen den oben erwähnten 'motive structures', während die 'associative sentences' das assoziative Netzwerk für deren Transformation bilden.

> In terms of the theory of dream processes, SSLS's interactive sentences correspond to Freud's (1900) "essential dream thoughts" or "important impressions", while SSLS's associative sentences represent the "indifferent" associative network through which these stimulating elements pass, and in which they are transformed, in the construction of the manifest dream. In terms of the requirements of dream interpretation, SSLS's interactive sentences represent the dreamer attributes we wish to know, and SSLS's associative sentences are the means by which we can achieve such knowledge (a.a.O., 205).

Für die 'interactive sentences', die also primär signifikant sind, formuliert die Traumgrammatik eine obligatorische Regel: sie müssen das Ich des Träumers enthalten, sei es als Subjekt oder als Objekt. So kommt es, dass die Zielgrössen der Bedeutungsbestimmung, die 'motive structures', immer eine Interaktion zwischen dem Ich und einer Person (resp. Sache) darstellen, und zwar - aufgrund der vier zugelassenen Verben - von den Typen 'moving toward', 'moving from', 'moving against' und 'creating'. Zusatzregeln führen dazu, dass Interaktionen mit der Ursprungsfamilie als die tiefsten Strukturen Priorität haben (a.a.O., 289). Auf der Ebene der Interaktionen oder 'motive structures' können häufig Konflikte identifiziert werden.

Gemäss FOULKES' Aussagen repräsentieren die 'interactive sentences' unterschiedslos zwei Grössen, die für FREUD streng auseinanderzuhalten waren: den Wunsch ("SSLS's interactive sentences are assumed to represent dreamer motive structures, wishes (Freud 1900) (..)" (a.a.O., 203)) und den Traumgedanken ("SSLS's interacitve sentences correspond to Freud's (1900) 'essential dream thoughts' (..)" (a.a.O., 205)). Diese Wunsch-Gedanke-Kontamination negiert letztlich die Wunschqualität. Daran ändert auch die separate Codierung dynamischer Aspekte (a.a.O., 238ff.) nichts. FOULKES, der im übrigen bewundernswert klar und differenziert schreibt, hilft selbst aus dem Dilemma heraus. Sein Konzept der (primär interpersonalen) Interaktion, das die gemeinsame Struktur von Wunsch und Gedanke beschreiben will, lässt erkennen, dass er Bedeutung als *Beziehung* auffasst.

2) Welchen Zugang zur Traumbedeutung eröffnet FOULKES? Ein wesentlicher Punkt ist, dass zusätzlich zum Traumbericht auch die Assoziationen des Träumers analysiert werden. Zur Analyse bietet die *Traumgrammatik* mit dem SSLS ein sog. inhaltsanalytisches Instrument an, das aber im Unterschied zu üblichen Verfahren nicht etwa die Häufigkeiten kategorialer Elemente angibt, sondern mit der Codierung auf Satzebene schon einen Schritt in die Traumstruktur einzudringen versucht. In diesem Zusammenhang stellt die Konzentrierung auf propositionale Einheiten einen bedeutsamen Gewinn dar, da sich die bisherige inhaltsanalytische Forschung vergleichsweise nur mit isolierten Prädikaten des Traums befasst hat.

Anderseits ist zu bemerken, dass eine Traumanalyse, die Propositionen oder Sätze liefert, auf halbem Weg stehen bleibt. Es ist dieselbe Beschränkung, die CHOMSKYs Grammatik, an die sich FOULKES anlehnt, vorgeworfen wurde: dass sie einzelne Sätze, aber keine Texte generieren könne. Analog interessiert beim Traum, wie die einzelnen Sätze ein Ganzes bilden. FOULKES hat dieses Problem gesehen und gelöst.

What is required is some way of organizing the separate sentences generated by SSLS's scoring so that the inner structure or logic of the text might be revealed (a.a.O., 267).

Zu diesem Zweck umfasst FOULKES' Traumgrammatik einen synthetischen Teil. Mittels eines sogenannten pfadanalytischen Verfahrens werden die 'associative sentences' nach dem Grad ihrer Aehnlichkeit geordnet, wobei im Falle des Traumberichts der erste 'associative sentence' einer Traumepisode und im Falle der freien Assoziationen der Traumsatz, zu dem assoziiert wurde, den Ursprung bilden (a.a.O., 267ff.). Das Ergebnis der Pfadanalyse kann in einem sogenannten Strukturgramm dargestellt werden (a.a.O., 277ff.). Für die weitere Verarbeitung sieht die Traumgrammatik eine Serie mathematischer Operationen vor, die schliesslich zu diversen Indizes führen, die gewisse strukturelle Eigenschaften der Strukturgramme abbilden (a.a.O., 300ff.).

Man darf nicht übersehen, dass das Strukturgramm die Ordnung unter den 'associative sentences' erfasst und somit nur das assoziative Netzwerk darstellt, in welchem hypothetischerweise die 'motive structures' während der Traumbildung ihre Transformation erfahren haben. So liefert uns FOULKES' Traumgrammatik schliesslich dreierlei Traumstrukturen: (1) die Tiefenstrukturen, genannt 'motive structures', die mit der Traumbedeutung identisch sind, (2) die intermediäre Struktur, genannt 'associative tissue', die die Transformationen ermöglicht, und (3) die Oberflächenstrukturen, die den 'interactive sentences' im Traumprodukt zuzuordnen sind.

3) Welche Faktoren der Bedeutungsbildung berücksichtigt FOULKES? An erster Stelle steht der *Faktor SYSTEM*. Bedeutungsbildung ist für FOULKES primär Strukturierung. Das ganze Unternehmen einer Traumgrammatik setzt voraus, dass der Traum eine Sprache, also ein Zeichen-SYSTEM, verwendet, und es zielt darauf ab, die Regeln zur Bildung von

52

Traumäusserungen zu explizieren. Diesem Ziel werden die andern Faktoren untergeordnet. FOULKES gelingt es damit, mit seinem Lösungsversuch einen bisher nicht gekannten Grad an Systematik und Formalisierung zu erreichen.

Sobald bei einem Zeichen-SYSTEM vom syntaktischen auf den semantischen Aspekt übergegangen wird, kommt der *Faktor GEGENSTAND* ins Spiel. FOULKES liegt es zwar eher daran, die Syntaktik zu fördern; trotzdem sind seine Strukturen nicht leer, sondern repräsentieren etwas. In seinen Tiefenstrukturen, die er als (primär interpersonale) Interaktionsformen konzipiert, ist zu erkennen, was für FOULKES der GEGENSTAND ist: die Beziehung des Selbst des Träumers zu einem Andern.

Natürlich wird auch auf die Information, die der *Faktor TRAUM* liefert, zurückgegriffen. Dies ist übrigens der einzige Faktor der Bedeutungsbildung, der von sämtlichen Autoren berücksichtigt wird! Es ist auch schwer vorstellbar, wie man auf ihn verzichten könnte; vielleicht indem man an seiner Stelle z.B. nur mit den Assoziationen arbeitete, die er auslöst.

FOULKES bezieht auch den *Faktor TRÄUMER* ein. In Anlehnung an FREUD lässt er den Träumer frei assoziieren. Damit berücksichtigt er ein Stück der Rezeption des TRÄUMERS. Zur Technik der freien Assoziation gehört auch ihre Beschränkung hinsichtlich der Bedeutungsbildung: die Assoziationen interessieren nur als Informationsmaterial. Deshalb werden sie auch (fast) gleich behandelt wie der Traumbericht.

Was den *Faktor INTERPRET* betrifft, bietet sich ein interessanter Vergleich mit ANTROBUS (1978) an. Auch FOULKES möchte gerne Trauminterpretation in Traumanalyse (und -synthese) überführen; aber anders als ANTROBUS kann er nicht auf die subjektive Relevanz verzichten, die ein interpretativer Ansatz zu vermitteln vermag. Deshalb würde ihm eine Feature-Analyse nicht genügen. Es gibt zumindest drei Stellen in FOULKES' Lösungsversuch, an denen interpretative Leistungen erkennbar werden: beim Codieren des verbalen Materials (wo sprachliches und psychologisches Verständnis nötig ist), beim Anwenden grammatischer Regeln (vor allem die Ego-Regel der 'interactive sentences') und bei der Auswahl der tiefsten Strukturen (wo Beziehungsformen aus der Ursprungsfamilie bevorzugt werden).

4) Was geschieht mit dem letzten Faktor der Bedeutungsbildung? Der Einbezug des *Faktors SITUATION* dient beinahe als Unterscheidungsmerkmal zwischen den sog. klinischen (1.4.1 bis 1.4.5) und den sog. experimentellen Autoren (1.4.6 bis 1.4.9) (Ausnahme: 1.4.3). Das ist auch leicht verständlich aufgrund der besonderen Dynamik dieses Faktors. Es ist adäquater, sich von ihr mittragen zu lassen, als sie in den Griff kriegen zu wollen. Im Unterschied zu den strikt experimentellen Ansätzen würde sich FOULKES' Traumgrammatik zwar prinzipiell dazu eignen, in Form der Tiefenstrukturen Bedeutungsgrössen zu liefern, die dem Faktor SITUATION Ansatzmöglichkeiten böten, insbesondere in der Interaktion zwischen TRÄUMER und INTERPRET. Die eigentliche Neuerung besteht aber darin, dass FOULKES mit den freien Assoziationen erstmals den Faktor TRÄUMER in die empirische Traumforschung gebracht hat.

1.4.10 ZUSAMMENFASSUNG UND SCHLUSSFOLGERUNG

Die Beschäftigung mit diversen Lösungsversuchen des Bedeutungsproblems hat zu einigen interessanten Befunden geführt (Tabelle 1). Zunächst ist festzustellen, dass sämtliche unserer sechs Bedeutungsfaktoren Verwendung gefunden haben. Es hat sich gezeigt, dass sich diese als Ordnungskriterium für die doch recht heterogenen Ansätze eignen. Für jeden der Faktoren lässt sich ein Autor anführen, der diesen Faktor gegenüber den andern favorisiert. Die Zentrierung auf einen bestimmten Bedeutungsfaktor ist eine Vorentscheidung, die in der Regel die Entwicklung und Realisierung des gesamten Lösungsansatzes bestimmt.

Ein traumzentrierter Ansatz ist derjenige von BOSS (1953/1975), ein interpretzentrierter

Ansatz derjenige von FREUD (1900/1916), ein träumerzentrierter Ansatz derjenige von ULLMAN (1979). Als gegenstandszentriert muss der Ansatz von CARTWRIGHT (1974), als systemzentriert derjenige von FOULKES (1978) und als situationszentriert derjenige von KARLE et al. (1980) gelten. Bei den andern Autoren findet sich entweder keine eindeutige Zentrierung (JUNG 1928/1945) oder eine doppelte Zentrierung (KRAMER et al. 1976, ANTROBUS 1978).

Der zweite Befund ist mit der Tatsache verknüpft, dass fast alle Autoren die Mehrzahl der Faktoren in der einen oder andern Form berücksichtigen. Es ist vermutlich nicht ohne Belang, welche Faktoren wie häufig verwendet wurden. An erster Stelle steht der Faktor TRAUM; auf die Information, die er vermittelt, hat kein Autor verzichtet. In den zweiten Rang wurden die Faktoren GEGENSTAND und INTERPRET erhoben. Sie wurden nur von je einem Autor nicht einbezogen: ersterer von KARLE et al., letzterer von ANTROBUS. Den dritten Rang besetzt der Faktor SYSTEM; ausser bei ULLMAN und KARLE et al. konnten wir ihn bei allen Autoren nachweisen. Der nachfolgende Rang wird vom Faktor TRÄUMER gehalten, der bei drei Autoren keine Unterstützung fand: bei CARTWRIGHT, bei KRAMER et al. und bei ANTROBUS. Von einer Vernachlässigung kann man eigentlich nur beim Faktor SITUATION reden. Er ist der einzige, der eine Mehrheit von Autoren sozusagen gegen sich hat: BOSS, CARTWRIGHT, KRAMER et al., ANTROBUS und FOULKES. In Beschränkung auf unsere Autoren-Auswahl können wir summarisch feststellen, dass für die Konzeption des Bedeutungsproblems folgende Prioritätenreihe gilt: Informationsproblem, Repräsentations- und Interpretationsproblem, Strukturierungsproblem, Rezeptionsproblem, Konkretisierungsproblem.

Der dritte Befund macht stutzig. Die Untersuchung der Bedeutungsauffassung und -bestimmung der neun Autoren hat erbracht, dass ein ganzes Spektrum psychischer Grössen involviert ist. Die Bedeutung eines Traums kann ein Gedanke, ein Wunsch, ein Gefühl, eine Erinnerung, eine Beziehung u.a. sein. Es scheint, dass im Prinzip von jeglicher psychischer Aktivität, habe sie nun kognitiven, motivationalen, emotionalen oder auch behavioralen Charararakter, angenommen werden kann, dass sie die Bedeutung eines Traums ausmacht, sofern nur aufgezeigt wird, dass sich die besagte psychische Aktivität auf irgendeine Weise im Traum manifestiert.

Der Traum als potentielles Medium jeglicher psychischer Aktivität - wird hier nicht wieder eine statische und zudem inhaltsleere Bedeutungsauffassung präsentiert? Wird hier nicht zugunsten einer schlechten Allgemeinheit alles Besondere, das sorgsam aus den vielen Lösungsansätzen herausgearbeitet wurde, preisgegeben? Das Bedenken wäre bestätigt, wenn es bei der zweistelligen Relation bliebe: der Traum als Medium einer psychischen Aktivität.

An dieser Stelle sei an den Begriff der Intentionalität erinnert, der im Zusammenhang mit den Ueberlegungen zum Faktor GEGENSTAND aus der phänomenologischen Psychologie entlehnt wurde (1.3.4). Intentionalität bezeichnet den Grundcharakter jeglicher psychischer Aktivität als Subjekt-Objekt-Relation. Psychische Aktivität muss also selbst als (zumindest) zweistellige Relation aufgefasst werden. Wenn der Traum als potentielles Medium hinzutritt, liegt eine nicht weiter reduzierbare dreistellige Relation vor. Diese umfasst (1) ein subjektives Moment, (2) ein objektives Moment und (3) ein mediales Moment. Der Traum erscheint so als Medium einer Subjekt-Objekt-Relation.

Diese Subjekt-Objekt-Medium-Relation stellt die analytische Grundeinheit für den gesamten Bedeutungsbildungsprozess dar. In ihr sind auch, unterschiedlich kondensiert, die sechs Bedeutungsfaktoren vertreten. Eine eigene Stelle besetzen die Faktoren TRAUM (Medium) und GEGENSTAND (Objekt). Die Faktoren INTERPRET und TRÄUMER teilen sich in die dritte Stelle (Subjekt). Der Faktor SITUATION ist, nicht so greifbar, auf alle drei Stellen verteilt. Der Faktor SYSTEM schliesslich umfasst die dreistellige Relation als Gesamtheit und reguliert sie auch.

Somit kann die sechsfaktorielle Konzeption des Bedeutungsproblems auf eine dreistellige

Relation reduziert werden. Diese stellt die höchstkondensierte Form einer Bedeutungsdynamik dar. Die adäquate Untersuchungsmethode ist in einer Semiotik zu finden, die die
Bedeutungsdynamik als (triadischen) Zeichenprozess auffasst.

55

Traumauffassung	Bedeutungs-auffassung	Bedeutungs-bestimmung	Bedeutungs-zugang	einbezogene Bedeutungs-faktoren	ausgelassene Bedeutungs-faktoren
FREUD	Illusion	Determination	Gedanke Wunsch Verbot	Freie Assoziation Deutung	TRM, *INT*, TRR, GEG, SYS, SIT	
JUNG	Projektion	Finalität Regulation	Erkenntnis	Assoziation Amplifikation	TRM, INT, TRR, GEG, SYS, SIT	
BOSS	Phänomen	Verweisung	Existenz	Auslegung	*TRM*, INT, TRR, GEG	SYS, SIT
ULLMAN	Metapher	Wirkung	Gefühl	appreciation	TRM, INT, *TRR*, GEG, SIT	SYS
KARLE et al.	Expression	Funktion Prozess	Gefühl	transformation	TRM, INT, TRR, *SIT*	GEG, SYS
CARTWRIGHT	Adaption	Funktion	Problem	Experiment	TRM, INT, *GEG, SYS*	TRR, SIT
KRAMER et al.	Indikator	Struktur Repräsentation Funktion	Bezug	Experiment	*TRM*, INT, GEG, SYS	TRR, SIT
ANTROBUS	Konstruktion	Repräsentation	Erinnerung	Experiment	TRM, *GEG, SYS*	INT, TRR, SIT
FOULKES	Transformation	Tiefenstruktur	Beziehung	Grammatik	TRM, INT, TRR, GEG, *SYS*	SIT

Tabelle 1: Übersicht über verschiedene Lösungsversuche des Problems der Traumbedeutung. Die zentrierten Bedeutungsfaktoren sind kursiv geschrieben.
(TRM = Traum, INT = Interpret, TRR = Träumer, GEG = Gegenstand, SYS = System, SIT = Situation)

2. DER SEMIOTISCHE LÖSUNGSANSATZ

2.1 SEMIOTIK ALS BEDEUTUNGSWISSENSCHAFT

Es gibt Denkbewegungen, die in einer bestimmten zeitgeschichtlichen Konstellation von verschiedenen Seiten her einsetzen, plötzlich starkes Interesse finden und von denen sich schliesslich herausstellt, dass sie in einer uralten Tradition stehen. Dazu ist auch die Semiotik zu rechnen. WALTHER (1979) weist darauf hin, dass der Begriff der Semiotik spätestens seit ARISTOTELES im Sinne von 'Zeichenlehre' oder 'Zeichenkunst' in die europäische Philosphie Eingang gefunden hat. Das Wort 'Semiotik' leitet sich von 'sema' oder 'semeion' ab, was auf griechisch 'Zeichen', 'Kennzeichen', 'Wahrzeichen', 'Vorzeichen', 'Spur', 'Signal' heissen konnte.

In den siebziger Jahren hat eine rege Diskussion eingesetzt um die Frage, was unter Semiotik zu verstehen sei und welcher wisschenschaftliche Status ihr zukomme. ECO (1972) stellte fest, dass die Semiotik zwar keine einheitliche Disziplin mit einer eigenen Methode und einem definierten Gegenstand sei, dass sie aber doch mehr als ein blosses Feld von Untersuchungen mit heterogenen Interessen sei. Die Semiotik umfasse eine Reihe von divergenten Theorien und Methoden unter dem gemeinsamen Aspekt der Erforschung der Kultur als Kommunikation. Dadurch bedeute sie Grundlagenwissen für den gesamten Bereich geistes- und sozialwisschenschaftlicher Bemühungen.

In der Zwischenzeit hat sich der Gegenstandsbereich der Semiotik noch mehr ausgeweitet. In einem Sammelwerk über die "Klassiker der modernen Semiotik" charakterisieren ihn KRAMPEN, OEHLER, POSNER & UEXKUELL (1981) folgendermassen:

> Als Wissenschaft von den Zeichenprozessen untersucht die Semiotik alle Arten von Kommunikation und Informationsaustausch zwischen Menschen, Tieren, Pflanzen und innerhalb von Organismen. Sie umfasst also die Gegenstandsbereiche der meisten Geistes- und Sozialwissenschaften sowie der Biologie und Medizin. Die semiotische Fragestellung nach Voraussetzung, Funktion und Struktur von Zeichenprozessen ist älter als alle wisschenschaftlichen Einzeldisziplinen und ist daher geeignet, ihre Einheit ohne Aufhebung ihrer Spezialisierung wieder sichtbar zu machen (KRAMPEN ET AL. 1981, 9).

Was aber soll man unter 'Zeichenprozess' verstehen? Dieser Begriff hängt seinerseits wieder von der Auffassung ab, die man sich vom Zeichen macht. Vorläufig kann als Definition gelten:

> Ein Zeichenprozess oder eine Semiose (..) ist ein Prozess, der sich auf Zeichen bezieht, an Zeichen abspielt oder von Zeichen getragen wird. Bei der Zeichenerzeugung oder -generierung, bei der Zeichenverwendung beliebiger Art handelt es sich um solche Semiosen, die nicht mit rein physikalischen Prozessen oder Transformationen (zum Beispiel dem Transport) der Zeichen verwechselt werden dürfen, auch wenn die zeichenerzeugenden Prozesse selbstverständlich gewisse materielle Objekte, die zu Zeichen erklärt werden, zum Ausgangspunkt haben (WALTHER 1979, 123).

Die Warnung, die WALTHER hier ausspricht, sollte vielleicht gerade von der Traumforschung beherzigt werden, soweit sie sich für den Traum als bedeutungsvolles Phänomen interessiert. Bemühungen, den Prozess des Träumens auf Veränderungen materieller Substrate zu reduzieren, dürften so wenig zu einer adäquaten Konzeption führen wie Versuche, ihn auf das Geschehen in einem kognitiven Raum zu beschränken. In beiden Fällen würde das auseinandergerissen, was in einem Zeichenprozess verbunden ist: Materielles und Mentales. Wo hingegen der Prozess des Träumens als Zeichenprozess konzipiert wird, stellt sich die Schwierigkeit anzugeben, was das Materielle und was das Mentale sei und in welcher Beziehung sie zueinander stehen; bei diesem Ansatz besteht aber zumindest die Chance, an die Dynamik dessen Anschluss zu finden, was im 1. Kapitel als Prozess der

Bedeutungsbildung beschrieben wurde. Bedeutungsbildung ist genau das, was im Verlaufe eines Zeichenprozesses oder einer Semiose geschieht.

Der Begriff der Bedeutung ist korrelativ mit dem Begriff des Zeichens verbunden. Wo Zeichenprozesse ablaufen, wird Bedeutung übermittelt. Zeichenkonzeptionen sind immer auch Bedeutungskonzeptionen, nicht aber umgekehrt. Bevor ich näher auf den Zeichenbegriff eingehe, möchte ich auf eine Gefahr verweisen, die darin liegt, dass das Wort 'Zeichen' als Substantivierung der Tätigkeit 'zeigen' gebraucht werden kann. In bezug auf sprachliche Zeichen kam HOERMANN (1976) zum Schluss, dass ihre Loslösung aus konkreten Zeichenprozessen der modernen Linguistik erhebliche Probleme verschafft habe. Die Analyse der Sprache als abstraktes System habe dazu geführt, dass nicht mehr gefragt wurde, was ein Sprecher mit Hilfe von Zeichen tue, sondern was ein Zeichen sei.

> 'Das Zeichen' hat sich verselbständigt - ein Vorgang, für welchen die Linguistik heute teuer dadurch bezahlen muss, dass sie eine eigene 'Lehre von der Verwendung der Zeichen', d.h. eine Pragmatik nachträglich hinzuerfinden muss (HOERMANN 1978, 16).

Wo konsequent bedacht wird, dass Zeichen in einen Zeichenprozess eingebettet sind, kann der Versuchung, das Zeichen zu verdinglichen, besser widerstanden werden. Noch besser ist es, über einen Zeichenbegriff zu verfügen, der dynamisches Geschehen in sich selbst aufgenommen hat. Einen solchen Begriff bietet PEIRCE an.

2.2 DAS TRIADISCHE ZEICHENMODELL VON PEIRCE

Charles Sanders PEIRCE gilt als Begründer des amerikanischen Pragmatismus. Seine Beiträge in der Philosophie, Mathematik und Logik waren sehr geschätzt. Insbesondere sein Verdienst um den Aufbau der Relationenlogik wurde anerkannt. Dass er sich zeit seines Lebens in erster Linie mit semiotischen Fragen beschäftigt hat, war hingegen kaum jemandem bekannt. Seine diesbezüglichen Aussagen sind verstreut über sein ganzes Werk, zudem in einer teilweise schwierigen Sprache verfasst. Dieser Umstand ist sicher auch ein Grund dafür, dass erst heute, nach über hundert Jahren, die herausragende Bedeutung seiner Semiotk gebührend geschätzt wird.

> Es besteht nicht der geringste Zweifel, dass Peirce in der bisherigen Geschichte der Semiotik die Hauptzäsur markiert. Der Grund dafür ist sein ebenso fundamentaler wie universaler Ausgangspunkt: Die Welt besteht nicht aus zwei sich wechselseitig ausschliessenden Arten von Dingen, Zeichen und Nichtzeichen oder, anders ausgedrückt, aus einer Art von Dingen, die eine Bedeutung haben, und einer Art von Dingen, die keine Bedeutung haben. Es gibt überhaupt keine bedeutungslosen Objekte. Alle unsere Objekte sind Objekte von Zeichen, und ein Zeichen ohne Bedeutung gibt es nicht; das wäre ein Widerspruch (OEHLER 1981, 27f.).

PEIRCEs Semiotik impliziert eine Erkenntnistheorie. Entstanden ist sie aus der kritischen Rezeption der KANTischen Erkenntnistheorie.

> Das Problem, wie sich die Gegenstände des Denkens für den Menschen konstituieren, interessiert Peirce weniger aus rein spekulativen Gründen, sondern insbesondere deswegen, weil er vermutet, dass dieses Problem unmittelbare Einflüsse auf alltägliche Denk- und Kommunikationsprozesse hat. Hier hofft er das aufzuspüren, was die Intersubjektivität von Erkenntnis und Denkprozessen determiniert, stört und gewährleistet. Gegenüber Kant ergibt sich dadurch eine Verlagerung des Erkenntnisinteresses von der spekulativen auf die soziale Ebene und von der Bewusstseinskritik auf die Zeichenkritik (KOELLER 1977, 34).

Man verspürt vielleicht ein Unbehagen gegenüber diesem offensichtlich fundamentalen Ansatz; man mag sich fragen, ob PEIRCE nicht so tief schürft, dass er entweder gar nicht mehr auf die Ebene des Konkreten kommt oder dass seine Resultate so allgemein ausfallen, dass sie alles und damit nichts erklären. Ich möchte im folgenden auf stark geraffte Weise zeigen, dass diese Befürchtung nicht zutrifft. Im Gegenteil lässt sich PEIRCEs Zeichenmodell aufgrund seiner ausserordentlich präzisen Differenzierungen und seiner an Pedanterie grenzenden Systematisierungen auf sehr vielfältige Erscheinungen anwenden.

2.2.1 DAS ZEICHEN ALS DREISTELLIGE RELATION

Die scholastische Definition des Zeichens als "stat aliquid pro aliquo" ist heute noch geläufig. Auf sie wird gerne verwiesen, wenn z.B. DE SAUSSUREs Zeichenauffassung als Vereinigung eines Signifikanten mit einem Signifikat eingeführt werden soll. PEIRCE war der Meinung, dass sie unvollständig sei. Er definiert:

> A sign is something which stands to somebody for something in some respect or capacity (PEIRCE 1931, 2.228, zit. n. KRAMPEN et al. 1981, 391).

Die wesentliche Ergänzung besteht darin, dass der subjektive Pol in den Zeichenbegriff aufgenommen wird. Dadurch wird schon bei der Grundeinheit, dem Zeichen selbst, dem Umstand Rechnung getragen, dass der Gegenstand, der von einem Zeichenträger vermittelt wird, unter einem bestimmten Aspekt erscheint. Dieser Aspekt hängt z.B. von den pragmatischen Bedürfnissen eines Subjekts ab; es wäre aber nicht ratsam, ihn als etwas aufzufassen, was nachträglich - etwa durch die Zeichenverwendung - zum Zeichen hinzukäme. Um einem Irrtum vorzubeugen, möchte ich darauf hinweisen, dass nicht das Subjekt selbst, sondern eine Entsprechung von ihm - das was ich hier 'Aspekt' genannt habe - ins Zeichen eingeführt wird. Der Terminus von PEIRCE ist 'Interpretant'. Auf den Interpretanten werde ich unter 2.2.4 eingehen. Hier sei nur festgehalten, dass 'Aspekt' als sehr vorläufige Uebersetzung gelten muss.

PEIRCE begründet sein Zeichenmodell und dessen Differenzierungen mit seinen sog. Universalkategorien der Erstheit, Zweitheit und Drittheit. Unter diese Kategorien fällt alles Seiende. WALTHER (1979) referiert PEIRCEs Definitionen folgendermassen:

> *Erstheit* ist der Seinsmodus dessen, das so ist, wie es ist, positiv und ohne Beziehung zu irgend etwas anderem (einstelliges Sein).
> *Zweitheit* ist der Seinsmodus dessen, das so ist, wie es ist, in Beziehung zu einem Zweiten, aber ohne Berücksichtigung eines Dritten (zweistelliges Sein).
> *Drittheit* ist der Seinsmodus dessen, das so ist, wie es ist, indem es ein Zweites und ein Drittes zueinander in Beziehung setzt (dreistelliges Sein) (WALTHER 1979, 47).

Zur Erstheit gehören nach PEIRCE Empfindungs- und Gefühlsqualitäten, z.B. blaue Farbe, unabhängig davon, wo und wann sie auftritt. Zur Zweitheit gehören Erfahrungen, z.B. eine bestimmte blaue Blume, die faktisch und konkret existiert. Zur Drittheit gehören mentale Operationen aller Art, z.B. die blaue Blume als Symbol der Romantik; solche Beziehungen werden nicht festgestellt, sondern hergestellt. Zeichen haben grundsätzlich den Charakter der Drittheit. Stichwortartig lässt sich auch sagen: 'Erstheit' entspricht Eigenschaften, 'Zweitheit' Gegenständen und 'Drittheit' Zusammenhängen (WALTHER 1979, 48). 'Drittheit' ist für PEIRCE die oberste aller Seinskategorien, in der alle andern Seinskategorien wieder auftauchen.

Das Zeichen wird von PEIRCE als dreistellige (triadische) Relation bestimmt, in welcher mit etwas auf etwas in bestimmter Hinsicht Bezug genommen wird. Im Zeichen sind ein Erstes, ein Zweites und ein Drittes vereint. Das Erste ist der Zeichenträger, das sinnlich wahrnehmbare materielle Substrat des Zeichens, irreführenderweise manchmal auch 'das Zeichen selbst' genannt. Treffender ist die Bezeichnung *Medium* oder 'Mittel'. Das Zweite ist der Gegenstand, auf den das Medium verweist; sein Terminus ist *Objekt*. Das Dritte, das aus der Beziehung des Mediums auf das Objekt resultiert bzw. von ihr 'generiert' wird, ist der *Interpretant*. Diese Folge von Beziehungen ist nicht im zeitlichen Sinn zu verstehen, sondern im logischen. Ueberhaupt darf nicht vergessen werden, dass es sich bei den verwendeten Termini um analytische Kategorien handelt, die zur begrifflichen Differenzierung eines ursprünglichen Phänomens dienen sollen (KOELLER 1977, 38). Das triadische Zeichenmodell von PEIRCE kann grafisch als Dreieck dargestellt werden (Abbildung 2).

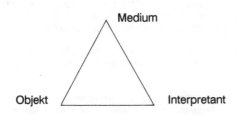

Abbildung 2: Die triadische Zeichenrelation nach PEIRCE.

Die drei Stellen in der Zeichenrelation werden auch 'Korrelate', 'Aspekte' (KRAMPEN ET AL. 1981) oder 'Bezüge' (WALTHER 1979) genannt. Jede dieser drei Stellen wurde von PEIRCE in eine sog. Trichotomie aufgegliedert, wofür er wiederum seine drei Kategorien verwandte. Diese Differenzierungen erlaubten ihm schliesslich, die sog. Zeichenklassen zu definieren, auf die ich weiter unten (2.2.5) eingehen werde. Abschliessend sei darauf aufmerksam gemacht, dass PEIRCEs Zeichenmodell im Prinzip auf der Ebene von Einzelzeichen (elementare, einfache Zeichen) als auch auf der Ebene von Zeichenverbindungen (molekulare, komplexe Zeichen) Anwendung finden kann. Dass es Zeichenprozesse in ganz unterschiedlichen Medien (z.B. verbalen, visuellen) untersuchen lässt, ist kein spezifisches Merkmal seines Modells, sondern gilt für die Semiotik allgemein. Dieses Merkmal zeichnet sich insbesondere gegenüber der Linguistik aus.

2.2.2 DAS MEDIUM DES ZEICHENS

Das Medium, das erste Korrelat der triadischen Zeichenrelation, ist der materielle Aspekt des Zeichens. Hinsichtlich des Mediums lässt sich ein Zeichen trichotomisch in Quali-, Sin- und Legizeichen unterteilen. Ein *Qualizeichen* (abgeleitet von 'Qualität') ist ein Zeichen, bei dem das Medium den Charakter der 'Erstheit' aufweist. Es ist ein Zeichen als sinnlich wahrnehmbare Erscheinung oder Qualität.

> A Qualisign is a quality which is a Sign. It cannot actually act as a sign until it is embodied; but the embodiment has nothing to do with its character as a sign (PEIRCE CP 2.244, zit. n. KRAMPEN ET AL. 1981, 370).

Als Qualizeichen können beispielsweise Farben, Helligkeitsgrade, Konturen, Volumen, Positionen, Richtungen, Bewegungen, Töne, Laute, Klänge, Rhythmen, Temperaturen, Texturen, Materialien, Düfte fungieren. Qualizeichen können also dem ganzen Reichtum an sinnlichen Stimuli entstammen; umgekehrt ist aber nicht jede beliebige Qualität oder jedes sinnliche Datum ein Qualizeichen, sondern nur jene, die in einen Zeichenprozess eingehen. So verwendet wohl keine Sprache alle möglichen sprechbaren Laute, sondern beschränkt sich auf eine Auswahl derselben.

Ein *Sinzeichen* (abgeleitet von 'Singularität') ist ein Zeichen, bei dem das Medium den Charakter der 'Zweitheit' aufweist. Es ist ein Zeichen als einmalige, originale Gestalt.

> A Sinsign (..) is an actual existent thing or event which is a sign. It can only be so through its qualities; so that it involves a qualisign, or rather, several qualisigns. But

these qualisigns are of a peculiar kind and only form a sign through being actually embodied (PEIRCE CP 2.245, zit. n. KRAMPEN ET AL. 1981, 377).

Neben den involvierten Qualitäten bestimmen Ort und Zeit des Auftretens das Sinzeichen. Als Beispiele dienen Konfigurationen aller Art: ein bestimmtes Laut- oder Klanggebilde, eine bestimmte Farb- oder Lichtverteilung, ein Kontrast, eine Figur vor einem Hintergrund, eine Komposition, eine Kreation, eine gestaltete Szene, eine spontane Geste, ein mimischer Ausdruck. Wichtig ist, dass es sich um eine individuelle, konkrete Realisation handelt.

Ein *Legizeichen* (abgeleitet von 'Legalität') ist ein Zeichen, bei dem das Medium den Charakter der 'Drittheit' aufweist. Es ist ein Zeichen als genormter Zusammenhang, gesetzmässig verwendbare Form.

> A Legisign is a law that is a Sign. (..) Every conventional sign is a legisign (but not conversely). It is not a single object, but a general type which, it has been agreed, shall be significant. Every legisign signifies through an instance of its application, which may be termed a Replica of it (PEIRCE CP 2.246, zit. n. KRAMPEN ET AL. 1981, 357f.).

Als allgemeiner Typus involviert das Legizeichen singuläre Ereignisse, Sinzeichen; aber diese Ereignisse sind nur beliebig wiederholbare Anwendungen des Typus. Das Wort 'Traum' beispielsweise ist, ob gesprochen, handgeschrieben oder gedruckt, unabhängig von seinem Auftreten, immer dasselbe Legizeichen. WALTHER (1979, 60) führt als Beispiele für Legizeichen die Buchstaben des Alphabets einer Sprache, die Wörter eine Sprache, die mathematischen, chemischen, logischen Zeichen in den Wissenschaften, die Verkehrszeichen, die meteorologischen Zeichen, die Zeichen der Windrose, das Zifferblatt der Uhr, Skalen von Thermometern an.

Die Trichotomie des Zeichens unter dem Mediumaspekt weist so gut wie die andern Trichotomien und die gesamte Zeichentriade einen sog. generativen Bau auf: das Sinzeichen folgt (im logischen Sinn) auf das Qualizeichen und das Legizeichn auf das Sinzeichen. Bei diesen Klassifikationen sind Uebergänge zugelassen. Es ist nicht immer eindeutig entscheidbar, in welche Klasse ein Zeichen fällt. Zudem lassen sich insbesondere bei komplexeren Zeichen Ueberlagerungen von kategorial unterscheidbaren Zeichenprozessen entdecken (KOELLER 1977, 40).

2.2.3 DAS OBJEKT DES ZEICHENS

Das Objekt ist das zweite Korrelat der triadischen Zeichenrelation. Es setzt das Medium voraus, von dem es 'bezeichnet' oder 'repräsentiert' wird. Als Objekt kann alles mögliche fungieren, Konkretes und Abstraktes, Faktisches und Fiktives, Realisiertes und Zu-Realisierendes.

> Zum Objekt in der dreistelligen Zeichenrelation erklärt Peirce dasjenige, was als pragmatische Ursache der Zeichenbildung anzusehen ist, bzw. dasjenige, was die Zeichenbenutzer aus einem Kontinuum ausdifferenzieren wollen (KOELLER 1977, 41).

Für unsern Zusammenhang ist wichtig, dass das Objekt eines Zeichens pragmatisch konstituiert und damit der Objektbezug flexibel wird. Wenn PEIRCE das Objekt als "that thing which causes a sign as such" (PEIRCE CP 5.473, zit. n. KOELLER 1977, 76) beschreibt, schlägt er auch eine Brücke zu einer psychologischen Betrachtungsweise: Objekt eines Zeichens kann beispielsweise die ein Zeichen auslösende Situation sein. Hier überschneiden sich die Zeichenmodelle von PEIRCE und BUEHLER (1934), der heute als psychologischer Semiotiker anerkannt ist (vgl. SEBEOK 1981).

Hinsichtlich der Relation Medium-Objekt lässt sich ein Zeichen trichotomisch als Ikon, Index oder Symbol klassifizieren. Ein *Ikon* ist ein Zeichen, dessen Objektbezug zur Kategorie der Erstheit gehört. Es ist ein Zeichen, bei welchem das Medium dadurch, dass es mindestens eine Eigenschaft mit dem Objekt gemeinsam hat, das Objekt abbildet. Medium und Objekt stehen in einer Aehnlichkeitsbeziehung.

> An Icon is a sign which refers to the Object that it denotes merely by virtue of cha-
> racters of its own, and which it possesses, just the same, whether any such Object
> actually exists or not. (..) Anything whatever, be it quality, existent individual, or law,
> is an Icon of anything, in so far as it is like that thing and used as a sign of it
> (PEIRCE CP 2.247, zit. n. KRAMPEN et al. 1981, 343f.).

Nach WALTHER (1979, 63) sind ikonische Zeichen zum Beispiel: Bilder, Muster, Struktu-ren, Modelle, Metaphern, Vergleiche, Figuren, Skizzen, Stadtpläne, Landkarten, Fieberkur-ven. ECO (1977, 60) verweist ausdrücklich darauf, dass "insbesondere ein mentales Bild" ein Ikon sei.

Ein *Index* ist ein Zeichen, dessen Objektbezug zur Kategorie der Zweitheit gehört. Es ist ein Zeichen, bei welchem das Medium dadurch, dass seine Existenz mit derjenigen des Ob-jekts verbunden ist, das Objekt anzeigt. Medium und Objekt stehen in einer Kontiguitätsbe-ziehung.

> An Index is a sign which refers to the Object that it denotes by virtue of being really
> affected by that Object. It cannot, therefore, be a Qualisign, because qualities are
> whatever they are independently of anything else. In so far as the Index is affected
> by the Object, it necessarily has some Quality in common with the Object. (..)
> (PEIRCE CP 2.248, zit.n. KRAMPEN et al. 1981, 345)

Indexische Zeichen sind z.B. ein Wegweiser, ein Wetterhahn, der Zeigefinger, ein Krank-heitssymptom, Spuren aller Art, Rauchbildung bei einem Feuer. Nach WALTHER (1979, 64) kennzeichnen Indizes den Bereich der Erfahrung und der empirischen Wirklichkeit.

Ein *Symbol* ist ein Zeichen, dessen Objektbezug zur Kategorie der Drittheit gehört. Es ist ein Zeichen, bei welchem das Medium dadurch, dass es unabhängig vom Objekt gesetzt wird, das Objekt willkürlich, aber konventionell repräsentiert. Medium und Objekt stehen in einer Konventionsbeziehung.

> A Symbol is a sign which refers to the Object that it denotes by virtue of a law,
> usually an association of genereal ideas, which operates to cause the Symbol to be
> interpreted as referring to that Object. It is thus a general type or law, that is a Legi-
> sign. As such it acts through a Replica. Not only is it general itself, but the Object to
> which it refers is of a general nature (PEIRCE CP 2.249, zit. n. KRAMPEN et al. 1981,
> 381).

PEIRCE betrachtet das Symbol als 'genuines' Zeichen, da es sich freier Setzung verdankt. Im Vergleich mit dem Symbol sind Index und Ikon abgeschwächte, 'degenerierte' Zeichen. Da das Symbol keine direkte Verbindung mit einem bestimmten Objekt impliziert, löst sich das Objekt von Einzelgegenständen und -ereignissen und wird eine begriffliche, allgemeine Einheit. Dadurch nimmt es eine "ausserordentliche Bezugsflexibilität" an und bekommt einen hohen "operativen Wert" (KOELLER 1977, 44). Beispiele für Symbole sind wiederum (wie bei den Legizeichen) formale oder verbale Zeichen. Es gibt aber viele Fälle, in denen Sprachzeichen als Indizes (z.B. Eigennamen, Pronomen) oder als Ikone (z.B. sprachliche Bilder, syntaktische Strukturen) fungieren. In diesen Fällen spräche man von 'degenerier-ten' Indizes und Ikonen.

Hinsichtlich aktueller Zeichenprozesse unterscheidet PEIRCE zwischen dem unmittelbaren und dem dynamischen Objekt. Das *unmittelbare Objekt* ist jene Objektkonstitution, die ein Zeichenbenutzer in einem Zeichenprozess spontan mit einem Medium verbindet. Der Terminus dient dazu, "das unmittelbare Vorverständnis zu thematisieren, das wir beim Zeichengebrauch immer schon haben" (KOELLER 1977, 43). In Konkurrenz zum unmittelbaren Objekt tritt das *dynamische Objekt*. Es ist "das Objekt selbst, unabhängig von irgendeiner Repräsentation, das aber gleichwohl ermöglicht und bewirkt, das Zeichen zu seiner Repräsentation zu determinieren"; es handelt sich um "das Objekt, das das Zeichen erzeugt" (KRAMPEN et al. 1981, 336). Eine andere Bezeichnung für das dynamische Objekt ist "reales" Objekt.

2.2.4 DER INTERPRETANT DES ZEICHENS

Der Interpretant ist das dritte Korrelat der triadischen Zeichenrelation. Als echte 'Drittheit' setzt er einerseits die Relation Medium-Objekt voraus und begründet sie anderseits erst. Er ist sowenig auf die 'Zweitheit' Objekt reduzierbar, wie dieses auf die 'Erstheit' Medium reduzierbar ist. Er wird folgendermassen umschrieben:

> (..) der Interpretant ist das interpretierende Bewusstsein eines Interpreten; im Interpretantenaspekt gewinnt das Zeichen seine eigentliche Bedeutung; der Interpretant ist das Operationsfeld der Erklärung eines Zeichens durch andere Zeichen; da der Interpretant allererst die Bedeutungen herstellt, ist er als notwendige Bedingung zur Erzeugung des Zeichens anzusehen, als zeichenstiftende Grösse (KRAMPEN et al. 1981, 349).

Ueber den Interpretanten verläuft die sog. Semiose, ein Prozess, bei welchem "Zeichen wachsen", wie PEIRCE sagt (zit. n. WALTHER 1979, 76). Bei der Interpretation eines Zeichens durch ein anderes wird fortlaufend ein Interpretant in ein Medium verwandelt, auf das ein weiterer Interpretant bezogen wird. Dieser Interpretationsprozess, der prinzipiell bis ins Unendliche fortsetzbar ist, wird praktisch abgebrochen, sobald die Zeichenerklärung als ausreichend angesehen wird. Hier erscheint in semiotischer Perspektive ein hermeneutisches Thema, das im 1. Kapitel schon gestreift wurde (1.3.2).

Hinsichtlich der Relation des Interpretanten auf die Relation Medium-Objekt lässt sich ein Zeichen trichotomisch in Rhema, Dicent und Argument gliedern. Ein *Rhema* ist ein Zeichen, dessen Interpretantenbezug zur Kategorie der Erstheit gehört. Es ist ein ergänzungsbedürftiges Einzelzeichen, weil es auf die Relation Medium-Objekt einen Zugriff ermöglicht, aber noch nicht verwirklicht. Logisch betrachtet ist es weder wahr noch falsch.

> A Rheme is a Sign which, for its Interpretant, is a Sign of qualitative Possibility, that is, is understood as representing such and such a kind of possible Object. Any Rheme, perhaps, will afford some information; but it is not interpreted as doing so (PEIRCE CP 2.250, zit n. KRAMPEN et al. 1981, 371f.).

Ein Beispiel für ein Rhema ist das Prädikat 'sterblich'; in der Architektur etwa eine Säule oder ein Ornament. Dem Rhema entspricht in der Logik ein sog. Term. Nach WALTHER (1979, 73f.) kann ein Zeichen, das im Interpretantenbezug rhematisch ist, im Objektbezug ein Ikon, Index oder Symbol sein.

Ein *Dicent* ist ein Zeichen, dessen Interpretantenbezug zur Kategorie der Zweitheit gehört. Es ist ein abgeschlossenes Zeichen, das zum Urteil und zum Handeln drängt. Es verwirklicht einen Zugriff auf die Relation Medium-Objekt. Logisch betrachtet ist es der Behauptung fähig und entweder wahr oder falsch.

> A Dicent Sign is a Sign, which, for its Interpretant, is a Sign of actual existence. It cannot, therefore, be an icon, which affords no ground for an interpretation of it as referring to actual existence. A Dicisign necessarily involves, as a part of it, a Rheme, to describe the fact which it is interpreted as indicating (..) (PEIRCE CP 2.251, zit. n. KRAMPEN et al. 1981, 335).

Analog zu oben wäre ein Dicent z.B. der Satz 'Sokrates ist sterblich' oder, als geschlossene architektonische Einheit, eine Fassade. Dem Dicent entspricht in der Logik eine sog. Proposition. (Man erinnert sich an FOULKES' These des propositionalen Unbewussten!) Wie PEIRCE selbst sagt, kann ein Zeichen, das im Interpretantenbezug dicentisch ist, im Objektbezug nicht ikonisch sein; es muss also ein Index oder ein Symbol sein.

Ein *Argument* ist ein Zeichen, dessen Interpretantenbezug zur Kategorie der Drittheit gehört. Es ist ein vollständiger, geregelter Zeichenkomplex, der die Relation Medium-Objekt gesetzmässig erfasst. Logisch betrachtet ist das Argument notwendigerweise wahr.

> An Argument is a Sign which for its Interpretant, is a Sign of law (..); a Sign which is understood to represent its Object in its character as Sign (PEIRCE CP 2.252, zit. n. KRAMPEN et al. 1981, 327).

Analog zu obigen Beispielen wäre ein Argument z.B. die Schlussfigur, deren Anwendung hiesse: "Sokrates ist ein Mensch; jeder Mensch ist sterblich; also ist auch Sokrates sterblich". Oder beim architektonischen Beispiel: das einheitliche Strukturprinzip, nach welchem sich ein vollständiger Bau erstellen liesse. Nach WALTHER (1979, 75) gelten auch poetische Formen und axiomatische Systeme als Argumente. Ein Zeichen, das im Interpretantenbezug argumentisch ist, kann im Objektbezug nur symbolisch und hinsichtlich des Mediums nur ein Legizeichen sein (s. KRAMPEN et al. 1981, 327).

Hinsichtlich aktualer Zeichenprozesse unterscheidet PEIRCE zwischen dem unmittelbaren, dem dynamischen und dem finalen Interpretanten. Der *unmittelbare Interpretant* besteht in der "Qualität des Eindrucks, die ein Zeichen zu erzeugen vermag, nicht in irgendeiner aktualen Wirkung" (PEIRCE, zit. n. WALTHER 1979, 93). Nach KRAMPEN et al. (1981, 386) beruht er auf dem "Umstand, dass jedes Zeichen seine eigene, besondere Interpretierbarkeit besitzt, bevor es irgendeinen Interpreten hat". Der *dynamische Interpretant* ist "die tatsächliche Wirkung, die von dem Zeichen ausgeht, die Reaktion, die ein Zeichen hervorruft"; er ist "das, was in jedem Akt der Interpretation erfahren wird, und ist von jedem anderen Interpretationsakt verschieden; er ist also ein singuläres, aktuelles Ereignis" (KRAMPEN et al. 1981, 335f.). Der *finale Interpretant* ist der eigentliche, genuine Interpretant. Er ist "die Wirkung, die das Zeichen in jedem Bewusstsein hervorrufen würde, wenn die Umstände es zuliessen, dass das Zeichen seine volle Wirkung entfalten könnte" (KRAMPEN et al. 1981, 338).

2.2.5 DIE ZEICHENKLASSEN

PEIRCE konnte vielleicht erstmals in der Geschichte der Semiotik, die uns eine Unzahl von Zeicheneinteilungen hinterlassen hat, eine taxonomisch begründete Klassifikation von Zeichen erstellen. Eine Zeichenklasse besteht aus der Kombination von drei Gliedern aus je einem Zeichenaspekt. Mathematisch gesehen ergäbe dies $3^3 = 27$ Klassen. Da aber sowohl die Triade wie auch die Trichotomien der Forderung nach Geordnetheit unterstellt sind, gibt es eine Reihe einschränkender Bedingungen, derart, dass nur 10 der Kombinationsmöglichkeiten zugelassen sind. Diese bilden die sog. Hauptzeichenklassen. Im folgenden halte ich mich eng an die Darstellung von WALTHER (1979, 80ff.). Von der ersten bis zur letzten Zeichenklasse steigt die Zeichenhaftigkeit, die 'Semiotizität', an, während sich im umgekehrten Verhältnis der 'Weltbezug' abschwächt.

I: Das rhematisch-ikonische Qualizeichen
Es ist das einzig mögliche Qualizeichen, weil es als blosse Qualität keinen indexischen Rückschluss auf das Objekt, aber auch keine dicentische Geschlossenheit hinsichtlich des Interpretanten erlaubt. Es kann sein Objekt nur ikonisch bezeichnen. Im Interpretantenbezug ist das Qualizeichen rhematisch, weil es als ergänzungsbedürftiges Einzelzeichen auftritt. In dieser Triade gehören alle trichotomischen Glieder der Kategorie der Erstheit an. Es ist die rein mediumorientierte Zeichenklasse.

II: Das rhematisch-ikonische Sinzeichen

Dieses Sinzeichen ist ein Objekt oder Ereignis der Erfahrung, das ein anderes Objekt hinsichtlich einer seiner Qualitäten abbildet. Das Zeichen liefert keine geschlossene (dicentische) Information über sein Objekt, sondern gibt nur Auskunft über einen Aspekt. Ein Beispiel für diese Zeichenklasse ist nach PEIRCE ein "individuelles Diagramm", etwa die Fieberkurve eines bestimmten Patienten.

III: Das rhematisch-indexische Sinzeichen

Dieses Sinzeichen ist ein Objekt oder Ereignis der Erfahrung, das ein anderes Objekt anzeigt, mit dem es direkt verbunden ist (über einen kausalen oder nexalen Zusammenhang). Als Einzelzeichen ist es rhematisch, d.h. wiederum ist die Information lückenhaft. Ein Beispiel ist ein spontaner Schrei, bei dem offenbleibt, ob er Schmerz, Wut oder Freude ausdrückt.

IV: Das dicentisch-indexische Sinzeichen

Dieses Sinzeichen ist ein Objekt oder Ereignis der Erfahrung, das (wie III) ein anderes Objekt anzeigt, mit dem es direkt verbunden ist. Als dicentisches Zeichen liefert es eine abgeschlossene (wahre oder falsche) Information. PEIRCE gibt als Beispiel den Wetterhahn an, dessen aktuale (orts- und zeitabhängige) Stellung Information über die tatsächliche Windrichtung liefert. In dieser Zeichentriade gehören alle trichotomischen Glieder der Kategorie der Zweitheit an; es handelt sich um die rein objektorientierte Zeichenklasse.

V: Das rhematisch-ikonische Legizeichen

Dieses Legizeichen ist ein allgemeiner Typus, der ein Objekt hinsichtlich bestimmter Qualitäten abbildet. Als rhematisches Einzelzeichen vermittelt es lückenhafte Information. PEIRCE nennt als Beispiel ein "allgemeines Diagramm", das von einer faktischen Aktualität unabhängig ist, z.B. typische Fieberkurven, die allgemein als Zeichen bestimmter Krankheiten bewertbar sind.

VI: Das rhematisch-indexische Legizeichen

Dieses Legizeichen ist ein allgemeiner Typus, der ein Objekt anzeigt, mit dem er verbunden ist. Als rhematisches Einzelzeichen vermittelt es lückenhafte Information. Beispiele für diese Zeichenklasse sind Demonstrativpronomina und Zahlwörter, überhaupt sprachliche Zeichen, die ein direktes Objekt erfordern, das sie indizieren.

VII: Das dicentisch-indexische Legizeichen

Dieses Legizeichen ist ein allgemeiner Typus, der (wie VI) ein Objekt anzeigt, mit dem er verbunden ist. Als dicentisches Zeichen liefert es aber eine abgeschlossene Information über sein Objekt. Diese Information drängt den Interpreten zur Aktion oder Entscheidung. In diese Zeichenklasse gehören beispielsweise Verkehrszeichen, aber auch ein Befehl (sofern er nicht etwa in unbestimmten Gesten übermittelt wird).

VIII: Das rhematisch-symbolische Legizeichen

Dieses Legizeichen ist ein allgemeiner Typus, der ein Objekt auf festgelegte Weise repräsentiert. Als rhematisches Einzelzeichen vermittelt es lückenhafte Information. Jedes Zeichen als Element eines bestimmten Repertoires ist ein Beispiel für diese Zeichenklasse, z.B. Wörter in einem Wörterbuch (hingegen nicht: Wörter in einem Satz!). Auch der logische 'Begriff' gehört hierher.

IX: Das dicentisch-symbolische Legizeichen

Dieses Legizeichen ist ein allgemeiner Typus, der (wie VIII) ein Objekt auf festgelegte Weise repräsentiert. Als dicentisches Zeichen macht es eine abgeschlossene Aussage über sein Objekt. PEIRCE nennt das Beispiel des "gewöhnlichen Satzes", etwa: "Griechen sind Europäer", der als "Prämisse" in einer Schlussfigur stehen kann.

X: Das argumentisch-symbolische Legizeichen

Dieses Zeichen ist das einzig mögliche Argument, weil es als formaler Gesamtzusammenhang ein festgelegtes Medium wie auch einen festgelegten Objektbezug voraussetzt. Es kann also nur ein Legizeichen sein und sein Objekt, das im Zusammenhang von dicentisch-symbolischen Legizeichen besteht, nur symbolisch repräsentieren. Beispiele für diese Zeichenklasse wurden schon bei der Einführung des 'Arguments' angeführt (2.2.4). In dieser Zeichentriade gehören alle trichotomischen Glieder der Kategorie der Drittheit an; es ist die rein interpretantenorientierte Zeichenklasse (vgl. I und IV).

3. DIE BEDEUTUNGSBILDUNG BEIM TRAUM AUS SEMIOTISCHER PERSPEKTIVE

3.1 TRAUMGRAMMATIK ODER TRAUMSEMIOTIK?

Es wurde bereits festgestellt (1.4.9), welchen bedeutsamen Schritt FOULKES (1978) innerhalb der modernen Traumforschung mit seiner Traumgrammatik vollzogen hat. Dass der Traum über eine eigene Sprache verfüge, ist zwar in der Traumliteratur eine gängige Annahme, die aber selten für mehr als eine schöne Metapher genommen wird. Seit FOULKES (1978) können nun auch empirisch orientierte und exakt formulierende Traumforscher sich unter der Sprache des Traums etwas vorstellen: ein Transformationssystem, das aus motivationalen Tiefenstrukturen perzeptive Oberflächenstrukturen generiert.

Die fundamentale Voraussetzung, auf der FOULKES (1978) seine Traumgrammatik aufgebaut hat, ist bekanntlich die These vom propositionalen - und wie zu ergänzen ist: repräsentationalen - Unbewussten. Diese besagt, dass das Unbewusste aus "motive structures" besteht, die "representational or ideational in quality and linguistic und propositional in form" seien (a.a.O., 20). Die unbewusste oder bewusste Bindung eines Menschen an einen andern hiesse demnach beispielsweise "I-want-her".

Es ist uns bereits aufgefallen, dass in dieser linguistischen Konzeption sowohl die Stärke als auch die Schwäche von FOULKES' Modell liegt. Auf der einen Seite ermöglicht es in beeindruckender Weise, den Weg einer Motivstruktur auch über eine Vielzahl von Tranformationsschritten systematisch nachzuzeichnen. Auf der andern Seite kann es seinem Anspruch, FREUDs Traumtheorie (1900) in die zeitgenössische Psychologie überzuführen, nur um den Preis der Opferung wesentlicher Theoreme gerecht werden. Es muss befürchtet werden, dass dazu auch FREUDs eigentliche Leistung der Unterscheidung zwischen einem deskriptiven und einem dynamischen Unbewussten gehört. An diesem Punkt setzt eine heftige Kritik an.

PERALDI (1981) setzt sich auf einer epistemologischen Ebene mit FOULKES (1978) auseinander. Er wirft ihm vor, die von FREUD begründete wissenschaftliche Revolution zu einem wissenschaftlichen Beitrag verharmlost zu haben. Es bestehe nämlich eine "irreducible epistemological discontinuity between psychoanalysis and all forms of psychology, be they cognitive or whatever else" (a.a.O., 344). Es gehe zwar nicht darum, der These vom propositionalen Unbewussten jene eines biologischen Unbewussten entgegenzusetzen, habe doch auch FREUD postuliert, dass das Unbewusste wie eine Sprache strukturiert sei.

> But contrary to what David Foulkes thinks, it is absolutely not obvious that the unconcsious is structured like a proposition, as a rational language based on the same logical laws which govern the discourse of the ego (PERALDI 1981, 347).

Der entscheidende Punkt liege darin, dass es nicht nur eine Logik gebe, sondern mindestens deren zwei.

> The first one, the one referred to by David Foulkes, is fundamentally dual or binary. It can be exemplified in linguistics by the works of Saussure and Chomsky, for instance. The second one is a fundamentally triadic one and is absolutely irreducible to a binary one. It is exemplified by the work of Charles Sanders Peirce in semiotics. (..) The unconscious is not illogical, but it is not rational either; it simply partakes of a completely different logic, of 'another logic' (..) (a.a.O., 346).

FREUD (1900), der von der Heterogenität des Unbewussten ausgegangen sei, sei nie bestrebt gewesen, eine versteckte Tiefenstruktur unter einer oberflächlichen Struktur zu entdecken. Es gebe keine letzte Bedeutung von Trauminhalten. Träume seien im Prinzip unendlich analysierbar. Im Unterschied zu einer dualen Grammatik, bei der man von einem

Signifikanten auf ein Signifikat stosse, gelange man im Bereich des Unbewussten von einem Signifikanten aus zu einem andern Signifikanten, der seinerseits wieder auf einen Signifikanten verweise, und immer so weiter. Dieser Umstand finde eine adäquate Entsprechung im Semiose-Konzept von PEIRCE. Insgesamt sei vom psychoanalytischen Standpunkt aus keine Traumgrammatik vonnöten, sondern eine semiotisch begründete Traumlogik.

Meines Erachtens zielt die Kritik von PERALDI (1981), die vielleicht zur Gattung der literarischen Polemik gerechnet werden muss, insofern an FOULKES (1978) vorbei, als sie diesem einen psychoanalytischen Standpunkt unterlegt. Ich stimme mit ihm aber in dem wesentlichen Punkt überein, dass die Eigenart des Traumprozesses adäquater erfasst werden kann, wenn ein Strukturierungsprinzip gefunden wird, das zu demjenigen des Wachbewusstseins alternativ ist. Solange wir einen linguistischen Bezugsrahmen wählen, dürfte diese Aufgabe schwierig zu bewältigen sein. Die Lösung wird aber greifbar, wenn wir in den übergeordneten Bezugsrahmen der Semiotik wechseln.

Semiotisch gesehen besagt die These vom propositionalen Unbewussten, dass sich der Traumprozess in einer sehr hohen Zeichenklasse abspielt, nämlich in derjenigen der dicentisch-symbolischen Legizeichen (Klasse IX, 2.2.5). Das scheint eine überaus strenge Annahme zu sein, die zu unnötigen Einschränkungen führt. Löst man sich jedoch von einer linguistischen Einengung, kann man sinnvollerweise annehmen, dass der Traum ein Sinzeichen sei. In diesem Fall wird der Traumprozess im Bereich der Zeichenklassen II-IV angesiedelt. In 3.3.2 wird eine eindeutige semiotische Klassierung vorgenommen.

Einen interessanten Beitrag zu einer semiotischen Modellierung des Traumprozesses liefert SIMON (1982). Auch ihn interessiert, im Anschluss an FREUDs Unterscheidung von Primärprozess und Sekundärprozess, wodurch sich das Unbewusste von der Sprache unterscheidet. Er stellt fest:

> Um das Verhältnis bewusster, sprachgebundener und unbewusster, vorsprachlicher seelischer Abläufe zu untersuchen, ist der semiotische Ansatz (..) letztlich der adäquate. Er verhindert obendrein, dass die in der Struktur unserer westlichen Sprachen implizierten Prämissen und Schlüsse ohne weiteres übernommen werden, und bietet eine Meta-Sprache, die auf sprachgebundene wie auf nichtsprachliche Zeichenverarbeitungsprozesse anwendbar ist (SIMON 1982, 674).

SIMON (1982, 676) schlägt vor, dass wir uns dem kindlichen Spracherwerb zuwenden, um daraus Erkenntnisse über die "unbewussten Strukturierungen subjektiver Wirklichkeit" zugewinnen, die sich auch im Traumprozess ausdrückten. Die sogenannte Ein-Wort-Phase lasse erkennen, dass das Kind für dasselbe Signal eine andere Bedeutung einsetze als der Erwachsene. Die ersten Wörter wie 'mama' und 'papa' verwende es als globalen Ausdruck der gesamten Beziehungssituation. Schon STERN (1927) habe gesehen, dass die Ein-Wort-Aeusserungen des Kindes in eine Reihe ganzer Sätze zu übersetzen seien. SPITZ (1965) nimmt von den Globalworten des Kindes an, dass sie viel mehr umfassten als das - für den Erwachsenen - bezeichnete Ding, nämlich "eine Richtung, ein Bedürfnis und einen Wunsch und eine Stimmung und das Ding oder Objekt, um das es jeweils geht, alles zugleich" (SPITZ 1965, zit. n. SIMON 1982, 678). Im Verlauf der kindlichen Sprachentwicklung finde nun eine "zunehmende Digitalisierung des verwendeten Zeichensystems" statt (a.a.O., 688), was die Sprachzeichen zwar immer eindeutiger werden lasse, sie aber auch aus dem emotionalen und kommunikativen Kontext von konkreten Situationen herauslöse.

In Entsprechung zum psychoanalytischen Konzept der Regression des Traums lässt sich beim Traum auch eine semiotische Regression annehmen. Digitalisierte Zeichen müssten dann wieder analog gelesen werden.

> In der Regression des Traums stellen sich die früher repräsentierten Inhalte in ihrer infantilen Verknüpfung wieder dar. In der szenischen Darstellung des Traums ist die Syntax der Sprache und ihre Eindeutigkeit in der Kopplung von Objekt und Wort zu-

gunsten der analogen Darstellung der Beziehungsaspekte zurückgetreten. Für die formalen Aspekte der Traumarbeit heisst das, dass bestimmte semantische Verknüpfungen der verschiedenen synchronen Wahrnehmungen nicht mehr sprachentsprechend bevorzugt werden, sondern ihren Bedeutungsgehalt auf der Beziehungsebene wiedergewinnen (a.a.O., 689).

Das Konzept 'Ball' beispielsweise, das in einem Traum verwendet wird, kann eine konkrete Beziehungssituation darstellen, in welcher der Träumer vielleicht als Kind mit seiner Mutter gespielt hat. Dann geht in die Bedeutung des geträumten Balls nicht nur der isolierte Gegenstand, sondern "auch eine bestimmte Perspektive der Selbstrepräsentanz, der Objektrepräsentanz (im psychoanalytischen Sinne) und eine bestimmte Form der Beziehung zwischen beiden" ein (a.a.O., 689). Darüber hinaus kann der geträumte Ball aber auch z.B. die Brust der Mutter samt der damit verbundenen Beziehungssituation bedeuten, da die Logik des Traums für Identität von Konzepten schon Uebereinstimmung in wenigen Merkmalen (wie z.B. 'rund') zulasse. Schliesslich gehört als wesentlicher Aspekt die subjektive Bewertung zur Bedeutung von Traumzeichen; diese orientiert sich an den Zuständen der Befriedigung und Nicht-Befriedigung von Wünschen in der Beziehungssituation.

Es wird nun deutlich, in welcher Richtung eine Alternative zur FOULKESschen These vom propositionalen Unbewussten zu suchen wäre. Traumzeichen machen keine eindeutigen Aussagen über das Objekt (das ist ja mit 'proposition' gemeint), sondern verweisen stichwortartig auf globale Situationen. Sie sind im doppelten Sinne assoziativ strukturiert, als sie sich assoziativ (zu Traumszenen) zusammenfügen und assoziativ (auf Lebenssituationen) beziehen. In der Assoziativität der Traumzeichen treffen wir den theoretisch unendlichen Charakter des Traumbedeutungsprozesses an, für den PERALDI (1981) das triadische Semiose-Konzept von PEIRCE fruchtbar machen wollte. SIMON (1982), der zwar auf PEIRCE verweist, hat den Schritt zur triadischen Semiotik leider nicht vollzogen.

3.2 DER GESAMTZEICHENPROZESS UND SEINE SPRÜNGE

Von jetzt an soll konsequent davon ausgegangen werden, dass für die Untersuchung der Bedeutungsbildung beim Traum eine triadisch-semiotische Perspektive angemessen ist. In 1.3 wurde bereits festgestellt, dass bei der Bildung von Traumbedeutung je nach Betrachtungsweise eine Vielzahl von Teilprozessen unterschieden werden kann. Die Frage stellt sich nun, wie diese ineinandergreifenden Prozesse, die den Traum hervorrufen, ihn bilden, begleiten und fortsetzen, semiotisch konzipiert werden können.

Die vorsichtigste Darstellung wäre, es bei der allgemeinen Aussage zu belassen, dass die Bildung von Traumbedeutung ein traumübergreifender Zeichenprozess sei. Sobald wir aber versuchen, konkreter zu werden und den Verschlingungen der semiotischen Teilprozesse zu folgen, müssen wir zu unserer Orientierung Einschnitte in den Gesamtzusammenhang vornehmen. Immerhin können wir bestrebt sein, die Einschnitte an den Stellen anzusetzen, die sich von aussen als Sprünge im Gesamtprozess darstellen.

Sprünge im Gesamtzeichenprozess finden sich in zeitlicher, personaler und medialer Hinsicht. Zeitlich gesehen ist der wohl auffälligste Sprung das Erwachen, das die Zeichenprozesse während des Träumens und nach dem Träumen scheidet. In personaler Hinsicht drängt sich der Wechsel vom Träumer als Zeichenerzeuger zu einem Partner als Zeichenerzeuger auf, der den Uebergang vom Rezeptionsprozess zum Interpretationsprozess markiert. Einen Sprung im Zeichenmedium stellt der Beginn der Mitteilung des Traumes dar, weil von hier an szenische Zeichen durch verbale Zeichen ersetzt werden.

Es sind also bereits die Teilprozesse der Traumbildung, der Traummitteilung, der Traumrezeption und der Trauminterpretation zu unterscheiden. Diese Teilprozesse folgen zwar einer zeitlichen Ordnung, überlappen sich aber stark, mit Ausnahme des Uebergangs von Traumbildung zu Traummitteilung. Diese Stelle wurde deshalb als zeitlicher Sprung identifiziert. Sie stellt zugleich den medialen Sprung von Szenen in Worte dar; dieser findet aber nicht so radikal statt wie der zeitliche Sprung, da die verbalen Zeichen von szenischen Zeichen begleitet sein können. Auch der personale Sprung vom Träumer zum Interpreten gilt nicht radikal; sind doch in Traummitteilung wie in Trauminterpretation beide Personen involviert.

Zum Verständnis des Gesamtzeichenprozesses bei der Bildung von Traumbedeutung sind noch zusätzliche Teilprozesse zu berücksichtigen. Dazu gehört die Traumerinnerung, die an der Umsetzung der Traumbildung in die Traummitteilung wesentlich beteiligt ist. Der oben genannte radikale zeitliche Sprung ist jetzt präziser zwischen Traumbildung und Traumerinnerung zu lokalisieren. Der mediale Sprung hingegen verschiebt sich um eine Stelle, da sich die erinnerten Traumszenen nicht verbal, sondern eben szenisch präsentieren.

Eine weitere Präzisierung betrifft die Unterscheidung zweier Teilprozesse innerhalb der Traummitteilung. Sie seien 'Traumbericht' und 'Traumerzählung' genannt. Der erste ist zeitlich an das Erwachen und erste Erinnern gebunden, folgt er doch unmittelbar darauf. Aus diesem Grunde ist der Traumbericht in medialer Hinsicht deutlich weniger geordnet als die Traumerzählung. Die Traumerzählung ist ein Versuch, aus zeitlichem Abstand heraus die Traumszenen einem rationalen Verständnis näherzubringen. Dies geschieht vorwiegend durch chronologisches und topologisches Strukturieren der Traumszenen.

Es empfiehlt sich, unsere eigene Aktivität des Analysierens der vorangegangenen Zeichenprozesse als Fortführung des Gesamtzeichenprozesses anzusehen. Wenn wir versuchen, Bedeutungen von Traumtexten und Interpretationstexten zu explizieren, sind wir zweifellos an der Bedeutungsbildung beteiligt. Auch unsere Analysetätigkeit ist ja auf einen Interpretanten angewiesen, nämlich unsere Modellbildung. Sofern es uns gelingt, für die Bedeutungsanalyse einen eigenen Code zu entwickeln, das Analysieren also zu einem Codieren wird, vollzieht sich ein erneuter medialer Sprung im Gesamtzeichenprozess: der Sprung von verbalen in formale Zeichen.

Nach der Erkenntnis, dass unser Codieren den (vorläufigen) Abschluss des Gesamtzeichenprozesses bildet, ist noch die Frage zu klären, wovon er den Ausgang nimmt. Der Traumprozess nimmt offensichtlich Bezug auf Verhältnisse und Geschehnisse im Wachleben. Meine Annahme ist nun, dass der Traumprozess gewisse Zeichenprozesse, die sich im Wachleben abspielen, aufnimmt und fortsetzt. Für diese Zeichenprozesse führe ich den summarischen Begriff des Wachprozesses ein. Das Medium des Wachprozesses sind die Wachszenen. Zwischen Wachprozess und Traumprozess findet sich also ein weiterer medialer Sprung: im Uebergang von Wachszenen zu Traumszenen. An derselben Stelle vollzieht sich im Einschlafen ein zeitlicher Sprung, der das Pendant zum Erwachen bildet.

Die Tabellen 2 bis 4 sollen die z.T. verwickelten Verhältnisse, die im Gesamtzeichenprozess der Bildung von Traumbedeutung vorzufinden sind, übersichtlich darstellen. Als Teilprozesse wurden 6 Zeichenprozesse (P_2-P_7) bestimmt, die dem Traumbildungsprozess (P_1) folgen, der seinerseits an den Wachprozess (P_0) anschliesst. *Tabelle 2* zeigt die Verschiebungen, Ueberlappungen und Sprünge im Zeitablauf des Gesamtzeichenprozesses. Für jeden Teilprozess wird ein genuiner Zeitpunkt (t_0 - t_7) angenommen, welcher jeweils obligatorisch auftritt. Bei den übrigen Zeitpunkten muss geprüft werden, ob ihr Auftreten fakultativ oder ausgeschlossen ist. Als Kriterium für Zeitsprünge gilt der plötzliche Umschlag von ausgeschlossenen zu obligatorischen Zeitpunkten.

		Zeitpunkte							Zeitsprünge
		t_0	t_1	t_2	t_3	t_4	t_5	t_6	t_7	
Wachprozess	P_0	+	-	o	o	o	o	o	o	
Traumbildung	P_1	-	+	-	-	-	-	-	-	x (Einschlafen)
Traumerinnerung	P_2	-	-	+	o	o	o	o	o	x (Erwachen)
Traumbericht	P_3	-	-	o	+	o	-	-	-	
Traumerzählung	P_4	-	-	-	o	+	o	o	o	
Traumrezeption	P_5	-	-	o	o	o	+	o	o	
Interpretation	P_6	-	-	-	o	o	o	+	o	
Codierung	P_7	-	-	-	o	o	o	o	+	

Tabelle 2:   Die zeitlichen Verhältnisse im Gesamtzeichenprozess der Bedeutungsbildung beim Traum.
(+ = obligatorisch, o = fakultativ, - = ausgeschlossen, x = findet statt)

Tabelle 3 stellt dar, welche Personen am Gesamtzeichenprozess beteiligt sind. Als Kategorien haben wir bisher den Träumer, den Interpreten und den Codierer verwendet. Zusätzlich sind nun noch die Partner, mit denen der Träumer im Wachprozess interagiert, einzubeziehen. Ihre Teilnahme ist allerdings in keinem Teilprozess obligatorisch. Da zur Bestimmung der Sprünge nicht mehr so radikale Verhältnisse wie oben vorliegen, halte man sich
diesmal an das Kriterium des ersten obligatorischen Auftritts.

		beteiligte Personen				
		Träumer	Partner	Interpret	Codierer	personale Sprünge
Wachprozess	P_0	+	o	o	o	
Traumbildung	P_1	+	-	-	-	
Traumerinnerung	P_2	+	-	-	-	
Traumbericht	P_3	+	o	o	o	
Traumerzählung	P_4	+	o	o	o	
Traumrezeption	P_5	+	o	o	o	
Interpretation	P_6	o	o	+	o	x (Interpret)
Codierung	P_7	o	o	o	+	x (Codierer)

Tabelle 3:   Die personalen Verhältnisse im Gesamtzeichenprozess der Bedeutungsbildung beim Traum.
(+ = obligatorisch, o = fakultativ, - = ausgeschlossen, x = findet statt)

Tabelle 4 orientiert darüber, in welchen Medien sich der Gesamtzeichenprozess abspielt.
Die Kategorien von szenischen, verbalen und formalen Zeichen wurden bereits verwendet.

Damit der Unterschied zwischen Wachszenen und Traumszenen angemessen berücksichtigt werden kann, schlage ich eine Differenzierung von real-szenischen und imaginär-szenischen Zeichen vor. Wiederum ist festzustellen, dass sich für jeden Teilprozess ein obligatorisches Medium und eine Reihe von fakultativen Medien präsentieren. Ausgeschlossene Medien finden sich nur beim Teilprozess der Traumbildung; hier haben alle Zeichen, selbst Worte und Formeln, imaginären Charakter. Als Kriterium für mediale Sprünge gilt, analog zu den personalen Sprüngen, das erstmalige obligatorische Auftreten des jeweiligen Zeichenmediums.

		verwendete Medien				mediale Sprünge
		real-szenisch	imaginär-szenisch	verbal	formal	
Wachprozess	P_0	+	o	o	o	
Traumbildung	P_1	-	+	-	-	x (Imagination)
Traumerinnerung	P_2	o	+	o	o	
Traumbericht	P_3	o	o	+	o	x (Verbalisierung)
Traumerzählung	P_4	o	o	+	o	
Traumrezeption	P_5	o	o	+	o	
Interpretation	P_6	o	o	+	o	
Codierung	P_7	o	o	o	+	x (Formalisierung)

Tabelle 4:   Die medialen Verhältnisse im Gesamtzeichenprozess der Bedeutungsbildung beim Traum.
(+ = obligatorisch, o = fakultativ, - = ausgeschlossen, x = findet statt)

Innerhalb des gesamten Bedeutungsbildungsprozesses wurden somit 8 Teilprozesse unterschieden. 5 der Teilprozesse werden von auffälligen Sprüngen in zeitlicher, personaler oder medialer Hinsicht eingeleitet, nämlich P_1, P_2, P_3, P_6 und P_7. Wenn man berücksichtigt, dass P_2 weitgehend eine Rekonstruktion von P_1 ist, kommt man zum Schluss, dass vor allem die Teilprozesse der Traumbildung (P_1), des Traumberichtes (P_3), der Trauminterpretation (P_6) und der Codierung der vorangegangenen Prozesse (P_7) einer semiotischen Modellierung bedürfen. Aus praktischen Gründen ziehe ich es vor, die Prozesse des Traumberichtes und der Traumerzählung zu demjenigen der Traummitteilung zusammenzufassen und einer einheitlichen Analyse zu unterziehen.

3.3 ZEICHENPROZESS: *TRAUMBILDUNG*

3.3.1 SEMIOTISCHE KONZEPTION

In der PEIRCEschen Semiotik ist ein Zeichenprozess definiert als triadische Interaktion zwischen Zeichenmedium, Zeichenobjekt und Zeicheninterpretant. Eine semiotische Konzeption der Traumbildung erfordert demnach die Klärung folgender Fragen:

1) In welchem Medium spielt sich die Traumbidlung ab?
2) Auf welches Objekt bezieht sie sich?
3) Welcher Interpretant ist daran beteiligt?
4) In welcher Weise interagieren die drei Grössen miteinander?

1) Als *Medium* der Traumbildung wurden bereits die *Traumszenen* identifiziert (3.2.). Sie entsprechen den phänomenalen Traumereignissen, die ich eingangs dieser Arbeit neben

die empirischen Traumereignisse gestellt habe (1.3.1). Ich verzichte hier darauf, die empirisch registrierbaren Traumereignisse (d.h. die psychobiologischen Indikatoren des Traumprozesses) in die semiotische Konzeption einzubeziehen, obwohl dies prinzipiell möglich wäre. Der Grund liegt darin, dass wir zum heutigen Zeitpunkt die semiotische Natur der Traumszenen besser verstehen als jene der Traumindikatoren.

Traumszenen erfüllen das Kriterium der Materialität oder sinnlichen Wahrnehmbarkeit, das für Zeichenmedien besteht. Es ist in diesem Zusammenhang nicht von Belang, dass die Traumszenen allein für den Träumenden phänomenal gegeben sind. Entscheidender ist die Einsicht in die Multimedialität der Traumphänomene. Damit ist die Tatsache gemeint, dass sie sich in allen Sinnes- und Erfahrungsmodalitäten präsentieren können: visuell, auditiv, taktil, kinästhetisch etc., aber auch, das Sensorische übersteigend, kognitiv, emotiv, intuitiv. Multimedialität ist eines der Momente, die den Begriff der Traumszene bestimmen und ihn z.B. vom Begriff des Traumbildes abheben.

Ein zweites Moment ist die Aktionalität der Traumszenen. Sie verweist auf die handelnden Figuren einschliesslich des handelnden Traumichs, aber auch auf den zeitlichen Ablauf und die eventuelle Entwicklung des geträumten Geschehens. Eng verwandt damit ist das dritte Moment des Begriffs der Traumszene: die Intentionalität oder Person-Umwelt-Beziehung des träumenden Subjekts. Jedes Traumich findet sich in einer Traumwelt vor, mit der es in einer Wechselbeziehung steht. Zu dieser gehören eine räumliche Umgebung samt den darin befindlichen Dingen und Figuren, aber auch kontextuelle Bedingungen, die den momentanen Zustand des Traumichs charakterisieren.

Die explizierten Momente des Begriffs der Traumszene laufen alle auf einen ganzheitlichen Charakter hinaus. Gemessen an ihm sind alternative Begriffe wie 'Traumbild', 'Traumhandlung', 'Traumwelt', ja sogar 'Traumbewusstsein' und 'Traumstimmung' Teilbegriffe. Der ganzheitliche Charakter des Szenenbegriffs ist auch dafür verantwortlich, dass er nicht differenziert zwischen Traumszenen und Wachszenen. Hierfür müssen wir äusserliche Kriterien aufstellen wie die Beteiligung im wachen vs. schlafenden Zustand. Den Traumphänomenen selbst kann man es bekanntlich nicht ansehen, dass es sich nicht um Wachphänomene handelt.

2) Das *Objekt* der Traumbildung wurde bereits im Zusammenahng mit dem Bedeutungsfaktor 'Gegenstand' besprochen (1.3.4). Als Gegenstand des Traums wurde die Situation des Träumers bestimmt. Etwas präziser postuliere ich nun, dass das Zeichenobjekt der Traumbildung die *aktuelle Lebenssituation des Träumers* sei. Diese Präzisierung ist doch noch weit genug, um sich mit divergierenden interpretativen Ansätzen vereinen zu lassen. Die Annahme ist weit verbreitet, dass Träume etwas mit der Lebenssituation des Träumers zu tun haben. Semiotisch gesehen erweist sich dieser Zusammenhang als Objektbezug.

Im Vergleich mit dem Szenenbegriff fällt beim Begriff der Lebenssituation auf, dass er aufgrund seiner grösseren Abstraktheit der Materialität entbehrt. Die Lebenssituation konkretisiert sich nicht unmittelbar, sondern 'vermittelt' in ihren Medien, den Szenen. Dieser Umstand sei als das Moment der Motivationalität bezeichnet, da Situationen die Bildung von Szenen motivieren. In anderer Hinsicht gibt es eine wesentliche Uebereinstimmung von Szenen und Situationen: im Moment der Intentionalität oder Person-Umwelt-Beziehung. Als deren wichtigste Form sind die interpersonalen Beziehungen hervorzuheben. Schliesslich sei als weitere Kennzeichnung der zeitliche oder spezifischer: geschichtliche Aspekt angefügt. Zusammenfassend heisst das, dass der Begriff der Lebenssituation durch die Momente der Motivationalität, Interpersonalität und Historizität bestimmt wird.

An dieser Stelle ist an die semiotische Unterscheidung von dynamischem und unmittelbarem Objekt zu erinnern (2.2.3). Aus meinen Erläuterungen zum Situationsbegriff ergibt sich, dass es sich bei der aktuellen Lebenssituation um das *dynamische* Objekt der Traumszenen handelt. Als deren *unmittelbares* Objekt postuliere ich die *Wachszenen*. Es ist unverkennbar, dass Traumszenen eine Fülle von Verweisen auf Wachszenen beinhalten. Die Wachszenen als unmittelbares Objekt der Traumbildung zu sehen heisst anzunehmen, dass sie es sind, die in den Traumszenen direkt repräsentiert werden. Die Lebenssituation hingegen findet durch die Wachszenen eine indirekte Darstellung in den Traumszenen. Als dynamisches Objekt veranlasst sie sowohl die Bildung von Wachszenen wie auch die Bildung von Traumszenen.

3) Der *Interpretant* kann als der Pol der Subjektivität in einer Zeichentriade betrachtet werden. Im Falle der Traumbildung ziehe ich es vor, von *Emotionalität* zu sprechen. Erst das Hinzutreten der Emotionalität des Träumers lässt die Darstellung seiner Lebenssituation in Traumszenen verstehen. Zwar lassen sich auch ohne sie strukturelle Aehnlichkeiten von Situationen und Szenen entdecken; diese haben aber einen beliebigen Charakter, solange sie nicht unter dem Einfluss angenommener oder entdeckter Emotionalität Bedeutung gewinnen. Wir werden sehen, dass es nichts anderes als die Emotionalität des Träumers ist, die das Kriterium der Aehnlichkeit nicht nur von Lebenssituation und Traumszenen, sondern auch von Wachszenen und Traumszenen bildet.

Der Begriff der Emotionalität wird an späterer Stelle wieder aufgenommen (4.1). Der finale Interpretant ist bekanntlich derjenige Interpretant, zu dem die gesamte Bedeutungsbildung hindrängt. Es wurden nach dem Vorschlag von PEIRCE der dynamische und der unmittelbare Interpretant unterschieden (2.2.4). Da in der Emotionalität des Träumenden das richtige Verständnis der Traumszenen lokalisiert ist, handelt es sich bei ihr definitionsgemäss um den *unmittelbaren* Interpretanten der Traumbildung. Der *dynamische* Interpretant schliesslich als die tatsächliche Wirkung, die das Traumzeichen hervorruft, ist das Produkt resp. sind die Produkte der anschliessenden Zeichenprozesse, vornehmlich der *Traumtext* und der *Interpretationstext*.

4) Grundsätzlich muss die *Interaktion* triadisch gedacht werden. Eine mögliche Formulierung ist, dass im Verlauf der Traumbildung die aktuelle Lebenssituation des Träumers eine durch seine Emotionalität bestimmte szenische Darstellung findet. Eine alternative Formulierung für denselben Sachverhalt könnte lauten, dass sich in den Traumszenen die Emotionalität eines Träumers in seiner aktuellen Lebenssituation ausdrückt. Das eine Mal wird die Repräsentation des (dynamischen) Objekts im Medium, das andere Mal die Expression des (unmittelbaren) Interpretanten im Medium fokussiert.

Unter Einbezug des unmittelbaren Objekts der Wachszenen kann die Traumbildung modellhaft folgendermassen skizziert werden: die aktuelle Lebenssituation eines Träumers steht in Interaktion mit seiner Emotionalität; im wachen Zustand resultiert daraus eine Fülle von Wachszenen, die ihrerseits sowohl Situation wie auch Emotionalität des Träumers prägen; unter den besondern Bedingungen des Schlafzustandes wird die Szenenbildung imaginär fortgesetzt, wobei nach dem Kriterium der emotionalen Entsprechung Segmente aus gespeicherten Wachszenen sowohl ausgewählt als auch umgeformt werden.

Eine derartige semiotische Modellierung der Traumbildung ist unverkennbar psychoanalytisch inspiriert. Sie macht aber keine Aussagen über die Priorität gewisser Grössen. Auch wenn die Lebenssituation als dynamisches Objekt dieses Zeichenprozesses gilt, kann modellhaft die Emotionalität oder auch die Traumszene als Auslöser angenommen werden.

3.3.2 SEMIOTISCHE KLASSIFIKATION

Im folgenden soll der Prozess der Traumbildung einer der 10 PEIRCEschen Zeichenklassen zugeordnet werden. Zu diesem Zweck werden der Reihe nach die semiotischen Relationen von Medium, Objekt und Interpretant der Traumbildung festgestellt.

1) Unter dem Mediumaspekt hat die Traumbildung singulären Charakter. Traumszenen sind *Sinzeichen* (2.2.2). Sie erfüllen deren Kriterien der Einmaligkeit, Ereignishaftigkeit und Kontextabhängigkeit. Wie jedes Sinzeichen involvieren Traumszenen eine Reihe von Qualizeichen, d.h. sinnlichen Qualitäten. Als Sinzeichen unterscheiden sie sich jedoch grundsätzlich von Legizeichen, die als gesetzmässig feststehende Formen definiert sind. Es sei

nicht bestritten, dass Traumszenen manchmal als ganze, häufiger in Details, stereotypen Charakter annehmen. Hier deutet sich eine Tendenz zu einer semiotischen Progression auf das Niveau von Legizeichen an. Dieses wäre aber erst erreicht, wo sowohl Individualität als auch Situativität eines Traums sich als irrelevant erwiesen.

2) Zur Bestimmung des Verhältnisses von Medium und (dynamischem) Objekt steht die Trichotomie Ikon, Index und Symbol zur Verfügung (2.2.3). Hier erweist sich, dass die geläufige Annahme, dass im Prozess der Traumbildung Symbole verwendet würden, im semiotischen Sinne falsch und unbegründet ist. Wo das Zeichenmedium keine feststehende Form annimmt, also kein Legizeichen konstituiert, kann auch der Objektbezug in keiner Weise einer feststehenden Konvention folgen. Das heisst, dass er das symbolische Niveau nicht erreicht. Der Bezug von Traumszenen auf Lebenssituationen verdankt sich keiner äussern Setzung, sondern einem innern, motivationalen Zusammenhang. Traumszenen verweisen auf eine aktuelle Lebenssituation, weil sie kraft dieser hervorgebracht werden. Traumzeichen sind also *Indizes*. Als solche enthalten sie ikonische Bezüge; der bildhafte Zusammenhang von Szene und Situation ordnet sich aber dem motivationalen Zusammenhang ein.

3) Im Interpretantenaspekt ist die Entscheidung zwischen rhematischer und dicentischer Relation zu fällen, da die argumentische Relation aus taxonomischen Gründen wegfällt (2.2.4). Im Falle der dicentischen Relation müsste es prinzipiell möglich sein, aus der konkreten Gestaltung einer Traumszene eine einheitliche, in sich geschlossene Aussage über einen Aspekt der Lebenssituation des Träumers abzuleiten. Die interpretatorische Praxis zeigt, dass dies nicht der Fall ist. Auf der Ebene der Traumbildung erlaubt der Interpretant der Emotionalität keine ganzen Aussagen darüber, wie eine Lebenssituation Traumszenen hervorruft. Hingegen liefert er sehr wohl Aussagenfragmente über das vielfältige emotionale Involviertsein eines situierten und inszenierenden Träumers. Somit liegt eine *rhematische* Relation vor.

4) Zusammenfassend ist festzustellen, dass sich der Prozess der Traumbildung innerhalb der *Zeichenklasse III* der PEIRCEschen Taxonomie abspielt (2.2.5). Traumzeichen sind rhematisch-indexische Sinzeichen. Mit dieser Klassifikation kann die These vom propositionalen Unbewussten (3.1) in allen 3 Zeichenaspekten zurückgewiesen werden: Traumzeichen erreichen weder dicentisches noch symbolisches Niveau noch dasjenige von Legizeichen.

3.4 ZEICHENPROZESS: *TRAUMMITTEILUNG*

3.4.1 SEMIOTISCHE KONZEPTION

Auf die Traumbildung folgt die Traumerinnerung. Ich verzichte auf deren Erörterung, da sie sich trotz des zeitlichen Sprungs, der zwischen ihr und der Traumbildung liegt, m.E. derselben Zeichenklasse zuordnen lässt wie die Traumbildung. Das dürfte daran liegen, dass sie im Prozess der Bedeutungsbildung eine rein rekonstruktive, keine produktive Funktion hat. So wird nun der Prozess der Traummitteilung näher untersucht. Er fasst die Teilprozesse des Traumberichts und der Traumerzählung zusammen (3.2).

1) Analog zur Konzeption der Traumbildung ist zunächst das *Medium* der Traummitteilung zu bestimmen. Es hat offenkundig verbale Qualität und erscheint in textueller Form, abgesehen von den Fällen, in denen Traumszenen in bildnerischer oder anderer nonverbaler Form mitgeteilt werden. Das Umsetzen von Traumszenen in *Traumtexte* ist bekanntlich keine problemlose Aufgabe. Als Hauptschwierigkeit wird empfunden, dass der lineare Aufbau eines Textes der multimedialen Präsentation von Szenen nur sehr bedingt gerecht wird. Dazu kommt, dass Traumszenen im Unterschied zu Wachszenen in den Kategorien der Zeit, des Raums, der Kausalität und der Identität zusätzliche Unsicherheit stiften. Im semiotischen Sinne kommen die Brüche, Auslassungen und Widersprüche, die *Traumberichte* aufweisen, dem Charakter von Traumszenen vermutlich viel näher als die geglättete

Form von *Traumerzählungen*. Im Verlauf der Traummitteilung, der evtl. ein Fortgang vom Traumbericht zur Traumerzählung ist, wird wohl Klarheit geschaffen, aber zugleich Eigentümlichkeit zerstört.

2) Auf das *Objekt* der Traummitteilung wurde stets Bezug genommen, wenn von der Umsetzung von Traumszenen in Traumtexte die Rede war. Die Traumszenen sollen mitgeteilt werden. Bei der Frage, ob es sich hierbei um das unmittelbare oder das dynamische Objekt handelt, ist zu berücksichtigen, dass in der Traummitteilung der Träumer wohl häufig von den erlebten Szenen bewegt ist, dass es ihm aber weniger um diese selbst als um deren erspürten Bezug auf sein Wachleben geht. Von daher nehme ich an, dass im Prozess der Traummitteilung die *Traumszenen* als *unmittelbares* Objekt des Traumtextes fungieren, dahinter aber wiederum die *aktuelle Lebenssituation* des Träumers die Kraft des *dynamischen* Objekts entfaltet.

3) Auch im *Interpretanten* der Traummitteilung finden sich ähnliche Verhältnisse wie bei der Traumbildung. Als *dynamische* Interpretanten haben die Produkte der Teilprozesse zu gelten, die der Traummitteilung folgen. Hierzu rechne ich in erster Linie den *Interpretationstext*; aber auch allfällige Texte, die der Traumrezeption entstammen, gehören dazu. Als *unmittelbaren* Interpretanten schliesslich bestimme ich die *rationalisierte Emotionalität*. Damit ist gemeint, dass sich im Prozess der Traummitteilung einerseits das emotionale Betroffensein des Träumers, das sich schon in den Traumszenen manifestiert hat, ausdrückt, dass es aber vom Bemühen überlagert ist, den rationalen Kategorien des wachen Bewusstseins Geltung zu verschaffen (1.3.3). Wie oben angedeutet drückt sich das rationale Bemühen stärker in der Traumerzählung als im Traumbericht aus. Es ist aber in jedem Verbalisierungsversuch auszumachen.

4) Die *Interaktion* von Medium, Objekt und Interpretant im Prozess der Traummitteilung könnte modellhaft folgendermassen skizziert werden: Traumtexte entstehen in fortwährendem Bezug auf (erinnerte) Traumszenen aus einer Einstellung heraus, die primär emotionaler und sekundär rationaler Natur ist; in der Emotionalität erschliessen sich dem Träumer lebenssituative Aspekte an seinen verbalisierten Traumszenen, die ihn z.T. derart bedrängen, dass die weitere Mitteilung gefährdet ist; hier setzt die rationale Tendenz ein, die mit ihren Schemata und Kategorien eine gewisse Ordnung sichert und die Fortsetzung des Prozesses garantiert.

3.4.2 SEMIOTISCHE KLASSIFIKATION

1) Im Mediumaspekt tritt ein hauptsächlicher Unterschied zwischen den Produkten der Traumbildung und der Traummitteilung zutage. Traumtexte haben im wesentlichen den Status von *Legizeichen*. Sie sind sowohl in den Einzelteilen als auch in den Zusammensetzungen nach feststehenden, lexikalischen und grammatikalischen, Regeln geformt. Dadurch gewinnen sie eine viel grössere Unabhängigkeit vom Kontext als dies bei den Sinzeichen der Fall ist. Es ist also gerade die Geregeltheit der Legizeichen, die eine relativ grosse Freiheit schafft, mittels ihnen Beliebiges auszudrücken. Am weitesten führen in dieser Hinsicht die formalen Legizeichen, weil sie völlig kontextunabhängig sind. Die verbalen Legizeichen nähern sich in dem Masse den kontextabhängigen Sinzeichen an, als sie sich mehr der Spontaneität als der Regularität verdanken. Dies ist naturgemäss in der mündlichen Kommunikation stärker der Fall als in der schriftlichen. Ein analoges Verhältnis besteht zwischen Traumbericht und Traumerzählung. Es empfiehlt sich, bei den Irregularitäten des Traumberichtes anzusetzen, wenn man nach starken Hinweisen auf die aktuelle Lebenssituation des Träumers sucht. Dann wird das Legizeichen "Traumtext" wie ein Sinzeichen behandelt. Genau das scheint notwendig zu sein, wenn man nicht am Traumtext als solchem sondern als Medium von Traumszenen interessiert ist.

2) Bei der Entscheidung, ob Traumtexte als ikonische, indexische oder symbolische Zeichen anzusehen sind, darf nicht übersehen werden, dass es um den Bezug zum dynamischen Objekt, also der aktuellen Lebenssituation, geht. Während anzunehmen ist, dass

sich der Träumer zu seinen mitgeteilten Träumen insofern in ein symbolisches Verhältnis setzt, als er mit Bestimmtheit weiss, was er mitteilt, gilt dies im Bezug auf seine Lebenssituation nicht. Mit dieser verbindet ihn nicht ein logischer, sondern ein realer Zusammenhang. Anders wäre es, wenn er in der Traummitteilung über seine Situation reflektierte. Da dies nur ausnahmsweise geschieht, nehme ich an, dass die Traummitteilung - so gut wie die Traumbildung - *Indizes* und keine Symbole für die Lebenssituation des Träumers produziert.

3) Auch hinsichtlich des Interpretanten findet sich bei Traumbildung und bei Traummitteilung ein analoges Verhältnis. Obwohl der Interpretant, der als rationalisierte Emotionalität bestimmt wurde, eine gewisse rationale Ordnung in das emotionale Betroffensein angesichts der erinnerten Traumszenen zu bringen versucht, liefert er in bezug auf die Lebenssituation nur Aussagenfragmente und -ansätze. Erst die Trauminterpretation wird eine Ergänzung zu eigentlichen Aussagen versuchen. Die Traummitteilung produziert nur *rhematische Zeichen*.

4) Zusammenfassend ist festzustellen, dass Traumtexte der mediale Aspekt von rhematisch-indexischen Legizeichen sind. Diese gehören der PEIRCEschen *Zeichenklasse VI* an (2.2.5). Die Zeichen, die der Prozess der Traummitteilung produziert, unterscheiden sich also klassifikatorisch nur dadurch von den Zeichen der Traumbildung, dass sie Legizeichen und keine Sinzeichen sind. Trotzdem findet zwischen ihnen ein semiotischer Sprung über 2 Zeichenklassen hinweg statt (2.2.5).

3.5 ZEICHENPROZESS: *TRAUMINTERPRETATION*

3.5.1 SEMIOTISCHE KONZEPTION

Im Gesamtzeichenprozess folgt auf die Traummitteilung die Rezeption des Traums durch den Träumer. Weil die Traumrezeption weder durch einen zeitlichen noch personalen noch medialen Sprung eingeleitet wird (3.2), verzichte ich auf ihre weitere Darstellung. Um Missverständnisse zu vermeiden, füge ich nur noch den Hinweis an, dass bei der Traumrezeption dennoch von einem semiotischen Sprung die Rede sein kann. Ihre Zeichen schreiten nämlich in dem Masse von einem indexischen auf einen symbolischen Bezug fort, als der Träumer, anhand der Traumszenen, des Traumtexts und evtl. des Interpretationstexts Einsicht in seine Lebenssituation gewinnt. Dort wo die Einsicht sich ausgestaltet, findet zusätzlich eine Progression vom rhematischen auf dicentisches Niveau statt. In Hinsicht auf die Zeichenklasse fluktuiert die Traumrezeption zwischen der Traummitteilung und der Trauminterpretation.

1) Das *Medium* der Trauminterpretation ist der *Interpretationstext*. Er unterscheidet sich vom Traumtext in mehrfacher Weise. Zunächst fällt auf, dass er keinem narrativen, sondern eher einem expositorischen Textschema folgt (SEITZ 1982, 567f.). Während der Traumtext sich vorwiegend monologisch aufbaut, gibt sich der Interpretationstext dadurch als dialogischer zu erkennen, dass er Fragen, Vermutungen und Aufforderungen enthält. Das primäre dialogische Zeichen im Interpretationstext ist die Tatsache, dass das grammatikalische Subjekt häufig der Träumer ist, sei es in der Existenzform des Traum-Ich oder Wach-Ich. Demgegenüber findet sich im Traumtext eine Fülle von Ich-Sätzen. Bezüglich der Zeitform genüge der Hinweis, dass der Traumtext das Präteritum und der Interpretationstext das Präsens vorzieht.

2) Das *unmittelbare Objekt* des Interpretationstextes ist der *Traumtext*. Auf ihn muss der Interpret notwendig Bezug nehmen, auch wenn ihn nicht der Traumtext als solcher, sondern als Medium von Traumszenen interessiert. Aber sein Interesse macht auch nicht bei den von ihm rekonstruierten Traumszenen Halt. Es sucht Bezüge zu relevanten Wachszenen, die im Vergleich miteinander und mit den Traumszenen die *aktuelle Lebenssituation des Träumers* aufscheinen lassen. So stellt sich diese auch hier wieder als das *dynamische*

Objekt heraus. Allerdings bezieht sich der Interpret im Unterschied zum träumenden und mitteilenden Träumer in bewusster Intention auf dessen Lebenssituation.

3) Unter dem *unmittelbaren Interpretanten* ist das richtige Verständnis eines Zeichens zu verstehen. Im Prozess der Trauminterpretation fällt sie mit dem zusammen, was der Interpret in bezug auf die Lebenssituation des Träumers ausdrücken will. Wie bei der Traummitteilung sind in dieser Intention ein emotionales und ein rationales Moment auszumachen (1.3.2). Im emotionalen Bezug gewinnt der Interpret eine intuitive Vorstellung über das Bedeutsame am Traumtext und an den Traumszenen, doch erst das rationale Moment lässt ihn eine Bestätigung für seine Ahnung und eine geeignete Formulierung finden. Meines Erachtens überwiegt das rationale Moment, weil der Interpret ohne seine Kategorien und Schemata verloren wäre. Deshalb postuliere ich, dass der unmittelbare Interpretant im Prozess der Trauminterpretation in der *Rationalität* des Interpreten besteht, die aber *emotional* heisst, weil sie sich sinnvollerweise von einer emotionalen Bewegung tragen lässt.

Der *dynamische Interpretant* ist als tatsächliche Wirkung eines Zeichens definiert. Wenn sich die Trauminterpretation an den Träumer richtet, ist demnach seine *Reaktion* als der dynamische Interpretant zu betrachten, unabhängig davon, ob sie sich verbal, real-szenisch oder sonstwie äussert. In der vorliegenden Arbeit folgt jedoch ein Codierungsprozess der Trauminterpretation. In diesem Fall fungiert als dynamischer Interpretant die für einen Interpretationstext codierte *Formel*.

4) Die *Interaktion* von Medium, Objekt und Interpretant im Prozess der Trauminterpretation sei versuchsweise folgendermassen beschrieben: ein Interpretationstext baut sich auf, indem sich ein Interpret im Wechselspiel von emotionaler Einstimmung und rationaler Analyse auf vom Traumtext übermittelte Traumszenen bezieht; dabei zeigen sich Aspekte der Lebenssituation des Träumers, deren emotionales Bestimmtsein sich wiederum der Emotionalität des Interpreten eröffnen kann, aber erst in der Anwendung rationaler Konzepte formulieren lässt.

3.5.2 SEMIOTISCHE KLASSIFIKATION

1) Im Mediumaspekt ist der Prozess der Trauminterpretation eindeutig den *Legizeichen* zuzuordnen. Während die Produkte der Traummitteilung nicht notwendig in verbaler Form präsentiert werden, gilt dies bei den Produkten der Trauminterpretation viel eher. Es ist zwar der Fall denkbar, dass ein Interpret nicht verbal, sondern real-szenisch auf eine Traummitteilung reagiert. Eine solche "Interpretation" würde dann aber eher als "Rezeption" bezeichnet, weil sie nicht im hier gemeinten Sinn Bedeutung expliziert.

2) Im Objektaspekt sind die Interpretationszeichen als *Symbole* einzustufen. Der Interpret setzt sich mittels seines Textes in ein bewusstes Verhältnis zur aktuellen Lebenssituation des Träumers, auch wenn er über diese noch nichts weiss, sondern sie rein aus dem Traumtext erschliessen muss. Im Unterschied zum Träumer ist er nicht real, sondern logisch an dessen Lebenssituation gebunden. Damit ist das Kriterium für die Aussage erfüllt, dass die Trauminterpretation Symbole und keine Indizes produziert.

3) Bezüglich des Interpretanten habe ich bei der Erörterung des semiotischen Status der Traummitteilung vorweggenommen, dass (erst) die Trauminterpretation ihre Produkte vom rhematischen auf *dicentisches* Niveau anhebt. Konkret heisst das, dass erst in der Interpretation ganze Aussagen über die Lebenssituation des Träumers und deren emotionale Bedeutung gemacht werden. In den vorhergehenden Teilprozessen fanden sich nur Aussagenfragmente und -ansätze. Das liegt daran, dass dort das emotionale Gebundensein an die Situation überwiegt, während sich in der Interpretation der rationale Zugriff stärker bemerkbar macht.

4) Zusammenfassend lässt sich feststellen, dass sich der Prozess der Trauminterpretation auf dem Niveau der dicentisch-symbolischen Legizeichen abspielt. Diese gehören in der

PEIRCEschen Klassifikation der *Zeichenklasse IX*, also der zweithöchsten, an (2.2.5). Somit findet auch zwischen Traummitteilung und Trauminterpretation ein semiotischer Sprung über 2 Zeichenklassen hinweg statt, wie dies zwischen Traumbildung und Traummitteilung der Fall war.

Ich erinnere an dieser Stelle nochmals an die These von FOULKES (1978), dass sich das Unbewusste in der Traumbildung aus Propositionen aufbaue. Diese These schien schon oben zu restriktiv zu sein (3.1). Nach dem Klassierungsversuch der Teilprozesse Traumbildung, Traummitteilung und Trauminterpretation ist auf der einen Seite die These vom propositionalen Unbewussten als semiotisch unhaltbar zurückzuweisen, auf der andern Seite ist aber festzustellen, dass der Prozess der Bedeutungsbildung beim Traum tatsächlich auf (propositional strukturierte) Aussageformen hintendiert.

3.6 INTEGRATION DER ZEICHENPROZESSE

Abschliessend möchte ich eine Uebersicht über den dargestellten Gesamtzeichenprozess und seine Teilprozesse geben. Es soll vor allem deutlich werden, wie die Teilprozesse sich gegenseitig aufeinander beziehen, ineinander greifen und sich auseinander entwickeln. Dies geschieht in der Regel dadurch, dass der Interpretant eines vorhergehenden Teilprozesses zum Medium des nachfolgenden Prozesses wird. Ein solcher Ablauf, der sich prototypisch im Akt der Interpretation vollzieht, kann nach PEIRCE als Wachstum von Zeichen beschrieben werden.

Der Klassifikationsversuch hat gezeigt, dass im Verlauf der Bedeutungsbildung Zeichen nicht nur in dem Sinne anwachsen, dass fortwährend neue produziert werden, sondern dass die Zeichen von der Traumbildung an bis zur Trauminterpretation sprunghaft einer höheren Ordnung zustreben. Es findet eine doppelte semiotische Progression statt.

Wenn der der Traumbildung vorauslaufende Wachprozess einbezogen wird, kommt man zu dem Schluss, dass hier ein semiotischer Sprung in eine niederere Klasse stattfindet. Der Wachprozess, dessen Produkte die Wachszenen sind, spielt sich nämlich in der PEIRCEschen Zeichenklasse IV ab, in jener der dicentisch-indexischen Sinzeichen. Von den Traumzeichen unterscheiden sich die Wachzeichen in dem entscheidenden Punkt, dass sie aufgrund der in ihrem Interpretanten wirksamen Rationalität ganze Aussagen über die aktuelle Lebenssituation des Produzenten erlauben, während die Traumzeichen nur Aussagenfragmente liefern. Hier findet sich eine Bestätigung der oben formulierten Annahme, dass zwischen Wachen und Träumen eine semiotische Regression bestehe (3.1).

Tabelle 5 fasst das Ergebnis des semiotischen Modellierungsversuchs der Bedeutungsbildung beim Traum zusammen. Der Gesamtzeichenprozess wird an den Stellen, an denen Sprünge auftreten, in seine Teilprozesse zerlegt. Den Teilprozessen der Traumbildung (P_1), der Traummitteilung ($P_{3,4}$) und der Trauminterpretation (P_6) wurde besonderes Augenmerk geschenkt. Dabei wurden die Relate (Medium, Objekt, Interpretant) der jeweiligen semiotischen Triaden bestimmt und die Triaden einer Zeichenklasse zugeordnet. Zusätzlich bezieht Tabelle 5 den vorauslaufenden Wachprozess (P_0) und den nachfolgenden Teilprozess der Codierung (P_7) mit ein. Auch hier wird eine analoge semiotische Konzeption und Klassifikation vorgenommen. Offen gelassen ist noch die Bestimmung der finalen Interpretanten; auf sie wird im folgenden Kapitel eingegangen (4.1).

Im Zentrum der gesamten Bedeutungsbildung ist das einheitliche dynamische Objekt, die aktuelle Lebenssituation des Träumers, angesiedelt. An der Peripherie erscheinen die Produkte der verschiedenen Teilprozesse. Im Verlauf der Bedeutungsbildung finden semiotisch gesehen laufend Umfunktionierungen der Produkte statt. So fungiert beispielsweise der Traumtext (1) als dynamischer Interpretant der Traumszenen (in der Phase der Traumbildung), (2) als Medium der aktuellen Lebenssituation (in der Phase der Traummitteilung) und (3) als unmittelbares Objekt des Interpretationstextes (in der Phase der Trauminterpretation). Es wird sich herausstellen, dass am Ende des Gesamtzeichenprozesses ein einheitlicher finaler Interpretant steht, der allerdings, je nach dem semiotischen Niveau der Teilprozesse, unterschiedlich strukturiert ist (4.4. - 4.7).

Teilprozess	Medium	Objekt	Interpretant	Zeichenklasse
Wachprozess P_0	Wachszenen	unm.: Wachszenen aktuelle Lebenssituation dyn.:	unm.: Emotionalität dyn.: Traumszenen	IV: dicentisch-indexisches Sinzeichen
Traumbildung P_1	Traumszenen	unm.: Wachszenen aktuelle Lebenssituation dyn.:	unm.: Emotionalität dyn.: Traumtext, Interpretationstext	III: rhematisch-indexisches Sinzeichen
(Traumerinnerung P_2)				
Traummitteilung $P_{3,4}$	Traumtext	unm.: Traumszenen aktuelle Lebenssituation dyn.:	unm.: rationalisierte Emotionalität dyn.: Rezeptionstext, Interpretationstext	VI: rhematisch-indexisches Legizeichen
(Traumrezeption P_5)				
Interpretation P_6	Interpretations-text	unm.: Traumtext dyn.: aktuelle Lebenssituation des Träumers	unm.: emotionale Rationalität des Interpreten dyn.: Reaktion des Träumers, Formel des Codierers	IX: dicentisch-symbolisches Legizeichen
Codierung P_7	Formel	unm.: Interpretationstext Traumtext dyn.: aktuelle Lebenssituation (des Träumers)	unm.: blosse Rationalität des Codierers dyn.: Reaktion von Andern	IX: dicentisch-symbolisches Legizeichen

Tabelle 5: Die semiotischen Relate und der semiotische Status von Teilprozessen der Bedeutungsbildung beim Traum. Im Verlauf der Bedeutungsbildung findet eine semiotische Regression ($P_0 - P_1$) und eine doppelte Progression ($P_1 - P_{3,4}$ und $P_{3,4} - P_6$) statt. Offen ist noch die Bestimmung der finalen Interpretanten.

4. AUFBAU EINES CODES ZUR EXPLIKATION DER TRAUMÜBER-GREIFENDEN BEDEUTUNGSBILDUNG

4.1 DIE GRUNDSTRUKTUR DES CODES

Von Anfang an wurde davon ausgegangen, dass die Bildung von Traumbedeutung ein traumübergreifender Prozess ist. Die Annahme, dass es sich hierbei um einen Zeichenprozess handle, führte zu einer einheitlichen Beschreibungsmöglichkeit. In Anwendung der triadisch-semiotischen Perspektive von PEIRCE wurde eine Reihe von Teilprozessen der Bedeutungsbildung konzipiert und klassifiziert. Das Ergebnis ist, dass im Verlauf der Bedeutungsbildung einerseits verschiedenartige Zeichen produziert werden, die anderseits einer immanenten Ordnung zu folgen scheinen.

Wenn man tiefer in diese vermutete Ordnung eindringen will, muss man die eher deskriptive Orientierung durch eine explikative Orientierung vertauschen. Das Ziel ist, einen Code zu entwickeln, der die Bildung von Traumbedeutung in ihren verschiedenen Stadien zu explizieren vermag.

Der Begriff des Codes, der hier Verwendung findet, ist gleichbedeutend mit dem Begriff des Zeichensystems (1.3.5). Es gibt keine einheitliche Auffassung dessen, was ein Code sei. Immerhin ist man sich einig, dass die hauptsächliche Funktion eines Codes darin besteht, die ihm zugeordneten Zeichenprozesse zu regulieren. Was die Struktur eines Codes angeht, lassen sich die divergierenden Auffassungen in monadische, dyadische und triadische einteilen. Ein *monadischer* Codebegriff liegt beispielsweise vor, wenn JAKOBSON den Begriff in dem von der Informationstheorie übernommenen Sinn von 'Signalrepertoire' benutzt (KRAMPEN et al. 1981, 352). Im Anschluss an DE SAUSSURE wird heute öfters ein *dyadischer* Codebegriff verwendet: unter 'Code' wird dann eine Liste von Korrelationen bestimmter Signifikanten mit bestimmten Signifikaten verstanden (a.a.O., 353).

Es versteht sich von selbst, dass auf der Basis der triadischen Semiotik von PEIRCE ein *triadischer* Codebegriff anzuwenden ist. Dieser triadische Code wird grundsätzlich ein System von Relationen zwischen den Zeichenaspekten Medium, Objekt und Interpretant sein. Da dem Code nicht bloss ein deskriptiver, sondern ein explikativer Wert zufällt, ist zu präzisieren, dass es sich um Triaden 'Medium - dynamisches Objekt - finaler Interpretant' handelt. Ein Objekt ist definitionsgemäss dann dynamisch, wenn es einen Zeichenprozess anregt oder erzeugt, während ein Interpretant dann als final bezeichnet wird, wenn er die volle Wirkung resp. das Ziel eines Zeichenprozesses umfasst (2.2.4).

Als einheitliches dynamisches Objekt für den gesamten Bedeutungsbildungsprozess fungiert die aktuelle Lebenssituation des Träumers (3.6). Diese bildet nicht nur den deskriptiven Gegenstand der beteiligten Zeichenprozesse, sondern lässt überhaupt deren Ingangsetzung erklären. Genau besehen genügt sie aber nicht zur Erklärung. Zum situativen Faktor muss ein motivationaler Faktor hinzutreten. Die Lebenssituation wirkt nicht per se, sondern als motivierende Kraft; umgekehrt stellt eine aktuelle Motivation ein Energiepotential dar, das erst produktiv wird, wenn die Motivation situiert, d.h. in eine bestimmte Situation eingebettet, ist.

Die Herausarbeitung der *aktuellen Motivation des Träumers* in seiner spezifischen Lebenssituation (anhand der verschiedenen Medien Wachszenen, Traumszenen, Traumtext, Rezeptionstext, Interpretationstext, Codierformel) kann als das einheitliche Ziel des gesamten Bedeutungsbildungsprozesses betrachtet werden. Demnach ist die Motivation des Träumers nichts anderes als der einheitliche finale Interpretant.

Nachdem der finale Interpretant des Gesamtzeichenprozesses bestimmt ist, kann die Grundstruktur des explikativen Codes inhaltlich beschrieben werden. Zur Explikation der Bedeutungsbildung sind grundsätzlich dreistellige Relationen zu suchen, die folgende Komponenten in ein Verhältnis setzen: 1) die aktuelle Lebenssituation des Träumers als

Zeichenobjekt, 2) die aktuelle Motivation des Träumers als Zeicheninterpretant und 3) ein Zeichenmedium in Form einer Wachszene, einer Traumszene, eines Traumtexts, eines Rezeptionstexts, eines Interpretationstexts oder einer Codierformel. Abbildung 3 zeigt eine Notationsmöglichkeit der beschriebenen Grundstruktur des Codes.

$$\text{Lebenssituation} \quad = \quad \frac{\text{Szene;} \quad \text{Text;} \quad \text{Formel}}{\text{Motivation des Träumers}}$$

Abbildung 3:   Die Grundstruktur des explikativen Codes der traumübergreifenden Bedeutungsbildung.

Von einer vollständigen Bedeutungsexplikation kann nur die Rede sein, wenn die beschriebene Triade bestimmt ist. In diesem Fall liegt eine *Signifikation* vor (im strengen Sinn des Worts). Innerhalb der Triade können drei Dyaden festgestellt werden, die als partielle Explikationen anzusehen sind: 1) eine *Repräsentation*, wenn ein Zeichenmedium auf die Situation des Träumers bezogen wird, 2) eine *Expression*, wenn ein Zeichenmedium auf die Motivation des Träumers bezogen wird und 3) eine *Evaluation*, wenn Situation und Motivation des Träumers aufeinander bezogen werden.

Nun erwartet man von einem traumübergreifenden Code, dass er Zeichenprozesse von unterschiedlichem semiotischen Niveau reguliert. Er muss so fein strukturiert sein, dass er sowohl einfache als auch komplexe Zeichenverhältnisse explizieren lässt. Im folgenden sei versucht, die Feinstruktur des Codes zu analysieren.

4.2 BAUSTEINE DES DYNAMISCHEN OBJEKTS *LEBENSSITUATION*

Bezüglich der Struktur der Lebenssituation wurde in Anlehnung an die phänomenologische Psychologie schon oben erkannt, dass sie grundsätzlich als Person-Welt-Beziehung zu analysieren ist (1.3.4). Der zentrale Bestandteil einer Situationsstruktur ist eine näher zu bestimmende Relation, die eine Person mit Weltaspekten in ein Verhältnis setzt. In unserem Fall wird es sich bei der situierten Person immer um den Träumer handeln. Dieser soll als 'Ich' bezeichnet werden. Die Weltaspekte sollen in zwei Kategorien gegliedert werden: in die Bezugspersonen des Träumers und in die Umwelten des Träumers. Somit ergeben sich drei Kategorien von Elementen der Lebenssituation (Tab. 6).

Kategorie	Symbol
Ich	i
Person	p
Umwelt	u

Tabelle 6: Die Elemente der Situationsstruktur.

Nun wäre es wünschenswert, wenn die elementaren Kategorien näher charakterisiert werden könnten. Dies ist möglich, wenn im Bewusstsein, dass verschiedene Lebenssituationen eines Träumers analysiert werden sollen, eine systematische Reihe von Lebensbereichen eingeführt wird. Als Ordnungskriterium schlage ich den Grad der Intimität vor, sodass sich eine Kategorienreihe ergibt, die beim intimen Bereich beginnt und beim öffentlichen

Bereich endet. Bei Hinzufügung einer Kategorie 'unbestimmter Bereich' sollten sämtliche Lebenssituationen einer Bereichs- oder Kontextkategorie zugeordnet werden können (Tab. 7).

Kategorie	Symbol
Intimbereich	in
Partnerschaft	pa
Wohnbereich	wo
Verwandschaft	ve
Freundschaft	fr
Bekanntschaft	be
Arbeitsbereich	ar
Oeffentlichkeit	oe
unbestimmter Bereich	ub

Tabelle 7: Die Kontexte der Situationsstruktur.

In Verbindung mit einer Kontextkategorie lassen sich die Elemente einer Lebenssituation recht präzis erfassen. So wird beispielsweise der Träumer als Partner, als Bewohner, als Sohn, als Berufstätiger, als Zeitgenosse der Reihe nach folgendermassen codiert: (i)pa, (i)wo, (i)ve, (i)ar, (i)oe. Analog würden die jeweiligen Bezugspersonen codiert. Beispiele für Umwelten und die dazugehörigen Symbole wären: Schlafzimmer (u)in, Ferienreise (u)pa, Kindheit (u)ve, Telefon (u)be, Arbeitsweg (u)ar. In uneindeutigen Fällen richtet sich die Codierung nach dem Gesamtzusammenhang.

Für die Relation selbst stehen keine Alternativkategorien zur Verfügung. Ich gehe davon aus, dass sie den nicht direkt erfassbaren Charakter des dynamischen Objekts ausmacht. Eine nähere Bestimmung und Qualifizierung erfährt sie jedoch, sobald sie mit einem Relationsbestandteil der Medium- und/oder Interpretantenstruktur in Kontakt tritt (4.3, 4.4.1). Als Symbol für eine Relation der Lebenssituation soll ein horizontaler Strich gelten (-). Bezüglich der Notation gilt, dass Relationen samt der einbezogenen Elemente in Klammern und die dazugehörigen Kontexte an die rechte Peripherie gesetzt werden. Die Reihenfolge der Kontexte richtet sich nach der Reihenfolge der entsprechenden Elemente.

Je nach Zusammenhang der zu codierenden Lebenssituation handelt es sich (in der Regel) um eine zwei- oder mehrstellige Relation. Es sind auch selbstreflexive Verhältnisse zugelassen, d.h. es können zwei oder mehr Ich-Aspekte miteinander oder mit andern Situationselementen in Beziehung treten. Es folgen drei Notationsbeispiele:

(1)   (i-u) wo
(2)   (i-p1-p2-u) pa, pa, be, oe
(3)   (i1-i2-p) in, be, be

In (1) wird eine Situation codiert, in welcher sich ein Ich auf ein Element aus seinem Wohnbereich bezieht. In (2) tritt ein Ich zusammen mit seinem Partner in einer öffentlichen Umgebung mit einer ihm bekannten Person in Kontakt. In (3) dringt ein intimer Ich-Anteil in eine Beziehung ein, die ein anderer Ich-Anteil mit einem/r Bekannten unterhält. Es sei darauf hingewiesen, dass die drei Beispiele klar abgrenzbare Relationen voraussetzen. Auf einem tieferen Strukturniveau sind Fälle denkbar, in welchen beispielsweise nur die involvierten Kontexte, nicht aber die relierten Elemente, zu bezeichnen sind.

4.3 BAUSTEINE DER MEDIEN *WACHSZENE* UND *TRAUMSZENE*

Gemeinsames Hauptmerkmal von Szene und Situation ist die sog. Intentionalität, d.h. die Person-Welt-Beziehung (3.3.1). Eine derartige Relation bildet also auch im Aufbau von Wach- und Traumszenen den zentralen Bestandteil. Aufgrund des relativ abstrakten Charakters von Lebenssituationen konnte die Art der Relation inhaltlich nicht kategorisiert werden (4.2). Anders ist es bei den Wach- und Traumszenen. Diese haben grundsätzlich einen konkreten Charakter und verfügen damit über mehr oder weniger markante Relationen, die sich beschreiben und klassifizieren lassen. Tabelle 8 stellt die 6 Kategorien von Relationen zusammen, die bei Wach- und Traumszenen gleichermassen von Belang sind.

Kategorie	Symbol	Beispiele
aktionale Relation	A	tun, erleiden, s. ereignen
motivationale Relation	M	wollen, müssen, verhindert sein
emotionale Relation	E	s. ärgern, s. freuen, traurig sein
kognitionale Relation	K	s. erinnern, überlegen, wissen
formale Relation	F	Eigenschaft (i.Vgl.m. anderem)
positionale Relation	P	Ort (i.Vgl.m. anderem)

Tabelle 8: Die Relationen der Szenenstruktur.

Die Elemente der Szenenstruktur entsprechen jenen der Lebenssituation (4.2). Dort wurde eine Ich-, eine Person- und eine Umwelt-Kategorie eingeführt. Hier soll, wiederum aufgrund des konkreteren Charakters von Szenen, die Umwelt-Kategorie weiter in eine Ding- und eine Umgebungskategorie differenziert werden. Die Elemente der Wachszenenstruktur sind in Tabelle 9 zusammengestellt.

Kategorie	Symbol
Wach-Ich	wi
Wach-Person	wp
Wach-Ding	wd
Wach-Umgebung	wu

Tabelle 9: Die Elemente der Wach-Szenenstruktur.

Die Elemente der Traumszenenstruktur sind im Prinzip nach demselben Schema kategorisiert. Eine Besonderheit stellt die Kategorie 'Traumfigur' dar; sie umfasst neben den menschlichen Personen auch andere belebte Gestalten, die die Traumwelt bevölkern.

Kategorie	Symbol
Traum-Ich	ti
Traum-Figur	tf
Traum-Ding	td
Traum-Umgebung	tu

Tabelle 10: Die Elemente der Traum-Szenenstruktur.

Mit den angegebenen Relations- und Elementkategorien können alle möglichen szenischen Gestaltungen der Wachwelt und der Traumwelt eindeutig codiert werden. Auf die Einführung von Kontextkategorien kann man hier verzichten. Bezüglich der Notation der Codierungen gilt die Regel, dass die jeweilige Relation an den Anfang gesetzt und mit einem Komma von den relierten Elementen getrennt wird; die Elemente sind mittels Bindestrichen miteinander verbunden; Relation und Elemente werden zu einem Klammerausdruck zusammengezogen. In der Regel liegt eine Reihe von szenischen Relationen vor. In diesem Fall werden die Relationen durchnumeriert und listenförmig angeordnet.

Ein Notationsbeispiel für eine kurze Traumszene:

(A1, ti-tf1-tf2)
(E1, ti-tf2)
(P1, td-tu)
(A2, tf2-td-tu)
(A3, ti-tf2-td)

In diesem Beispiel wird eine Sequenz von 3 aktionalen und je einer emotionalen und einer positionalen Relation codiert. An den Relationen sind das Traum-Ich, zwei Traum-Figuren, ein Traum-Ding und eine Traum-Umgebung beteiligt. In der entsprechenden Traumszene könnte etwa das Traum-Ich zwei Traum-Figuren begegnen (A1) und zu einer von ihnen eine heftige Zuneigung verspüren (E1). An einem benachbarten Ufer läge ein Boot (P1), mit welchem die zweite Traum-Figur bereits abstösst (A2). Dem Traum-Ich gelänge es gerade noch, ins Boot zu springen (A3). Dieses Beispiel zeigt, dass versucht wird, das szenische Geschehen entsprechend der zeitlichen Sukzession zu codieren.

4.4 BAUSTEINE DES FINALEN INTERPRETANTEN *MOTIVATION*

Die aktuelle Motivation des Träumers hat im traumübergreifenden Bedeutungsprozess die Funktion eines finalen Interpretanten. Als solcher qualifiziert und determiniert sie das Verhältnis der Repräsentation, das zwischen der Lebenssituation (als Objekt) und den Szenen (als Medium) besteht. Diese Funktion übt sie auf analysierbare und rekonstruierbare Weise aus.

Die Struktur der Motivation gliedert sich in vier Hauptkategorien. Zentral ist wiederum die Relationskategorie, genannt BEWEGUNG; sie verkörpert gewissermassen reine Dynamik und liefert den Bedeutungsstrukturen die motivationale Energie. Die Kategorie der BETEILIGUNG ist den Elementkategorien zuzurechnen; sie weist den Elementen der Lebenssituation und der Szenen ihren motivationalen Stellenwert zu. Die Kategorie der ANSIEDLUNG präzisiert den Kontext, indem sie raumzeitliche Strukturierungen vornimmt. Die vierte Kategorie der ERFASSUNG hat eine spezifizierende Funktion; sie bringt die Kategorien der BEWEGUNG und der BETEILIGUNG in eine fassbare Form und gibt die Art ihrer Geltung an.

4.4.1 DIE KATEGORIEN DER *BEWEGUNG*

Der Begriff der emotionalen BEWEGUNG ist so plausibel wie schwer fassbar. Dies liegt nicht etwa an seiner mangelhaften Präzisierung, sondern am Sachverhalt selbst, auf den er sich bezieht. Er akzentuiert das psychische Betroffensein in einer Situation als reines Geschehen, noch vor einer Eingrenzung auf ein beteiligtes Subjekt oder Objekt (diese wird erst durch die Kategorisierung der BETEILIGUNG geleistet) und vor einer Bestimmung der modalen Geltung (Kategorisierung der ERFASSUNG). Die emotionale BEWEGUNG vermag ein inter- oder intrapersonales Geschehen auf eine hochspezifische, aber merkwürdig konturlose Weise zu qualifizieren. In einem ähnlichen, grenzübergreifenden Sinn verwendet auch MORGENTHALER (1986) den Begriff der emotionalen BEWEGUNG. Im Anschluss an

86

FREUDs (1923) Bestimmung des Es hebt er insbesondere den zeit-, objekt-, negations- und richtungslosen Charakter der BEWEGUNG hervor.

Anders als MORGENTHALER meine ich, dass zur Charakterisierung einer emotionalen BEWEGUNG auf das Moment der Richtung (oder Tendenz) so wenig verzichtet werden kann wie auf das Moment der Qualität (oder Valenz). Das Moment der Richtung erlaubt die Differenzierung der BEWEGUNG in Zuwendung vs. Abwendung, das Moment der Qualität die Differenzierung in positive vs. negative Bewertung. Auf diese Weise wird die Bildung von vier Grundkategorien der emotionalen BEWEGUNG möglich (Tab. 11).

Kategorie	Symbol	Beispiele
positive Zuwendung (LIEBE)	$\overset{+}{\rightarrow}$	s. annähern, zusammen sein, finden, s. interessieren, s. freuen, hoffen
negative Zuwendung (MACHT)	$\Rightarrow$	angreifen, beherrschen, entwenden, erschrecken, wütend sein, sich ausgeliefert fühlen
positive Abwendung (FREIHEIT)	$\overset{+}{\leftarrow}$	s. entfernen, s. verabschieden, lösen, selbständig sein, mutig sein, s. frei fühlen
negative Abwendung (SICHERHEIT)	$\Leftarrow$	fliehen, im Stich lassen, verlieren, Angst haben, traurig sein, verlassen sein

Tabelle 11: Die Relationen der Motivationsstruktur.

Die vorliegende Kategorienbildung erinnert stark an die sog. interaktiven Verben in der Traumgrammatik von FOULKES (1978) (1.4.9). In dessen linguistischer Konzeption bildeten sie ebenfalls die zentralen Bausteine zur Beschreibung resp. Codierung der motivationalen Relationen, die der Träumer zu seinen Bezugspersonen eingeht. Der wesentliche Unterschied zu unserer semiotischen Konzeption besteht darin, dass die interaktiven Verben (1) an die Struktur von Aussagesätzen gebunden und (2) in das starre Verhältnis von dyadischen Bedeutungsstrukturen gebannt sind. Demgegenüber ermöglicht unser triadisch strukturierter Code, dass die motivationale Dynamik des Träumers gegenüber lebenssituativen und szenischen Strukturen als eigenständiger Faktor ins Spiel gebracht werden kann.

4.4.2 DIE KATEGORIEN DER *BETEILIGUNG*

Während die emotionale BEWEGUNG als reines Geschehen aufgefasst werden muss, markiert die emotionale BETEILIGUNG verschiedene Rollen oder Funktionen, die in das Geschehen involviert sind. Dadurch treten in der BEWEGUNG Konturen und Kontraste hervor, und es können Elemente der motivationalen Dynamik bestimmt werden. Diese liefern die Voraussetzung dafür, dass den Elementen der lebenssituativen und szenischen Strukturen motivationale Werte zukommen, die sich beträchtlich voneinander unterscheiden, aber auch komplementär aufeinander beziehen können.

Als markantes Kriterium für die Bildung der BETEILIGUNGS-Kategorien wähle ich dasjenige der Aktivität. So lassen sich zunächst eine aktive und eine passive Rolle unterscheiden. Ich möchte sie als 'Agens' und 'Patiens' bezeichnen. Als dritte Rolle sei das 'Medians' eingeführt, das zwischen Agens und Patiens eine vermittelnde Funktion ausübt. An vierter Stelle stehen die besondern Umstände, die für eine bestimmte BEWEGUNG ebenfalls relevant werden können. Sie seien als 'Circumstans' bezeichnet. Tabelle 12 stellt die vier BE-TEILIGUNGS-Kategorien zusammen.

Kategorie	Symbol	Beispiele
Agens	ag	Liebende, Täter, Held, Flüchtling
Patiens	pt	Erwählte, Opfer, Zurückbleibende, Verlassener
Medians	md	Geschenk, Waffe, Fahrzeug, Schutzmittel; Botschafter
Circumstans	cs	Garten, Dunkelheit, Ufer, Kälte; Zuschauer

Tabelle 12: Die Elemente der Motivationsstruktur.

Nun ist nicht zu übersehen, dass die vier Motivationselemente für sich genommen nur beschränkte qualifizierende Kraft haben. Anders sieht es aus, wenn sie in Verbindung mit einer motivationalen Relation auftreten. So kann ein aktives Element (ag) etwa als Helfer (ag $\nearrow$), als Täter (ag $\rightarrow$), als Abenteurer (ag $\swarrow$) oder als Flüchtling (ag $\leftarrow$) erscheinen und mittels dieser Rollen lebenssituative und szenische Elemente präzis evaluieren. Oder ein Medians (md) kann die Rollen eines Geschenks (md $\nearrow$), einer Waffe (md $\rightarrow$), eines Befreiers (md $\swarrow$) oder eines Schutzes (md $\leftarrow$) annehmen und in dieser Gestalt lebenssituative und szenische Elemente qualifizieren.

Es wäre nicht allzu schwer, diese Beispiele systematisch zu ergänzen und eine Art Typologie motivationaler Rollen aufzustellen. Das Problem besteht aber darin, dass daraus kaum eine allgemein akzeptable Typologie entstehen würde, sondern vielmehr eine Reihe von Typologien, die jeweils für bestimmte Typen von szenischen Abläufen Gültigkeit beanspruchen könnten. Es ist wohl nicht sinnvoll, ein scenario-unabhängiges Rollenrepertoire zu konzipieren.

4.4.3 DIE KATEGORIEN DER *ANSIEDLUNG*

Es wurde festgelegt, dass eine aktuelle Motivation primär durch die emotionale BE-WEGUNG und sekundär durch die emotionale BETEILIGUNG bestimmt wird. Während erstere dynamische Relationen der Motivation eröffnet, nimmt letztere darin elementare Konturierungen vor. Als drittes Moment kann nun angenommen werden, dass die konturierte BEWEGUNG in einem bestimmten Kontext angesiedelt wird. Es hat sich als sinnvoll erwiesen, die motivationalen Kontexte auf Dimensionen des Raums und der Zeit zu beziehen.

Die Kategorien der ANSIEDLUNG strukturieren und qualifizieren die raumzeitlichen Aspekte einer Lebenssituation und ihrer Repräsentation in einer Szene. Es läge nahe, als Kriterium der Kategorienbildung die Dimensionalität der natürlichen Welt zu wählen. Man erhielte dann etwa die Raumkategorien 'oben vs. unten', 'links vs. rechts', 'vorne vs. hinten' oder die Zeitkategorien 'vergangen', 'gegenwärtig', 'zukünftig'. Als Bezugspunkt der ANSIED-LUNG gäbe es einen Hier-und-Jetzt-Schnittpunkt, von dem aus die erwähnten Kategorien Anwendung finden könnten.

Das Problem liegt aber darin, dass im motivationalen Bereich verschiedene Hier-und-Jetzt unterschieden werden müssen. Anders gesagt, es überlagern sich verschiedene Räume und Zeiten mit ihren eigenen Dimensionierungen. Für unser Problem ist es notwendig, neben der natürlichen Welt andere Welten zu postulieren. Mein Vorschlag ist, auf die geläufige Unterscheidung von 'Aussenwelt vs. Innenwelt' zurückzugreifen und eine Art 'Zwischenwelt' einzuführen. Letzerer soll ein sozialer oder interpersonaler Status zugeordnet werden; die Aussenwelt sei als extrapersonale Raumzeit und die Innenwelt als personale Raumzeit aufgefasst.

Zur Illustration der vorgeschlagenen Dreigliederung diene das Beispiel eines Weges, den jemand zurücklegt. In der *personal* strukturierten Raumzeit nimmt der Weg die Bedeutung eines Lebenswegs an; er beginnt bei der Geburt und endet beim Tode; dazwischen führt er über Höhen und Tiefen, durch Engen und Weiten einer individuellen Entwicklung. In der *interpersonal* strukturierten Raumzeit sind Anfang und Ende eines Wegs nicht so deutlich auszumachen; sie können dem Anknüpfen und Auflösen einer zwischenmenschlichen Beziehung entsprechen; einen prägnanteren Sinn nehmen in diesem Kontext die Bewegungen der Annäherung und Entfernung, des (sozial verstandenen) Aufstiegs und Abstiegs an. Im *extrapersonalen* Kontext schliesslich verliert der Weg die metaphorische Transparenz und verdichtet sich zu einem materiell verstandenen Weg; er führt durch Raum und Zeit der 'Aussenwelt'. (Zur Wegmetapher siehe FISCHER 1972).

Auf höherem Strukturniveau des Bedeutungsprozesses, insbesondre bei der Trauminterpretation, kann das Bedürfnis auftreten, die räumlichen und zeitlichen Aspekte einer Lebenssituation differenziert zu behandeln. Von daher beziehe ich in die Kategorienbildung auch gesonderte Raumkontexte und Zeitkontexte ein. Tabelle 13 bringt eine Uebersicht über die Kategorien der ANSIEDLUNG.

Kategorie	Symbol	Beispiele
personale Raumzeit (EXISTENZ)	rzp	Lebensweg: Geburt und Tod, Höhen und Tiefen, Engen und Weiten der individuellen Entwicklung
interpersonale Raumzeit (KULTUR)	rzi	sozialer Weg: Annäherung und Entfernung, Aufstieg und Abstieg in der sozialen Geltung
extrapersonale Raumzeit (NATUR)	rze	natürlicher Weg: Ausgangspunkt und Ziel, Hindernis und Umweg in der natürlichen Welt
personaler Raum (LEIB)	rp	oben im geistigen Bereich, rechts im Handlungsbereich, fern von der eigenen Mitte
interpersonaler Raum (GESELLSCHAFT)	ri	oben in der Hierarchie, rechts im Legalbereich, fern vom gesellschaftlichen Zentrum
extrapersonaler Raum (LANDSCHAFT)	re	oben auf einem Berg, rechts des eigenen Standorts, fern am Horizont
personale Zeit (LEBEN)	zp	früh in der Kindheit, intensive Lebenszeit, Wende des Lebens
interpersonale Zeit (GESCHICHTE)	zi	früh in einer Beziehung, intensive Phase einer Partnerschaft, Wende in einer Beziehung
extrapersonale Zeit (WITTERUNG)	ze	früh am Morgen, intensives Licht, Wärme oder Ton, Wende des Wetters oder Jahres

Tabelle 13: Die Kontexte der Motivationsstruktur.

4.4.4 DIE KATEGORIEN DER *ERFASSUNG*

Die Kategorien, die soweit zur Verfügung stehen, erlauben es, die szenische oder textuelle Repräsentation einer bestimmten Lebenssituation etwa als aktive Liebesbewegung des Ich auf ein freundschaftliches Du hin, die in der interpersonalen Raumzeit angesiedelt wäre, motivational zu qualifizieren. Eine solche Qualifikation hat noch wenig determinative Kraft; sie ist hinsichtlich der modalen Geltung noch unbestimmt. So bliebe im genannten Beispiel offen, ob es sich bei der Liebesbewegung z.B. um eine spielerische Möglichkeit, um einen drängenden Wunsch, eine jähe Befürchtung oder vielleicht ein konfliktives Ineinander handelte.

Die Kategorien der ERFASSUNG haben die Funktion, emotionale BEWEGUNGEN, BETEI-
LIGUNGEN und ANSIEDLUNGEN um den Aspekt der modalen Geltung zu ergänzen und
so eine spezifische Motivationsstruktur aufzubauen. Eine erste Kategorisierung bezieht sich
darauf, ob das Motivationsgeschehen im affirmativen Sinn oder negativen Sinn aufzufassen
ist. Im ersten Fall wäre eine entsprechend produzierte Szene gewissermassen mit der Anweisung "so ist es gemeint" zu lesen, im zweiten Fall mit der Anweisung "so ist es nicht
gemeint".

Eine zweite Kategoriengruppe betrifft die (logischen) Modalitäten im engern Sinn. Hier finden wir zunächst die klassischen Kategorien der Möglichkeit, der Wirklichkeit und der Not-
wendigkeit. Als weitere Kategorie ist in diesem psychologischen resp. psychosemiotischen
Bereich die Kategorie der Wünschbarkeit wohl unerlässlich. In Kombination mit der affirmativen oder negativen Kategorie ergäben die modalen Kategorien beispielsweise folgende
Leseanweisungen: "so könnte es sein", "so ist es nicht", "so darf es nicht sein", "so wird es
gewünscht", "so wird es befürchtet".

Bei Hinzunahme der Kategorien "einerseits" und "anderseits" können schliesslich konfliktive
Verhältnisse strukturiert werden. Die Leseanweisung kann dann etwa heissen: "so ist es einerseits erwünscht, anderseits verboten", "so ist es einerseits befürchtet, anderseits wirklich". Erst auf diesem relativ hohen Niveau lässt sich die berühmte These vom Traum als
Erfüllung eines verdrängten Wunsches semiotisch rekonstruieren.

Tabelle 14 stellt die Kategorien der ERFASSUNG zusammen. Symbol der Affirmation und
der Negation sind das Plus- und Minuszeichen. Die modalen Kategorien werden durch den
Anfangsbuchstaben des lateinischen Ausdrucks symbolisiert. Die konfliktiven Kategorien
werden durch Stellen vor und hinter einem Schrägstrich bezeichnet.

Kategorie	Symbol	Uebersetzung
Bejahung	+	"so"
Verneinung	-	"so nicht"
Möglichkeit	P	"möglich" vs. "unmöglich"
Wirklichkeit	R	"wirklich" vs. "unwirklich"
Notwendigkeit	N	"geboten" vs. "verboten"
Wünschbarkeit	D	"gewünscht" vs. "befürchtet"
Einschränkung	/..	"einerseits"
Ausschränkung	../	"anderseits"

Tabelle 14: Die Spezifikationen der Motivationsstruktur.

Abschliessend sei kurz auf die Notation der codierten Motivationen eingegangen. Wiederum werden Relation und Elemente zu einem Klammerausdruck zusammengezogen; der
dazugehörige Kontext wird wie bei der codierten Situation an die rechte Peripherie gerückt.
An die linke Peripherie des Klammerausdrucks wird die Spezifikation gesetzt. Nehmen wir
an, das eingangs erwähnte Beispiel würde durch einen Wunsch-Verbot-Konflikt spezifiziert.
Die Notation sähe dann so aus:
N-/D+ ($\rightarrow$, ag-pt) rzi.

Hier wird vorausgesetzt, dass die Beteiligungskategorie unmittelbar nach dem Komma dem
Ich des Träumers und die zweite Beteiligungskategorie seiner Bezugsperson entspricht.
Entsprechungen dieser Art (Situation - Motivation) können ebenso wie andere erst inner-
halb einer triadischen Codierformel geregelt werden.

4.5 ZUM CODE DES WACHPROZESSES

4.5.1 STRUKTURREGELN

Die Zeichen des Wachprozesses wurden als Triaden von Wachszenen (Medium), aktueller Lebenssituation (dynamisches Objekt) und aktueller Motivation (finaler Interpretant) bestimmt (3.6, 4.1). Dieselbe Grundstruktur kann für den Code des Wachprozesses postuliert werden. Entsprechend der früheren Notationsform (4.1, Abb. 3) ist zu schreiben (Abb. 4):

$$\text{Lebenssituation} = \frac{\text{Wachszenen}}{\text{Motivation}}$$

Abbildung 4: Die Grobstruktur des Codes des Wachprozesses.

Bezüglich der Feinstruktur kann man auf die semiotische Klassifikation der Wachprozess-Zeichen zurückgreifen. Sie wurden der Klasse IV, d.h. jener der dicentisch-indexischen Sinzeichen, zugeordnet (3.6). Der singuläre Aspekt der sog. Sinzeichen tritt im Zeichenmedium als situationsspezifische Konfiguration der *Wachszenen* zutage. Deren Struktur kann im Anschluss an die Bestimmung der Bausteine (4.3) derart festgelegt werden, dass grundsätzlich eine Relationskategorie REL (A, M, E, K, F, P; Tab. 8) mit einer oder mehreren Elementkategorien EL (wi, wp, wd, wu; Tab. 9) verbunden wird. Eine Wachszenenstruktur kann durch einen einzelnen oder durch eine Serie von Relations-Elementen-Zusammenhängen gebildet werden. Wir notieren:
WSZ (REL, EL-EL).

Für die weitere Strukturanalyse ist der dicentische Aspekt der Wachprozess-Zeichen von Belang, der festlegt, dass sie das Niveau von aussageartigen Gebilden erreichen. Dies setzt voraus, dass entsprechend den Elementen der Wachszenen auch Elemente der Lebenssituation und der Motivation ausgegliedert und miteinander in Bezug gesetzt werden. Bei der *Lebenssituation* tritt noch der Kontext der Lebensbereiche hinzu, sodass für ihre Feinstruktur
SIT [(EL-EL) KONT]
geschrieben werden kann (4.2, Tab. 6 und 7). Für die Struktur der *Motivation* wird die Differenzierung einer einfachen Kontextkategorie KONT (rzp, rzi, rze; 4.4.3, Tab. 13) und einer einfachen Spezifikation SPEZ (+, -; P, R, N, D; 4.4.4, Tab. 14) gefordert. Wenn wir weiter voraussetzen, dass die Motivationsstruktur auch eine Relationskategorie REL (4.4.1, Tab. 11) umfasst, lautet deren Formel:
MOT [SPEZ (REL, EL-EL) KONT].

Wie bei der Wachszene gilt auch bei der Lebenssituation und der Motivation, dass sie durch einen einzelnen oder durch eine Serie von strukturellen Zusammenhängen gebildet werden können. Die serielle Möglichkeit wird in der folgenden Formel durch drei Punkte (...) angegeben. Zusammenfassend kann nun die Feinstruktur der Wachprozess-Zeichen bzw. ihres Codes folgendermassen wiedergegeben werden (Abb. 5):

$$\text{SIT} \quad [(\text{EL-EL}) \text{ KONT...}] \quad = \quad \frac{\text{WSZ} \quad [(\text{REL, EL-EL})...]}{\text{MOT [SPEZ (REL, EL-EL)} \quad \text{KONT...}]}$$

Abbildung 5: Die Feinstruktur des Codes des Wachprozesses.

Der vorliegende Code legt fest, dass im Verlaufe eines Wachprozesses dadurch Bedeutung gebildet wird, dass unterschiedlich strukturierte szenische, lebenssituative und motivationale Einheiten miteinander in Interaktion treten. Als gemeinsamen Bestandteil umfassen diese Einheiten jeweils mindestens eine Relation von abgrenzbaren Elementen. Im Falle der Lebenssituation handelt es sich in der Regel um eine nicht näher bestimmte Relation des Ich des Träumers mit (mindestens) einer Bezugsperson oder einem Umweltaspekt aus einem bestimmten Lebensbereich. Diese Relation wird motivational bewertet, indem sie mit bestimmten emotionalen Bewegungs- und Beteiligungskategorien in Kontakt kommt; darüber hinaus impliziert die motivationale Bewertung einen bestimmten Raum-Zeit-Kontext und eine bestimmte Modalität. Die solchermassen bewertete und aufgeladene lebenssituative Struktur setzt sich derart in Wachszenen um, dass deren Relationen und Elemente zugleich die Lebenssituation darstellen und die Motivation ausdrücken.

4.5.2 CODIERREGLEN

Unter *Codierung* soll die Zuordnung eines spezifischen Codes (4.1) zu einem konkreten Zeichenprozess resp. Zeichenprodukt verstanden werden. Dabei wird vorausgesetzt, dass der eruierte Code den bedeutungsbildenden Aspekt des in Frage stehenden Zeichenprozesses expliziert. Codierung ist demnach, kurz gesagt, eine semiotisch begründete Bedeutungsanalyse/-synthese. Der analytische Teil einer Codierung setzt in der Regel am Zeichenmedium an und erstreckt sich dann auf das Zeichenobjekt. Beide Teilcodierungen für sich genommen haben den Status einer sogenannten *monadischen* Codierung. In ihrer Synthese zu einer *dyadischen* Codierung ergeben sie eine sog. Repräsentation, d.h. eine partielle Bedeutungsexplikation der Relation Zeichenmedium-Zeichenobjekt. Erst das Hinzutreten des codierten Interpretanten zu einer *triadischen* Codierung gibt die sog. Signifikation eines Zeichenprozesses wieder und liefert damit eine vollständige Bedeutungsexplikation (4.1).

Monadische Codierung der Inszenierung des Wachprozesses

Zunächst geht es um die Auswahl von relevanten Wachszenen. Als relevant gelten jene Wachszenen, die als unmittelbares Objekt der interessierenden Traumszene fungieren (3.3.1). Hierzu gehören, nach FREUDs (1900) Vorschlag, Kindheitsszenen und Vortagesszenen. Zusätzlich wäre noch die sog. Momentanszene einzubeziehen; damit ist jene Wachszene gemeint, die sich im Moment des Träumens, für Aussenstehende beobachtbar, abspielt. Aus der Fülle der relevanten Wachszenen werden jene herausgehoben, für die der Träumer oder ein informierter Beobachter einen Aehnlichkeitszusammenhang mit der Traumszene herstellen kann (auf der Ebene der Elemente oder auch der Relationen). Generell werden emotional stärker besetzte Wachszenen gegenüber schwächer besetzten vorgezogen.

Für das weitere Vorgehen stützt man sich am besten auf eine textuelle Beschreibung der relevanten Wachszene. Dadurch werden zwar simultane Zusammenhänge in eine lineare Ordnung gebracht und somit umstrukturiert, aber die Linearisierung, die auch für unsere Codiermethode notwendig ist, wird wenigstens deutlich gemacht. Es werden nun die Elemente der relevanten Wachszene (wi, wp, wd, wu; 4.3) monadisch codiert und in der Reihe ihres Auftretens numeriert. Anschliessend wird der Text in minimale Satzstrukturen zerlegt. Diese lassen sich als ein- oder mehrstellige Relationen (A, M, E, K, F, P; 4.3) monadisch codieren und wiederum numerieren. Es empfiehlt sich, zwecks Uebersichtlichkeit, den codierten Relationen das Prädikat der betreffenden Satzstruktur beizufügen (z.B. "schrecklich sein", "entgegentreten", "fliehen wollen").

Im nächsten Schritt handelt es sich darum, eine letzte Informationsreduktion vorzunehmen. Dies kommt dadurch zustande, dass signifikante Stellen innerhalb der codierten Wachszene bestimmt werden. Als Kriterium der Signifikanz soll die emotionale Intensität der szenischen Relationen gelten. Ausgewählt werden also jene Relationen, denen das beteiligte Wach-Ich oder ein Beobachter innerhalb der Wachszene eine hervortretende emotionale Bedeutung zuspricht. Zur Auswahl sind alle Kategorien von Relationen zugelassen, aber es dürften sich mehrheitlich emotionale, motivationale und aktionale Relationen als signifikant darbieten. Für die weiteren Phasen der dyadischen und der triadischen Codierung finden in der Regel nur noch die signifikanten Wachszenenrelationen Verwendung.

Dyadische Codierung der Repräsentation des Wachprozesses

Im folgenden soll die Repräsentation der Lebenssituation des Träumers in den Wachszenen codiert werden. Es handelt sich also um eine dyadische Verknüpfung von Zeichenobjekt und Zeichenmedium. Zu diesem Zweck muss die monadische Codierung der Lebenssituation vorliegen. Zunächst wird die Lebenssituation nach ihren Kontexten, also den Lebensbereichen, aufgeschlüsselt. Nun werden für jeden Kontext die relevanten Elemente codiert (4.2) und evtl. numeriert. Anschliessend werden, gesondert für jeden Kontext, die Relationen zwischen den Elementen codiert und, analog zur Wachszenencodierung, beschriftet. Jede Relation enthält als obligatorisches Element das Ich des Träumers.

Nachdem die Lebenssituation codiert ist, kann nun der Repräsentation nachgegangen werden. Es wird für jede signifikante Wachszenenrelation die Entsprechung in der Lebenssituation gesucht. Am einfachsten ist dies auf der Ebene der Elemente möglich. In der Regel wird das Wach-Ich als Repräsentant des Ich (der Lebenssituation) auftreten; in Fällen der sog. Identifikation kann das Ich aber auch durch eine Wach-Person repräsentiert sein. Auch im Verhältnis von Personen und Umwelten (der Lebenssituation) zu Wach-Personen und Wach-Dingen/-Umgebungen können direkte, aber auch verschobene Repräsentationen vorgefunden werden (im letzteren Fall dürfte es sich um sog. Uebertragungen handeln). Die lebenssituativen Elemente, die als Entsprechungen der Elemente einer Wachszenenrelation gefunden worden sind, müssen nicht aus demselben Kontext stammen. Diese Regel lässt also auf der Seite der Lebenssituation Ueberlagerungen zu; eine bestimmte signifikante Wachszenenrelation kann gleichzeitig lebenssituative Verhältnisse aus verschiedenen Kontexten repräsentieren (sog. Verdichtung).

Bei der Notation der dyadischen Codierung ist zu beachten, dass für jedes Wachszenenelement ein lebenssituatives Element steht; letzteres darf in einer Relation auch mehrfach vertreten sein. Die einander entsprechenden Elemente werden innerhalb ihrer Relationen jeweils an derselben Stelle notiert. So lässt sich auf einen Blick feststellen, welches Wachelement für welches Situationselement steht. Eine letzte Notationsregel gilt dem Zeichen der dyadischen Verknüpfung. Da es sich um eine partielle Bedeutungsexplikation handelt, seien das codierte Zeichenobjekt und das codierte Zeichenmedium nicht durch ein gewöhnliches Gleichheitszeichen (wie bei der triadischen Verknüpfung), sondern durch ein eingeklammertes Gleichheitszeichen zusammengefasst: "(=)".

Triadische Codierung der Signifikation des Wachprozesses

Unter einer Signifikation wird die Explikation einer Zeichentriade Medium-Objekt-Interpretant verstanden (4.1). Zum dyadischen Verhältnis der Repräsentation tritt als dritter Bestandteil der codierte Interpretant hinzu. Auch wenn nicht unbedingt die Dyade Medium-Objekt vorliegen muss, setzt die triadische Codierung der Signifikation stets eine dyadische Codierung voraus. Der Einfachheit halber beschränke ich mich auf den Fall, dass bereits die Repräsentation expliziert ist. Es geht dann darum, die Motivation eines Träumers als interpretierende Instanz der Relation Lebenssituation-Wachszenen zu codieren. Für jede dyadische Verknüpfung von (relevanter) Lebenssituation und (signifikanter) Wachszenenrelation werden die passenden Motivationsstrukturen gesucht. Als passend ist eine Motivationsstruktur dann einzustufen, wenn sie plausibler als alternativ aufgebaute Motivationen zugleich die Lebenssituation zu bewerten und die Wachszene zu begründen vermag.

Zunächst wird auf der relationalen Ebene codiert. Unter den vier Bewegungskategorien (4.4.1) wird die passende oder werden die passenden Kategorien ausgewählt und zugleich der lebenssituativen und der wachszenischen Relation (einer gegebenen dyadischen Codierung) zugeordnet. Notiert wird die Zuordnung mittels eines (nicht eingeklammerten) Gleichheitszeichens. Entsprechend der allgemeinen Notationsweise (4.5.1, Abb. 4) stehen auf der linken Seite der Gleichung die Kategorien der Lebenssituation, auf der rechten Seite über einem Längsstrich die Kategorien der Wachszene und unter dem Längsstrich die Kategorien der Motivation.

Im nächsten Schritt werden die triadischen Verhältnisse auf der Ebene der Elemente codiert. Es wird geprüft, welche Beteiligungskategorien (4.4.2) den lebenssituativen und den wachszenischen Elementen zuzusprechen sind. Es empfiehlt sich, zunächst das Agens der emotionalen Bewegung, dann das Patiens und schliesslich das Medians und das Circumstans zu bestimmen. Dasselbe motivationale Element kann mehrfach codiert werden; ferner müssen keineswegs alle dieser Elemente in einer Codierung auftreten. Wichtig ist jedoch, dass die motivationalen Elemente, analog zur dyadischen Notationsregel, innerhalb ihrer Relation an derselben Stelle notiert werden, an der die ihnen entsprechenden lebenssituativen und wachszenischen Elemente stehen. Wo in einer triadischen Verknüpfung mehr als eine motivationale Relation codiert wurde, werden nun die dazugehörigen motivationalen Elemente codiert.

In einem letzten Schritt werden der Kontext und die Spezifikation der motivationalen Struktur codiert. Es wurde bereits festgelegt (4.5.1), dass für den Code des Wachprozesses die drei einfachen Kategorien des personalen, interpersonalen und extrapersonalen Kontexts zur Verfügung stehen. Die Codierung hat vor allem anhand der Wachszenenrelation zu entscheiden, ob die codierte emotionale Bewegung am ehesten als Weg in der personalen, interpersonalen oder extrapersonalen Raumzeit zu interpretieren ist (4.4.3). - Bei der Codierung der Spezifikation ist zu beachten, dass einfache Kombinationen von Affirmations-/Negationskategorien und modalen Kategorien (4.4.4) vorgeschrieben sind (4.5.1). Konfliktive Verhältnisse werden nicht durch konfliktive Kategorien, sondern duch die Codierung zweier oder mehrerer motivationaler Relationen erfasst. Wiederum wird primär anhand der Wachszene, sekundär anhand der Lebenssituation entschieden, in welcher (logischen) Qualität und Modalität die codierte emotionale Bewegung Gültigkeit erlangt.

4.6 ZUM CODE DER TRAUMBILDUNG

4.6.1 STRUKTURREGELN

Die Grobstruktur des Codes der Traumbildung entspricht der triadischen Bestimmung der Traumzeichen. Diese wurden als dreistellige Relationen von Traumszenen (Medium), aktueller Lebenssituation (dynamisches Objekt) und aktueller Motivation (finaler Interpretant) aufgefasst (3.3.1, 4.1). Abbildung 6 gibt die Notation der groben Codestruktur wieder.

$$\text{Lebenssituation} = \frac{\text{Traumszenen}}{\text{Motivation}}$$

Abbildung 6: Die Grobstruktur des Codes der Traumbildung.

Diese Codestruktur unterscheidet sich von jener des Wachprozesses (4.5.1) nur dadurch, dass im medialen Bereich Traumszenen anstelle der Wachszenen auftreten. Deutliche Unterschiede ergibt jedoch die Analyse der Feinstruktur. Zu diesem Zweck orientiert man sich wiederum an der semiotischen Klassifikation der Traumzeichen. Sie wurden der Klasse III, d.h. jener der rhematisch-indexischen Sinzeichen, zugeordnet (3.3.2). Der Unterschied zu den Wachprozess-Zeichen liegt semiotisch gesehen also im rhematischen anstelle des dicentischen Interpretantenaspekts (3.6). Mit andern Worten löst sich im Uebergang vom Wachprozess zum Traumbildungsprozess die Codestruktur soweit auf, dass keine einheitlichen Aussagen über die motivationale Bewertung der Lebenssituation des Träumers mehr möglich sind, wohl aber diesbezügliche Aussagenfragmente.

Die strukturelle Unbestimmtheit der Traumzeichen wirkt sich kaum im medialen Aspekt der *Traumszenen* aus. Im Gegenteil möchte ich postulieren, dass Traumszenen und Wachszenen in ihrer Struktur prinzipiell übereinstimmen. Entsprechend sei festgelegt, dass eine Traumszenenstruktur aus einem einzelnen oder einer Serie von Relations-Elementen-Zu-

sammenhängen besteht, wofür geschrieben wird (4.5.1):
TSZ (REL, EL-EL).
An Relationskategorien stehen wieder A, M, E, K, F, P (4.3, Tab. 9) zur Verfügung und an
Elementkategorien ti, tf, td und tu (4.3, Tab. 10).

Eine partielle Unbestimmtheit weisen die Struktur der Lebenssituation und die Struktur der
Motivation im Traumbildungsprozess auf. Ich gehe davon aus, dass sich die *Lebenssituation* bloss noch in ihre Bereiche, also kontextuell, aufgliedern lässt; die Grenzen zwischen den Elementen müssen als derart verschwommen und durchlässig gelten, dass weder Elemente noch Relationen der Lebenssituation bestimmbar sind. Die Notation dafür
lautet:
SIT [( ) KONT].
Im Klartext besagt dies, dass Traumszenen wohl noch als Repräsentation einer Lebenssituation anzusehen sind, dass aber nicht mehr auszumachen ist, ob ein bestimmtes
Traumszenenelement für das Ich des Träumers, eine seiner Bezugspersonen oder gar
einen Umweltaspekt steht. Das Analoge gilt auf der Ebene der Relationen.

Es ist anzunehmen, dass die *Motivationsstruktur* in ihrem Kern erhalten bleibt: eine oder
mehrere Relationskategorien (emotionale Bewegungen, 4.4.1) involvieren eine oder mehrere Elementkategorien (emotionale Beteiligungen, 4.4.2). Die Notation lautet:
MOT (REL, EL-EL).
Hingegen fallen sowohl die Kontext- wie die Spezifikationskategorien weg. Mit andern
Worten sieht ein Traumbildungsprozess davon ab, ob eine emotionale Bewegung in der
personalen, interpersonalen oder extrapersonalen Raumzeit anzusiedeln ist (4.4.3); auch
diese Grenzen verwischen sich. Ebenso wird ignoriert, ob eine emotionale Bewegung im
affirmativen oder negativen Sinn gilt und ob sie als wirklich, möglich, notwendig oder
wünschbar zu erfassen ist (4.4.4).

In Anlehnung an die Notationsform des Codes des Wachprozesses (4.5.1, Abb. 5) wäre zu
schreiben (Abb. 7):

$$\text{SIT} \quad [(\ ) \text{ KONT...}] = \frac{\text{TSZ [(REL, EL-EL)...]}}{\text{MOT [(REL, EL-EL)...]}}$$

<u>Abbildung 7:</u> Die Feinstruktur des Codes der Traumbildung.

4.6.2 CODIERREGELN

<u>Monadische Codierung der Inszenierung der Traumbildung</u>
In einem ersten Schritt soll der Aufbau der Traumszenen codiert werden. Da Traumszenen
im Moment des Codierens nicht unmittelbar gegeben sind (1.3.1), ist man auf die Produkte
der Traummitteilung (3.4) angewiesen. Von den Traumtexten her müssen also die Traumszenen erst erschlossen und rekonstruiert werden. Traumtexte können nach dem Grad ihrer Strukturierung in Traumberichte und Traumerzählungen eingeteilt werden (3.2). Ich
gehe davon aus, dass die Traumerzählung in der chronologischen und topologischen
Strukturierung der Traumszenenstruktur näher steht, während die ontologische Strukturierung im Traumbericht besser erfasst sein dürfte. Folglich kann man sich, sofern beide Text-
versionen vorliegen, für die Rekonstruktion des Verlaufs und des Arrangements einer
Traumszene an die Traumerzählung halten, bei inhaltlichen Abweichungen an die Version
des Traumberichts. Das Ergebnis des Rekonstruktionsversuchs soll eine Liste von
Textitems sein, deren Umfang einer minimalen Satzstruktur und deren Folge dem zeitlichen
Ablauf entsprechen.

Wie bei der Codierung der Wachszenenstruktur (4.5.2) werden nun die Elemente der Traumszenenstruktur (ti, tf, td, tu; 4.3) monadisch codiert und in der Reihe ihres Auftretens numeriert. Anschliessend werden die den Textitems entsprechenden ein- oder mehrstelligen Relationen (A, M, E, K, F, P; 4.3) codiert und numeriert. Wiederum empfiehlt es sich, den codierten Relations-Elementen-Zusammenhängen das Prädikat der betreffenden Satzstruktur beizufügen. Ich bin mir bewusst, dass das hier vorgeschlagene Verfahren der Rekonstruktion und Codierung der Traumszenen ursprünglich simultane und dreidimensionale Zusammenhänge in eine lineare und eventuell fragmentierte Zeit-, Raum- und Geschehensfolge übersetzt. Allerdings ist hierbei das grundsätzliche Problem jeglicher Beschreibung angesprochen.

Analog zur Wachszenencodierung bedingt das weitere Vorgehen eine wesentliche Reduktion der Traumszenen-Information auf einige signifikante Stellen. Auch hier soll das Kriterium der emotionalen Intensität gelten. Anders als bei der Wachszenencodierung stehen nun emotionale Indikatoren zur Verfügung. Im Falle des Traumberichts wird sich die emotionale Bedeutsamkeit gewisser Traumstellen in einer Fülle sponater nonverbaler und paraverbaler Signale (Kopfbewegung, Blickverhalten, Mimik, Atem, Stimme) ausdrücken, und im Falle der Traumerzählung kann man auf Zeichen der verbalen Betonung achten (Adjektive, Adverbien, Wiederholungen). Die so bestimmten Stellen seien unter dem Begriff der Sonanzen zusammengefasst. Aufgrund der Gestaltungsweise von Traumszenen empfiehlt es sich, in die Signifikanzbestimmung auch Traumstellen einzubeziehen, die zu den Sonanzen in einem Verhältnis der prägnanten Aehnlichkeit und der prägnanten Gegensätzlichkeit stehen. Sie seien 'Konsonanzen' und 'Dissonanzen' genannt.

Dyadische Codierung der Repräsentation der Traumbildung
Hier muss wiederum Information über die Lebenssituation des Träumers vorliegen. Inbezug auf das strukturelle Niveau der Lebenssituation wurde eine partielle Unbestimmtheit erkannt (4.6.1), die sich darin äussert, dass die Lebenssituation nur kontextuell codierbar ist. Die signifikanten Traumszenenrelationen (die Sonanzen, Konsonanzen und Dissonanzen) repräsentieren die Lebenssituation des Träumers auf wenig differenzierte, globale Weise, indem sie einen oder mehrere bestimmte Lebensbereiche involvieren. Für die Codierung ist daher lediglich ausschlaggebend, dass eine Einzelheit in der signifikanten Traumszenenrelation eine auffällige Entsprechung in einem der Lebensbereiche (4.2) des Träumers findet. In einem solchen Fall ist es erlaubt, eine dyadische Verknüpfung zwischen dem (nicht näher bestimmten) Lebensbereich und der (gut strukturierten) Traumszenenrelation herzustellen. Es ist in diesem Zusammenhang nicht von Belang, in welchem lebenssituativen Element oder welcher Relation die Entsprechung zur traumszenischen Einzelheit auffindbar ist. Die dyadische Verknüpfung wird wiederum mittels eines eingeklammerten Gleichheitszeichens notiert (4.5.2). In der Traumbildung wird es weit häufiger zu Ueberlagerungen von Lebensbereichen kommen als im Wachprozess.

Triadische Codierung der Signifikation der Traumbildung
Die Liste der dyadischen Verknüpfungen kann nun ergänzt werden um die Codierung der jeweiligen passenden Motivation. Als passend soll eine Motivation wiederum dann betrachtet werden, wenn sie plausibel als alternativ aufgebaute Motivationen sowohl die Lebenssituation zu bewerten als auch die Traumszene zu begründen vermag (4.5.2).

Das Codierverfahren entspricht jenem der Signifikation des Wachprozesses (4.5.2), kann aber aufgrund der aufgelockerten Struktur des Traumbildungsprozesses auf die relationale und elementare Ebene beschränkt werden. So werden zunächst unter den Bewegungskategorien (4.4.1) die passenden ausgewählt und zugleich der lebenssituativen Seite und der traumszenischen Relation einer gegebenen dyadischen Verknüpfung zugeordnet. Notiert wird die Zuordnung mittels eines gewöhnlichen Gleichheitszeichens. Auf der linken Seite einer einzelnen triadischen Codierung stehen die involvierten Lebensbereiche einer Lebenssituation, auf der rechten Seite über dem Längsstrich die signifikante Traumszenenrelation und unter dem Längsstrich die zugehörigen Bewegungskategorien.

Anschliessend werden die motivationalen Elemente codiert, indem geprüft wird, welche Beteiligungskategorien (4.4.2) den traumszenischen Elementen zuzusprechen sind. Die Zuordnung zu den lebenssituativen Elementen kann (aufgrund der strukturellen Unbestimmtheit) nicht vorgenommen werden. So wird bloss für jedes Element einer traumszenischen Relation beurteilt, ob es als ag, pt, md oder cs der codierten emotionalen Bewegung fungiert. Wiederum sollen die zusammengehörigen Elemente innerhalb der szenischen und der motivationalen Relationen jeweils an derselben Stelle notiert werden.

4.7 ZUM CODE DER TRAUMREZEPTION UND DER TRAUMINTERPRETATION

4.7.1 STRUKTURREGELN

Der Prozess der Traumrezeption wurde bis anhin nicht eingehend semiotisch analysiert. Er kann an dieser Stelle zusammen mit dem Prozess der Trauminterpretation behandelt werden. Trotz des personalen Sprungs vom Träumer zum Interpreten (3.2) findet aus semiotischer Perspektive zwischen den beiden Prozessen keine strukturelle Veränderung statt. In beiden Prozessen werden in verbaler Form (Legizeichen) und in bewusster Bezugnahme (symbolisch) ganze Aussagen (dicentisch) über die aktuelle Lebenssituation und Motivation des Träumers gemacht. Interpretationszeichen wie Rezeptionszeichen gehören somit derselben Zeichenklasse an, die gegenüber jener der Traumzeichen eine Progression in allen drei Zeichenaspekten darstellt (3.6).

Die Interpretationszeichen wurden als dreistellige Relationen von Interpretationstext (Medium), aktueller Lebenssituation (dynamisches Objekt) und aktueller Motivation (finaler Interpretant) bestimmt (3.5.1, 4.1). Die Rezeptionszeichen unterscheiden sich davon nur, dass an die Stelle des Interpretationstextes der Rezeptionstext tritt. Auch hier gehe ich wieder davon aus, dass mit dieser strukturellen Bestimmung der Einzelzeichen die Grobstruktur des Codes bezeichnet ist (Abb. 8).

$$\text{Lebenssituation} = \frac{\text{Rezeptions-/Interpretationstext}}{\text{Motivation}}$$

Abbildung 8:   Die Grobstruktur des Codes der Traumrezeption und der Trauminterpretation.

Für die feinere Strukturanalyse ist es von Belang zu berücksichtigen, dass sich *Rezeptions- und Interpretationstexte* im medialen Aspekt aus Rückgriffen auf (aus dem Traumtext erschlossene) Traumszenen und eventuell zusätzlich auf Wachszenen aufbauen (3.6). Im Prinzip können auf dieser Ebene beliebige Bestandteile aus Traumszenen und Wachszenen herausgegriffen werden; wesentlich für den Rezeptions- und Interpretationsprozess ist lediglich, dass die szenischen Bestandteile mit lebenssituativen und motivationalen Bestandteilen in Beziehung gesetzt werden. Die interne Struktur der Rezeptions- und Interpretationstexte wird also vom Strukturierungsgrad der erfassten Lebenssituation und Motivation abhängen. Ihr Ausprägungsgrad reicht von der pauschalen Vermutung (Bsp.: der Traum hat mit Aggression im Bereich der Herkunftsfamilie zu tun) über elementare Zuordnungen (Bsp.: diese Traumfigur entspricht jener Bezugsperson unter dem Aspekt der positiven Zuwendung) bis zur komplexen Ausarbeitung, die für jeden Bestandteil der Situations- und Motivationsstruktur ein Element oder eine Relation der Traumszene anzugeben und darüber hinaus den szenischen Verlauf zu rekonstruieren vermag. Die beschriebene strukturelle Lockerung soll durch Strichpunkte zwischen Relationen und Elementen gekennzeichnet werden. Unter Einbezug der Traum- und Wachszenen lautet die Notation für

die Struktur der Rezeptions- und Interpretationstexte:
R/ITEXT [TSZ/WSZ (REL;EL;EL)].

Auf der Seite der *Lebenssituation* findet sich dasselbe Verhältnis wie beim Code des Wachprozesses (4.5.1):
SIT [(EL-EL) KONT].
Im Unterschied zur Traumbildung werden auf der Stufe der Rezeption und der Interpretation also wieder Elemente und Relationen innerhalb der Lebensbereiche differenziert. Damit wird es auch wieder möglich, für Traumelemente und -relationen präzise Entsprechungen in der Lebenssituation zu finden.

Die Struktur der *Motivation* kann ihre volle Komplexität annehmen. Es sind Kombinationen aus sämtlichen Kategorien (4.4) zugelassen. Zum zentralen Relations-Elementen-Zusammenhang können mehrfache Kontextkategorien (rp, ri, re, zp, zi, ze; 4.4.3) wie auch eine doppelte Spezifikation (unter Einschluss der konfliktiven Kategorien; 4.4.4) treten. Von daher wird notiert:
SPSPEZ und KOKONT.
Erst auf der Stufe der Rezeption und der Interpretation kann entschieden werden, ob eine emotionale Bewegung eine konfliktive Gestalt annimmt und welcher Art diese ist.

Für den Code der Traumrezeption und -interpretation gilt die vollständige Strukturgleichung (Abb. 9).

$$\text{SIT} \quad [(\text{EL-EL}) \text{ KONT...}] = \frac{\text{R/ITEXT} \quad [\text{TSZ / WSZ} \quad (\text{REL; EL; EL})...]}{\text{MOT} \quad [\text{SPSPEZ (REL,EL-EL) KOKONT...}]}$$

Abbildung 9:   Die Feinstruktur des Codes der Traumrezeption und der Trauminterpretation.

4.7.2 CODIERREGELN

Ein wesentlicher Unterschied zwischen der Codierung des Wachprozesses und der Traumbildung einerseits und der Codierung der Traumrezeption und der Trauminterpretation andererseits besteht darin, dass bei letzterer die Rekonstruktion der triadischen Bedeutungsstrukturen viel leichter gelingt. Dies liegt daran, dass Rezeptions- und Interpretationstexte nicht nur über den medialen Aspekt, sondern auch über den Objekt- und Interpretantenaspekt der Bedeutungsstrukturen (oder Signifikationen) direkt informieren; aus den Texten lässt sich relativ deutlich ablesen, welche traum- und wachszenischen Bestandteile durch den Rezipienten oder Interpreten mit welchen lebenssituativen und welchen motivationalen Bestandteilen in Zusammenhang gebracht werden. Demgegenüber musste für die Codierung des Wachprozesses und der Traumbildung neben den vorliegenden Szenen weitere Information über die Situation des Träumers beigezogen und die zugrundeliegende Motivation weitgehend erschlossen werden (4.5.2, 4.6.2).

Aufgrund dieser Besonderheit entfällt die Aufgabe, triadische Codierungen schrittweise aus monadischen und dyadischen Codierungen aufzubauen. Triadische Bedeutungsstrukturen können im Prinzip von Anfang eines Textes an rekonstruiert werden. Der Prozess des Codierens stellt hier eine Uebersetzung von textuell gegebenen in formale triadische Strukturen dar. In der Regel werden innerhalb eines Textes verschiedene Bedeutungsstrukturen aufgebaut. Von da her ist es sinnvoll, den Text in Segmente zu zerlegen und die textuellen Elemente fortlaufend zu codieren und vorzugsweise gleich nebenan zu notieren. Jedes Textsegment soll durch eine mehr oder weniger vollständige triadische Bedeutungsstruktur beschlossen sein. Es ist nicht ungewöhnlich, dass in späteren Textsegmenten auf frühere

Bedeutungsstrukturen zurückgegriffen wird. Aus diesem Grund empfiehlt es sich, die codierten Strukturen zu numerieren.

Es gibt Fälle, in denen die Segmentierung des Textes keine Probleme stellt, etwa wenn der Rezipient oder der Interpret deutlich zu erkennen gibt, dass er nun eine alternative Bedeutungshypothese aufstellt. In den andern Fällen soll die Segmentierung in erster Linie davon abhängig gemacht werden, ob in der betreffenden Textpassage eine neue emotionale Bewegung (4.4.1) als Kern einer Motivationsstruktur verbalisiert wird oder ob die emotionale Bewegung in neue Erfassungskategorien (4.4.4) eingebettet wird. In zweiter Linie soll eine Segmentierung auch dann vorgenommen werden, wenn für das Ich des Träumers oder für eine Bezugsperson ein neuer Repräsentant in der Traumszene (z.B. eine Traumfigur statt des Traum-Ich) oder aber eine neue motivationale Rolle (z.B. Täter statt Opfer; 4.4.2) gefunden wird.

An die Phase der Textsegmentierung schliesst jene der Selektion und Kategorisierung von relevanten Textitems an. Zunächst wird abgesehen von Textpassagen, die offenkundig keine Information zum Aufbau der Bedeutungsstrukturen liefern. Dazu gehören Einleitungen, Uebergänge, Fragen, unspezifische Kommentare, redundante Wiederholungen. Von den übrigen Textpassagen wird Satzteil um Satzteil geprüft, ob er eine Funktion für die zu codierenden Bedeutungstriaden hat. Es sind drei Funktionen denkbar: eine beschreibende, eine zuordnende und eine interpretierende. Beschreibend ist ein Satzteil, wenn er einen Bestandteil der Traumszene oder evtl. einer Wachszene erwähnt, umschreibt oder ausführt und zu erkennen gibt, dass diesem Bestandteil eine evtl. noch offene Bedeutung zuzusprechen ist. Beschreibende Satzteile werden mit medialen Kategorien codiert; es kommen nur szenische Relationen oder Elemente in Frage (4.3). Wenn vorhanden, wird die Numerierung der codierten szenischen Bestandteile (4.5.2, 4.6.2) übernommen.

Um einen zuordnenden Satzteil handelt es sich, wenn ein Bestandteil aus der Lebenssituation des Träumers herangezogen oder postuliert wird. In Frage kommen das Ich, eine Bezugsperson oder ein Umweltaspekt, resp. eine Beziehung zwischen diesen situativen Elementen sowie ein Lebensbereich (4.2). - Einen interpretierenden Satzteil findet man schliesslich vor, wenn ein Bestandteil einer Motivationsstruktur postuliert wird, von welchem angenommen wird, dass er in einem Bestandteil der Traum- oder Wachszene zum Ausdruck kommt. Zur Codierung zugelassen sind sämtliche motivationalen Kategorien (4.4).

In der letzten Phase werden die codierten Kategorien zu einer triadischen Struktur zusammengefügt. Die Erfahrung zeigt, dass es notwendig ist, Bedeutungstriaden auf jeweils zwei Ebenen aufzubauen: auf jener der Relationen und jener der Elemente. Aufgrund der strukturellen Unbestimmtheit der Traumbildung (4.6.1) muss die Gleichung der lebenssituativen Elemente (Ich und Bezugspersonen des Träumers) mit den szenischen und den motivationalen Elementen im Verlauf der Rezeption und der Interpretation des Traums explizit gesetzt werden. Für jedes zugeordnete lebenssituative Element wird eine gesonderte Gleichung erstellt (bei sog. subjektstufigen Deutungen für jeden Ich-Anteil eine eigene). So kann mühelos abgelesen werden, welcher Repräsentant in der Traumszene und welche Rolle in der Motivation dem Ich und den Bezugspersonen des Träumers innerhalb des vorliegenden Textsegmentes zugesprochen wurde.

Auf der relationalen Ebene der Bedeutungstriade kann nun von den szenischen und motivationalen Elementen abgesehen werden. Alle andern codierten Kategorien werden hier in die triadische Struktur gebracht. In der vollständigen Bedeutungsgleichung werden auf der linken Seite Relationen und (evtl. mehrere) Kontexte der zugeordneten Lebenssituation stehen, während auf der rechten Seite unter dem Längsstrich die für das betreffende Textsegment zentrale motivationale Relation samt ihrer explizierten Kontexte und Spezifikationen und über dem Längsstrich die entsprechenden szenischen Relationen zusammengestellt sind. Häufig treten für eine einzelne motivationale Kategorie mehrere szenische Relationen auf; es empfiehlt sich, ihre Zahl auf drei zu beschränken. Wichtig ist, dass die szenischen Relationen genau über den motivationalen Kategorien notiert werden, als deren Ausdruck sie rezipiert oder interpretiert wurden.

4.8 SELBST-SIGNIFIKATIONEN ALS VERGLEICHSPUNKTE

Die codierten triadischen Bedeutungsstrukturen (Signifikationen) vermitteln aufgrund ihrer Komplexität einen beträchtlichen Informationsgehalt, der eine Fülle von Einzelfragen beantworten lässt. So informieren sie über die wichtigsten Stadien der traumübergreifenden Bedeutungsbildung, über ab-, um- und aufbauende Bedeutungsprozesse, über monadische, dyadische und triadische Bedeutungsrelationen. Sie beantworten die Frage, welches die signifikanten Bestandteile sind, die aus Traum- oder Wachszenen herausgehoben werden, welche Relationen und Kontexte der Lebenssituation in diesen Darstellung finden und welche motivationalen Bewertungen zum Ausdruck kommen. Sie präzisieren, welche emotionale Bewegung in welchem Raum- und Zeitkontext angesiedelt und in welcher Modalität und Konfliktivität erfasst wird.

Will man nun verschiedene Bedeutungsstrukturen miteinander vergleichen, ist es notwendig, ihre Komplexität zu reduzieren resp. den Vergleich auf einzelne Aspekte zu beschränken. Ich schlage vor, dafür die sog. *Selbst-Signifikation* zu verwenden. Darunter wird eine triadische Bedeutungsrelation verstanden, die in der Regel das Ich des Träumers zum Objekt, dessen szenischen Repräsentanten zum Medium und dessen motivationale Rolle zum Interpretanten hat. Die Ausnahme bildet die Selbst-Signifikation, die aus der Bedeutungsstruktur der Traumbildung abgeleitet ist. Aus strukturellen Gründen kann in dieser Phase das Ich des Träumers nicht differenziert werden (4.6.1); in diesen Fällen begnügt man sich mit dem nicht näher bestimmten Inhalt eines lebenssituativen Kontexts als Objekt der Signifikation.

Die Selbst-Signifikationen müssen noch präzisiert werden. Zunächst soll wie bei der Traumbildung der lebenssituative Kontext angegeben werden, der das Ich des Träumers in der spezifischen Konstellation bezeichnet, also z.B.: (i) pa oder (i) ve. Dort wo Ueberlagerungen von Lebensbereichen codiert worden sind, soll für jede einzelne Ich-Konstellation eine eigene Gleichung aufgestellt werden. Eine weitere Präzisierung wird an der motivationalen Rolle vorgenommen; sie wird mit der Spezifikation versehen, die übrigens mehrere Modalitäten, aber höchstens (im konfliktiven Fall) zwei Qualitäten umfassen darf. Bsp.: D+,R+ (ag-→) oder N-,D-/D+ (pt ⇄). Eine letzte Präzisierung braucht es im medialen Bereich; in Klammern neben der Gleichung soll angegeben werden, in welchen szenischen Relationen die fragliche Selbst-Signifikation auftritt. Dabei sollen in erster Linie die fokalen Relationen berücksichtigt werden (d.h. jene, die als Ausdruck der emotionalen Bewegung codiert sind) und in zweiter Linie jene, die eine positive Modalität ausdrücken (also einen Wunsch, eine Wirklichkeit, ein Gebot, eine Möglichkeit). Der Ausdruck negativer Modalitäten wird nur berücksichtigt, wo diese (innerhalb einer subjektstufigen Deutung) mit einem spezifischen Ich-Anteil gekoppelt sind, der dann als Abwehr-Instanz aufgefasst wird.

Wie in jeder Signifikation können auch in der Selbst-Signifikation drei Dyaden unterschieden werden: (a) die Selbst-Repräsentation, die die Zuordnung des Ich des Träumers zu einem szenischen Element meint, (b) die Selbst-Evaluation, die dem Träumer-Ich eine motivationale Rolle zuschreibt, und (c) die Selbst-Expression, die den Ausdruck dieser Rolle in einem bestimmten szenischen Element umfasst (4.1). In gewissen Fällen, etwa wenn erst Information über Lebenssituation und Motivation vorliegt, muss sich die Codierung mit derartigen Dyaden begnügen.

Der Vergleich verschiedener Selbst-Signifikationen ist in der Regel auf eine Auswahl besonders relevanter Triaden angewiesen. Im Falle des Wachprozesses und der Traumbildung mag man sich auf ein quantitatives Kriterium stützen: diejenigen Selbst-Signifikationen, die am häufigsten auftreten, sollen als prävalent ausgewählt werden; Voraussetzung ist, dass die Selbst-Signifikationen in allen drei Komponenten (Medium, Objekt und Interpretant) identisch codiert sind. Im Falle des Rezeptions- und des Interpretationsprozesses soll ein qualitatives Kriterium entscheiden: die Bedeutungsstrukturen, die für den Rezipienten oder Interpreten letztlich gelten, werden als finale ausgewählt; wo mehrere Triaden Gültigkeit beanspruchen können, gehen in den Vergleich die alternativen Selbst-Signifikationen ein.

5. EXPLIKATION DER BEDEUTUNGSBILDUNG AN EINEM TRAUM-BEISPIEL

Im Sommer 1980 habe ich im Bereich der Traumrezeption und der Trauminterpretation eine Reihe von heuristischen Versuchen unternommen. Zu diesem Zweck liess ich einige Versuchspersonen in das Schlaflaboratorium an der Abteilung Klinische Psychologie der Universität Zürich kommen, wo der Schlafverlauf anhand der polygraphischen Daten (EEG, EOG-, EMG-Daten) überprüft und zum geeigneten Zeitpunkt unterbrochen werden konnte. Auf diese Weise kamen einige Serien von Traumberichten zustande, die durchwegs aus REM-Phasen stammen. Einzelne Traumberichte wurden sowohl dem Träumer, als auch Laien und Traumexperten zu einem freien Deutungsversuch vorgelegt.

Im folgenden beschränke ich mich auf einen REM-Traum einer damals rund 30-jährigen Träumerin. Diesen Traum habe ich als Illustrationsbeispiel ausgewählt, weil er sich besonders leicht mit einer Vortagesszene in Bezug setzen lässt, die ich persönlich mitverfolgen konnte. Zu diesem Traum liegen Interpretationsversuche von 4 Traumexperten vor. In Anwendung unserer Codierregeln (4.5.2, 4.6.2, 4.7.2) soll an diesem Beispiel schrittweise gezeigt werden, wie der Prozess der Bedeutungsbildung (1) von der aktuellen Lebenssituation seinen Ausgang nimmt, (2) im Medium der Wachszenen sich vorbereitend konstelliert, (3) im Medium der Traumszenen eine gewisse Desorganisation erfährt, um schliesslich, (4) auf der Stufe der Traumrezeption und der Trauminterpretation, seine komplexe Form zu finden.

5.1 SCHRITT 1: *DIE LEBENSSITUATION DER TRÄUMERIN UND IHRE MOTIVATIONALE BEWERTUNG*

5.1.1 MITTEILUNG

Die Träumerin stand nach ihren Angaben zum damaligen Zeitpunkt in einem allgemeinen Umbruch, der die verschiedensten Lebensbereiche umfasste. Ich fasse hier ihre Aussagen in knapper Form zusammen und ordne sie nach dem Intimitätsgrad der Lebensbereiche (4.2).

- Intimbereich: keine Angaben.
- Partnerschaft: hat sich von ihrem langjährigen Partner getrennt, geniesst die Vorteile des Allein-Lebens, vermisst aber gelegentlich einen neuen Partner.
- Wohnbereich: lebt mit ihrer jüngeren Schwester zusammen, bewundert und beneidet sie um ihre Kontaktfreudigkeit, insbesondere gegenüber Männern, ärgert sich manchmal über den weniger ausgeprägten Ordnungssinn der Schwester.
- Verwandtschaft: stammt aus dem Gastarbeitermilieu, beide Töchter sind sozial aufgestiegen, es besteht kein schlechter Kontakt zu den Eltern, aber es handelt sich um zwei verschiedene Welten.
- Freundschaft: sucht einen neuen Freundeskreis, weil der bisherige vorwiegend konventionelle Auffassungen vertritt.
- Bekanntschaft: hat in der letzten Zeit viele neue Bekannte kennengelernt, die eher alternativ orientiert sind, fühlt sich angeregt und gestützt von diesen, ist begierig auf neue Erfahrungen, rechnet auch den Traumversuch dazu.
- Arbeitsbereich: ist noch im kaufmännischen Sektor tätig, befindet sich aber in Ausbildung als Sozialarbeiterin, ist davon sehr befriedigt.
- Oeffentlichkeit: beschäft sich stark mit der aktuellen Auseinandersetzung um die sich bildende Jugendbewegung und die damit verbundenen Unruhen (Zürcher Jugendunruhen 1980), sympathisiert mit den Jugendlichen, hat aber auch Bedenken.

5.1.2 CODIERUNG

Zunächst werden die Elemente der aktuellen Lebenssituation bestimmt. Anschliessend werden ihre Relationen und Kontexte (monadisch) codiert. Nachdem auf diese Weise die Lebenssituation der Träumerin analysiert ist, kann ihre Verknüpfung mit der aktuellen Motivation (dyadisch) codiert werden. Die Codierung entspricht jener des Wachprozesses, unter Absehung von Wachszenen (4.5.2). Es können deswegen nur Evaluationen codiert werden.

Elemente der Lebenssituation (samt Kontexten)

(i) pa	:	Ich als Single
(i) wo	:	Ich als Wohnpartnerin der Schwester
(i) ve	:	Ich als Tochter
(i) fr	:	Ich als Befreundete
(i) be	:	Ich als Interessierte
(i) ar	:	Ich als Umsteigerin
(i) oe	:	Ich als Zeitgenossin
(p1) pa	:	Ex-Partner
(p2) pa	:	möglicher neuer Partner
(p3) wo	:	Schwester
(p4) wo	:	Freunde der Schwester
(p5) ve	:	Eltern
(p6) be	:	bisherige Bekannte
(p7) be	:	neue Bekannte
(p8) oe	:	Gegner der öffentlichen Ordnung
(p9) oe	:	Vertreter der öffentlichen Ordnung
(u1) wo	:	Wohnung
(u2) ve	:	Welt der Eltern
(u3) fr	:	Welt der bisherigen Freunde
(u4) be	:	Welt der neuen Bekannten
(u5) ar	:	bisherige Arbeitswelt
(u6) ar	:	neue Arbeitswelt
(u7) oe	:	öffentliche Ordnung

Relationen der Lebenssituation (samt Elementen und Kontexten)

(i-p1-p2) pa	:	keine feste Beziehung haben
(i-p3-p4-u1) wo	:	zusammenleben
(i-p5-u2) ve	:	entstammen
(i-u3) fr	:	sich distanzieren
(i-p6-p7-u4) be	:	kennenlernen
(i-u5-u6) ar	:	umsteigen
(i-p8-p9-u7) oe	:	sich auseinandersetzen

Evaluation der Lebenssituation durch die Motivation

(i-p1-p2) pa	(=)	R+	($\overleftarrow{+}$, ag-pt-cs) rzi	:	sich trennen
		D -	($\overleftarrow{-}$, pt-cs-ag) rzi	:	vermissen
(i-p3-p4-u1) wo	(=)	R+	($\overrightarrow{+}$, cs-ag-pt-cs) rzi	:	bewundern
		D -	($\overrightarrow{-}$, ag-pt-cs-md) rzi	:	sich ärgern
(i-p5-u2) ve	(=)	R+	($\overleftarrow{+}$, ag-pt-cs) rzi	:	entwachsen sein

(i-u3) fr	(=)	D+	($\overset{\pm}{\leftarrow}$, ag-pt) rzi	:	sich distanzieren
(i-p6-p7-u4) be	(=)	D+	($\overset{\pm}{\rightarrow}$, ag-cs-pt-md) rzi	:	begierig sein
(i-u5-u6) ar	(=)	D+	($\overset{\pm}{\rightarrow}$, ag-cs-pt) rzi		befriedigt sein
(i-p8-p9-u7) oe	(=)	N-	($\overset{\rightarrow}{\Rightarrow}$, cs-ag-md-pt) rzi	:	bekämpfen
		D+	($\overset{\pm}{\leftarrow}$, cs-ag-md-pt) rzi	:	autonom sein

Konfliktive Selbst-Evaluationen

(i) pa   (=)   R+ (ag $\overset{\pm}{\leftarrow}$)
                    D- (pt $\overset{}{\leftarrow}$)

(i) wo   (=)   R+ (cs $\overset{\pm}{\rightarrow}$)
                    D+ (ag $\overset{}{\rightarrow}$)

(i) oe   (=)   N- (cs $\overset{}{\Rightarrow}$)
                    D+ (cs $\overset{\pm}{\leftarrow}$)

5.1.3 KOMMENTAR

Ueber die aktuelle Lebenssituation der Träumerin, das einheitliche Objekt des gesamten Bedeutungsprozesses, erfahren wir schon recht viel. Zu 7 von 8 Lebensbereichen liegen Angaben der Träumerin vor; die einzige Ausnahme bildet der Intimbereich. Somit konnten 7 zwei- oder mehrstellige Relationen codiert werden, die die relevanten Bezüge der Träumerin beschreiben. Bei den Bereichen Partnerschaft, Wohnen, Verwandschaft, Bekanntschaft und Oeffentlichkeit handelt es sich um interpersonale Bezüge; bei den Bereichen Freundschaft und Arbeit wissen wir nur von Ich-Umwelt-Bezügen.

Spezifischere Information entnehmen wir der dyadischen Codierung, die festhält, welchen motivationalen Wert die Relationen der Lebenssituation für die Träumerin annehmen. Bei Auszählung der Bewegungskategorien ergibt sich eine klare Rangreihe unter den 10 codierten Motivationen: 4 mal tritt eine positive Abwendung auf (Bereiche Partnerschaft, Verwandschaft, Freundschaft, Oeffentlichkeit), 3 mal eine positive Zuwendung (Bereiche Wohnen, Bekanntschaft, Arbeit), 2 mal eine negative Zuwendung (Bereiche Wohnen und Oeffentlichkeit) und 1 mal eine negative Abwendung (Bereich Partnerschaft). Die vorherrschenden Themen der Träumerin sind demnach Befreiung, Loslösung, Autonomie auf der einen Seite und Anerkennung, Liebe, Interesse auf der andern Seite.

Im weiteren Verlauf beschränke ich mich auf jene Lebensbereiche, denen die Träumerin eine widersprüchliche Bewertung zuspricht: die Bereiche Partnerschaft, Wohnen und Oeffentlichkeit. Hier sind die bewussten aktuellen Konflikte anzusiedeln. Der Konflikt im Bereich Partnerschaft besteht darin, dass die Träumerin die Situation des Single-Seins primär als Befreit-Sein (positive Abwendung), sekundär aber auch als Einsam-Sein (negative Abwendung) empfindet. Die weitere Analyse ergibt, dass im partnerschaftsbezogenen Konflikt neben den unterschiedlichen emotionalen Bewegungen auch die Weisen der Beteiligung (Agens vs. Patiens) und der Erfassung (reale Erfahrung vs. Befürchtung) kollidididieren.

Die zweite Konfliktzone liegt im Wohnbereich, genauer in der Beziehung zur Schwester und deren Bekannten. Das Zusammenleben mit der Schwester ruft bei der Träumerin teils Bewunderung (positive Zuwendung), teils Aerger (negative Zuwendung) hervor. Wiederum kollidieren zusätzlich Kategorien der Beteiligung (Circumstans vs. Agens) und der Erfassung (Erfahrung vs. Wunsch).

Der dritte Konfliktbereich ist in der Oeffentlichkeit anzusiedeln, konkret in der aktuellen Auseinandersetzung um die Jugendunruhen. Hinsichtlich der emotionalen Beteiligung findet sich die Träumerin zwar beide male in der Rolle des Circumstans, also des Beobachters. In der Bewertung des Geschehens schwankt sie aber zwischen einer Autonomie-Interpretation (positive Abwendung; erwünscht) und einer Aggressions-Interpretation (negative Zuwendung; verboten).

5.2 SCHRITT 2: *EINE WACHSZENENBILDUNG AM VORTAG*

5.2.1 BESCHREIBUNG

Die folgende Wachszene spielte sich am späten Nachmittag des 12. Juli 1980 in der Nähe des Hauptbahnhofs Zürich ab. Die Träumerin hatte bereits die erste Versuchsnacht im Schlaflabor hinter sich und war nun mit dem Versuchsleiter verabredet, um eine erste Auswertung ihrer Erfahrungen vorzunehmen und anschliessend das Schlaflabor zu einer weiteren Versuchsnacht aufzusuchen.

An unserem Treffpunkt wurden wir von einem starken Polizeiaufgebot und einer hektischen Stimmung überrascht. Seit Wochen befand sich Zürich in den Schlagzeilen der Weltpresse, weil in Teilen der Bevölkerung eine stürmische Bewegung aufgekommen war, die als Jugendunruhen bezeichnet wurde. Eine der Hauptforderungen der Leute, die auf die Strasse gingen, war die Schaffung eines Autonomen Jugendzentrums. Von den Jugendlichen war dazu ein Gebäude ausersehen, das sich in der Nähe des Hauptbahnhofs befand. Offenbar war zum Zeitpunkt unserer Verabredung eine weitere, unbewilligte Demonstration angekündigt.

Im folgenden fasse ich stichwortartig den Verlauf der anschliessenden Ereignisse zusammen:

- Polizei ist präsent in Kampfausrüstung
- Träumerin entwickelt Neugier und Interesse
- wir nähern uns dem umstrittenen Gebäude
- Jugendliche sind in kleinen Gruppen versammelt
- Polizei wartet ab
- wir treffen zwei alte Damen, die das Geschehen ebenfalls mit eigenen Augen verfolgen wollen
- eine Dame erzählt, wie ihr Vater in derselben Gegend vor 60 Jahren während des Generalstreiks von Soldaten zusammengeschlagen worden sei
- Träumerin versucht, den Damen die Motive der heutigen Demonstranten verständlich zu machen
- Jugendliche beteiligen sich an unserem Gespräch
- Unruhe entsteht
- Polizei fährt mit Wasserwerfer vor
- Jugendliche bauen Barrikaden auf
- Träumerin bekommt Angst
- Polizei greift Barrikaden mit Wasserwerfer an
- wir ziehen uns in Hinterhof zurück
- Polizei setzt Tränengas ein
- panikartige Flucht setzt ein
- starkes Solidaritätsgefühl entsteht

5.2.2 CODIERUNG

In einem ersten Schritt werden die Elemente und Relationen der Vortagesszene monadisch codiert. Anschliessend werden die signifikanten Stellen bestimmt. Für diese können dann die Dyaden Lebenssituation-Wachszene und die Triaden Lebenssituation-Motivation-Wachszene codiert werden (4.5.2).

Elemente der Vortagesszene

wi   :   Wach-Ich

wp1	:	Versuchsleiter
wp2	:	Jugendliche
wp3	:	Polizei
wp4	:	alte Damen

wd1	:	Barrikaden
wd2	:	Wasserwerfer
wd3	:	Tränengaspistolen

wu1	:	Umgebung des umstrittenen Gebäudes
wu2	:	Hinterhof

Relationen der Vortagesszene (samt Elementen)

(P1.1, wi-wp1-wp3-wu1)	:	präsent sein
(E1.1, wi-wp1-wp2-wp3-wu1)	:	neugierig sein
(A1.1, wi-wp1-wu1)	:	sich nähern
(P1.2, wi-wp1-wp2-wp3-wu1)	:	versammelt sein
(A1.2, wi-wp1-wp2-wp3-wu1)	:	abwarten
(A1.3, wi-wp1-wp4-wu1)	:	treffen
(A1.4, wi-wp1-wp4-wu1)	:	erzählen
(A1.5, wi-wp1-wp2-wp3-wp4)	:	verständlich machen
(A1.6, wi-wp1-wp2-wp3-wp4)	:	sich beteiligen
(A1.7, wu1)	:	unruhig werden
(A1.8, wi-wp1-wp2-wp3-wd2)	:	vorfahren
(A1.9, wi-wp1,wp2-wp3-wd1)	:	sich verbarrikadieren
(E1.2, wi-wp1-wp2-wp3-wu1)	:	Angst bekommen
(A1.10, wi-wp1-wp2-wp3-wd1-wd2)	:	angreifen
(A1.11, wi-wp1-wp2-wp3-wu2)	:	sich zurückziehen
(A1.12, wi-wp1-wp2-wp3-wd3)	:	Tränengas einsetzen
(A1.13, wi-wp1-wp2-wp3-wu1-wu2)	:	flüchten
(E1.3, wi-wp1-wp2-wp3)	:	sich solidarisch fühlen

Signifikante Relationen der Vortagesszene

engagiert	A1.5	:	verständlich machen
hastig	A1.9	:	sich verbarrikadieren
intensiv	E1.2	:	Angst bekommen
heftig	A1.10	:	angreifen
heftig	A1.12	:	Tränengas einsetzen
panikartig	A1.13	:	flüchten
stark	E1.3	:	sich solidarisch fühlen

Repräsentation der Lebenssituation in der Vortagesszene

(i-p7-p8-p9-u2)	be,oe,ve	(=)	(A1.5, wi-wp1-wp2-wp3-wp4)
(i-p7-p8-p9-u7)	be,oe	(=)	(A1.9, wi-wp1-wp2-wp3-wd1)
(i-p7-p8-p9-u7)	be,oe	(=)	(E1.2, wi-wp1-wp2-wp3-wu1)
(i-p7-p8-p9-u7-u7)	be,oe	(=)	(A1.10, wi-wp1-wp2-wp3-wd1-wd2)
(i-p7-p8-p9-u7)	be,oe	(=)	(A1.12, wi-wp1-wp2-wp3-wd3)
(i-p7-p8-p9-u7-u1)	be,oe,wo	(=)	(A1.13, wi-wp1-wp2-wp3-wu1-wu2)
(i-p7-p8-p9)	be,oe	(=)	(E1.3, wi-wp1-wp2-wp3)

Signifikation von Lebenssituation und Motivation in der Vortagesszene

(i-p7-p8-p9-u2) be,oe,ve $=$
$$\frac{\text{(A1.5, wi-wp1-wp2-wp3-wp4)}}{\text{D+ } (\overset{+}{\to}, \text{ ag-cs-pt-cs-md}) \text{ rzi}}$$

(i-p7-p8-p9-u7) be,oe $=$
$$\frac{\text{(A1.9, wi-wp1-wp2-wp3-wd1)}}{\begin{array}{l}\text{D+ } (\overset{-}{\to}, \text{ cs-cs-ag-pt-md}) \text{ rze}\\ \text{D+ } (\overset{+}{\leftarrow}, \text{ cs-cs-ag-pt-md}) \text{ rze}\end{array}}$$

(i-p7-p8-p9-u7) be,oe $=$
$$\frac{\text{(E1.2, wi-wp1-wp2-wp3-wu1)}}{\begin{array}{l}\text{D- } (\overset{-}{\to}, \text{ pt-cs-md-ag-cs}) \text{ rze}\\ \text{N+ } (\overset{-}{\leftarrow}, \text{ ag-cs-cs-pt-cs}) \text{ rze}\end{array}}$$

(i-p7-p8-p9-u7-u7) be,oe $=$
$$\frac{\text{(A1.10, wi-wp1-wp2-wp3-wd1-wd2)}}{\text{R+ } (\overset{-}{\to}, \text{ cs-cs-pt-ag-md-md}) \text{ rze}}$$

(i-p7-p8-p9-u7) be,oe $=$
$$\frac{\text{(A1.12, wi-wp1-wp2-wp3-wd3)}}{\begin{array}{l}\text{R+ } (\overset{-}{\to}, \text{ pt-pt-pt-ag-md}) \text{ rze}\\ \text{N+ } (\overset{-}{\leftarrow}, \text{ ag-ag-ag-pt-md}) \text{ rze}\end{array}}$$

(i-p7-p8-p9-u7-u1) be,oe,wo $=$
$$\frac{\text{(A1.13, wi-wp1-wp2-wp3-wu1-wu2)}}{\text{R+ } (\overset{-}{\leftarrow}, \text{ ag-ag-ag-pt-cs-cs}) \text{ rze}}$$

(i-p7-p8-p9) be,oe $=$
$$\frac{\text{(E1.3, wi-wp1-wp2-wp3)}}{\begin{array}{l}\text{R+ } (\overset{+}{\to}, \text{ ag-ag-pt-md}) \text{ rzi}\\ \text{D+ } (\overset{-}{\to}, \text{ ag-ag-ag-pt}) \text{ rzi}\end{array}}$$

Prävalente Selbst-Signifikationen in der Vortagesszene

(i) be $= \dfrac{\text{wi}}{\text{N+,R+ (ag}\leftarrow)}$ (in: E1.2, A1.12, A1.13)

(i) oe $= \dfrac{\text{wi}}{\text{N+,R+ (ag}\leftarrow)}$ (in: E1.2, A1.12, A1.13)

5.2.3 KOMMENTAR

Nachdem bei der Codierung von Lebenssituation und Motivation (5.1.2) konfliktive Auslö-sebedingungen des Bedeutungsprozesses bestimmt wurden, finden sich mit dem Dazu-treten der medialen Komponente erstmals Bedeutungsstrukturen. Es ist aufschlussreich zu verfolgen, wie sich das Ich der Lebenssituation im Medium dieser Wachszene konstelliert und motivational interpretiert. Durch den aussergewöhnlichen Umstand, dass Träumerin und Versuchsleiter in einen Zusammenstoss zwischen Jugendlichen und der Polizei gerie-ten, ist es nun ein leichtes, die vorgängige Stellungnahme der Träumerin mit ihrem Enga-gement in der Demonstrationsszene zu vergleichen.

Die vorgängige Stellungnahme ist die einer Beobachterin, die Sympathien für autonome Tendenzen und Bedenken gegenüber aggressiven Tendenzen zeigt. In Beschränkung auf die signifikanten Relationen der Wachszene fällt auf, dass die Träumerin als Wach-Ich in ei-ner ersten Phase sich gegenüber Vertretern der Eltern- oder gar Grosselterngeneration für die Anliegen der Jugendlichen einsetzt, was als aktive Annäherung und Sympathiebekun-dung für die Jugendlichen interpretiert werden muss. In einer zweiten Phase ist das Wach-Ich mehrheitlich in die Rolle des Circumstans versetzt, aus der es die Eskalation der Hand-lungen von Polizei und Jugendlichen beobachtet und vorwiegend als Aggression deutet.

Schon in der zweiten Phase hat sich eine Fluchttendenz des Wach-Ich angekündigt. Diese bricht in der dritten Phase, nachdem die Polizei Tränengas eingesetzt hat, ungehindert durch und ergreift ebenso den Versuchsleiter und die demonstrierenden Jugendlichen. In der Schlussphase schlägt die emotionale Bewegung, im interpersonalen und nicht mehr extrapersonalen Kontext, in positive Zuwendung gegenüber den Jugendlichen und nega-tive Zuwendung gegenüber der Polizei um. Das Betroffensein in der Rolle des Patiens treibt das Wach-Ich gewissermassen in die aktive Beteiligung der dritten und vierten Phase.

Ein Blick auf die codierten Lebensbereiche zeigt, dass vor allem jene der Bekanntschaft und der Oeffentlichkeit repräsentiert und signifiziert sind. Inwiefern der öffentliche Bereich einbezogen ist, dürfte evident sein. Der Bereich der Bekanntschaft ist einbezogen, weil das Wach-Ich im Kontakt mit den Jugendlichen nicht nur diesen selbst, sondern auch Vertre-tern einer alternativen Welt begegnet, die die Träumerin nach ihren Angaben sucht und er-fahren möchte. Je einmal sind auch die Bereiche der Verwandtschaft (alte Damen) und des Wohnens (Hinterhof) vertreten.

Für weitere Vergleiche beschränke ich mich auf jene Selbst-Signifikationen, die in der vor-liegenden Wachszene am häufigsten aufgetreten sind. Sie unterscheiden sich bloss in der Objektkomponente. Sowohl das Ich als Interessierte (Bekanntschaft) als auch das Ich als Zeitgenossin (Oeffentlichkeit) sind im Wach-Ich repräsentiert und als Agens einer Flucht-bewegung evaluiert, die sowohl real als auch geboten ist.

Damit hat eine gewisse Veränderung gegenüber den konfliktiven Selbst-Evaluationen im Schritt 1 (5.1.2) stattgefunden. Mit dem Ich als Zeitgenossin ist zwar einer der Konflikt-bereiche in der Wachszene involviert, die motivationale Bewertung hat sich durch das er-lebte Geschehen aber verschoben. Während vorher verbotene Aggression und er-wünschte Autonomie beobachtet wurde, handelt jetzt das Wach-Ich aktiv und real, um sich in Sicherheit zu bringen. In diesem Moment hat sich der Konflikt auf eine eindeutige Motivation reduziert.

5.3 SCHRITT 3: *DIE WACHSZENENBILDUNG IM SCHLAFLABOR*

5.3.1 BESCHREIBUNG

Im Anschluss an die berichteten turbulenten Ereignisse sprachen die Träumerin und der Versuchsleiter, statt wie geplant über ein früheres Traumerlebnis, über das viel aktuellere

Erlebnis aus der wachen Wirklichkeit. Die Träumerin konnte zwar die provozierenden Elemente im Verhalten der jugendlichen Demonstranten nicht gänzlich billigen, über den massiven Einsatz der polizeilichen Gewalt hingegen war sie geradezu empört.

Am späteren Abend dieses Tages, des 12. Juli 1980, trafen wir zur zweiten Versuchsnacht im Schlaflabor ein. Dieses befindet sich im Untergeschoss des Psychologischen Institutes, einer solide gebauten Villa aus der Jahrhundertwende, mitten am ehemals herrschaftlichen Zürichberg. So bekundete auch der äussere Szeneriewechsel, dass wir uns einem neuen Erfahrungsbereich zuwandten.

Im Schlaflabor war neben der Träumerin und dem Versuchsleiter die Laborantin anwesend, eine Frau mittleren Alters, deren Aufgabe darin bestand, bei der Vorbereitung und Durchführung der Versuche behilflich zu sein. Dieser Frau erzählten wir natürlich von der Demonstration, die wir miterlebt hatten. Es schien, dass die Haltung der Träumerin bei der Laborantin auf eine gewisse Reserve stiess.

Im folgenden gebe ich wiederum stichwortartig den Verlauf der Szene im Schlaflabor wieder. Ich beziehe bewusst die Zeit während und nach dem Träumen ein, in der Annahme, dass für die Traumbildung momentane Ereignisse ebenso relevant sein können wie markante Ereignisse aus der rezenten oder infantilen Vergangenheit. Die Momentanszene verlief auf übliche Weise, wenn man vom Gesprächsthema und dem ängstlichen Erwachen absieht.

- Träumerin und Versuchsleiter kommen ins Schlaflabor, wo sich auch Laborantin befindet
- Träumerin zieht sich um im Schlafraum
- Versuchsleiter und Laborantin befestigen Elektroden am Kopf der Träumerin
- Gespräch über Erlebnis an Demonstration
- Versuchsleiter führt Träumerin in Schlafraum
- Versuchsleiter schliesst Elektroden an Polygraph an
- Versuchsleiter verabschiedet sich von Träumerin
- Versuchsleiter und Laborantin beobachten im Nebenraum die polygraphischen Aufzeichnungen
- Träumerin löscht das Licht im Schlafraum
- Träumerin schläft ein
- Träumerin erwacht spontan
- Träumerin ängstigt sich
- Versuchsleiter kommt und fragt nach Traum
- Träumerin erzählt Traum

5.3.2 CODIERUNG

Analog zur Codierung der Vortagesszene werden die Elemente und Relationen der Momentanszene codiert, die signifikanten Relationen ausgewählt, worauf die repräsentativen Dyaden und die signifikativen Triaden bestimmt werden können (4.5.2).

Elemente der Momentanszene

wi : Wach-Ich

wp1 : Versuchsleiter
wp2 : Jugendliche
wp3 : Polizei
wp5 : Laborantin

wd4 : Elektroden
wd5 : Polygraph

wu3	:	Schlaflabor
wu4	:	Schlafraum
wu5	:	Nebenraum

Relationen der Momentanszene (samt Elementen)

(A2.1,	wi-wp1-wp5-wu3)	:	kommen
(A2.2,	wi-wu4)	:	sich umziehen
(A2.3,	wi-wp1-wp5-wd4-wu3)	:	befestigen
(A2.4,	wi-wp1-wp2-wp3-wp5)	:	sprechen
(A2.5,	wi-wp1-wu4)	:	führen
(A2.6,	wi-wp1-wd4-wd5)	:	anschliessen
(A2.7,	wi-wp1-wu4)	:	sich verabschieden
(A2.8,	wi-wp1-wp5-wd4-wd5-wu5)	:	beobachten
(A2.9,	wi-wu4)	:	löschen
(A2.10,	wi-wu4)	:	einschlafen
(A2.11,	wi-wu4)	:	erwachen
(E2.1,	wi-wu4)	:	sich ängstigen
(A2.12,	wi-wp1-wu4)	:	kommen
(A2.13,	wi-wp1)	:	Traum erzählen

Signifikante Relationen der Momentanszene

engagiert	A2.4	:	sprechen
intim	A2.5	:	führen
intensiv	E2.1	:	sich ängstigen
erregt	A2.13	:	Traum erzählen

Repräsentation der Lebenssituation in der Momentanszene

(i-p7-p8-p9-p7) be,oe	(=)	(A2.4, wi-wp1-wp2-wp3-wp5)
(i-p2-u1) pa,wo	(=)	(A2.5, wi-wp1-wu4)
(i-u1) wo	(=)	(E2.1, wi-wu4)
(i-p7) be	(=)	(A2.13, wi-wp1)

Signifikation von Lebenssituation und Motivation in der Momentanszene

$$(i\text{-}p7\text{-}p8\text{-}p9\text{-}p7)\ be,oe \quad = \quad \frac{(A2.4,\ wi\text{-}wp1\text{-}wp2\text{-}wp3\text{-}wp5)}{\begin{array}{l} D+\ (\overset{+}{\underset{-}{\rightarrow}},\ ag\text{-}md\text{-}pt\text{-}cs\text{-}md)\ rzi \\ R+\ (\overset{-}{\rightarrow},\ cs\text{-}cs\text{-}pt\text{-}ag\text{-}cs)\ rze \end{array}}$$

$$(i\text{-}p2\text{-}u1)\ pa,wo \quad = \quad \frac{(A2.5,\ wi\text{-}wp1\text{-}wu4)}{P+\ (\overset{+}{\underset{-}{\rightarrow}},\ pt\text{-}ag\text{-}cs)\ rzi}$$

$$(\text{i-u1}) \ \text{wo} \quad = \quad \frac{(\text{E2.1, wi-wu4})}{\text{D} - (\overset{\leftarrow}{\cdot}, \text{pt-cs}) \ \text{rzi}}$$

$$(\text{i-p7}) \ \text{be} \quad = \quad \frac{(\text{A2.13, wi-wp1})}{\begin{array}{l} \text{R}+ (\overset{+}{\rightarrow}, \text{ag-pt}) \ \text{rzi} \\ \text{P}+ (\overset{.}{\rightarrow}, \text{pt-ag}) \ \text{rzi} \end{array}}$$

<u>Prävalente Selbst-Signifikation in der Momentanszene</u>

$$(\text{i}) \ \text{be} = \frac{\text{wi}}{\text{D}+,\text{R}+ \ (\text{ag} \overset{+}{\rightarrow})} \qquad (\text{in: A2.4, A2.13})$$

5.3.3 KOMMENTAR

In der Wachszene, die das Träumen einbettet, findet sich eine zweite Serie von Bedeu-tungsstrukturen oder Signifikationen. Auf der Objektseite involvieren sie 4 Lebensbereiche, jene der Partnerschaft, des Wohnens, der Bekanntschaft und der Oeffentlichkeit, wobei das Wohnen und die Bekanntschaft doppelt vertreten sind. Beide Bereiche erstrecken sich über die gesamte Wachszene, fasste doch die Träumerin den gesamten Traumversuch als neue, alternative Erfahrungsmöglichkeit (Bekanntschaft) auf und haben doch die Aktivitäten des Zubettgehens unverkennbar mit Wohnen zu tun. Eine weiterführende Codierung würde dem gesamten Traumversuch noch eine paradox anmutende aber reale Verschränkung mit dem intimen (Intimität des Träumens) und dem öffentlichen (Oeffentlichkeit des Regi-strierens) Lebensbereich zuerkennen.

Der Einfachheit halber habe ich auf diese weiterführende Codierung verzichtet. Wir werden ihr aber bei einzelnen Trauminterpretationen von Experten begegnen. Die einmalige Codie-rung des öffentlichen Bereichs bezieht sich nicht auf die erwähnte Einschätzbarkeit des Traumversuchs, sondern auf die Tatsache, dass wir im Schlaflabor über die erlebte Aus-einandersetzung zwischen Jugendlichen und der Polizei gesprochen haben. Die Codierung des partnerschaftlichen Bereichs schliesslich ist darauf zurückzuführen, dass es dem Ver-suchsleiter schien, dass zumindest im Moment des Hineinführens in den Schlafraum sach-liche und erotische Interessen interferierten. Mehr als ein Traum aus der Versuchsserie mit dieser Träumerin spricht diesbezüglich eine deutliche Sprache.

Mit Ausnahme der Aengstigung beim Erwachen wendet sich das Wach-Ich den Bezugs-elementen zu, dreimal in positiver und zweimal in negativer Form. Die Ausnahme steht in engem Zusammenhang mit der Traumszene, dem Erleben des Traum-Ichs. Während sich das Wach-Ich an den Bewegungen der negativen Zuwendung als Circumstans (Gespräch über Aggression der Polizei) und als Patiens (Traumbericht als mögliche Auslieferung an den Versuchsleiter) beteiligt, nimmt sie an der positiven Zuwendung vorwiegend aktiv teil. Diesem Befund entspricht jene Selbst-Signifikation, die häufiger als die andern, allerdings nur zweimal, auftritt: das Ich als Interessierte (Bekanntschaft) ist im Wach-Ich (Versuchs-person) repräsentiert und als Agens einer Sympathie- und Vertrauensbewegung (Sprechen über Jugendliche, Erzählen des Traums) evaluiert, die sowohl real als auch erwünscht gilt.

Damit steht diese Selbst-Signifikation in direktem Bezug zu einer der vorherrschenden Selbst-Signifikationen in der Vortagesszene. Dort stellte sich auch das Ich als Interessierte im Wach-Ich dar. Motivational war es aber in eine Fluchtbewegung gebunden. Die Sym-pathiebewegung in der vorliegenden Momentanszene mag als Ergänzung gedacht wer–

den; jedenfalls deckt sie sich mit der abschliessenden Signifikation in der Vortagesszene, dem Solidaritätsgefühl.

Im Unterschied zur Vortagesszene zeigt der Vergleich mit den konfliktiven Bereichen der Lebenssituation keine Uebereinstimmung. Der Bereich der Bekanntschaft ist dort nicht aufgeführt; unter den evaluierenden Motivationen findet sich zwar einmal eine positive Zuwendung, aber nicht in der Agens-Beteiligung. Kurz gesagt hat die Wachszene mit der Auseinandersetzung zwischen Jugendlichen und der Polizei eine teilweise signifikante Uebereinstimmung mit einem aktuellen Konflikt der Träumerin erbracht, während die Wachszene im Schlaflabor einen durchaus neuen Akzent setzt. Es fragt sich nun, welche der vorgegebenen situativen und motivationalen Bedeutungskomponenten sich in der Traumszene durchsetzen werden.

5.4 SCHRITT 4: *DIE TRAUMBILDUNG*

5.4.1 TRAUMBERICHT

Nach einem unauffälligen Verlauf einer ersten Schlafperiode erwachte die Träumerin spontan aus der 2. REM-Phase (12./13.7.80, 2. Versuchsnacht). Wie bereits gesagt, erwartete sie den Versuchsleiter in ängstlicher Erregung. Das standardisierte Vorgehen des Versuchsleiters bestand jeweils darin, die Versuchsperson zu wecken, indem sie beim Namen angesprochen resp. angerufen wurde, evtl. verbunden mit einem Berühren der Schulter; darauf folgte jeweils die Frage: "Bist du wach?"; wenn die Versuchsperson zu erkennen gab, dass sie wach war, forderte sie der Versuchsleiter zur Traummitteilung auf, indem er die Frage stellte: "Kannst du mir sagen, was du geträumt hast?" Es war von Anfang an abgesprochen, dass mit dieser Formulierung alle inneren Phänomene während des Schlafens gemeint waren, also auch Gedanken, Bilder, flüchtige Eindrücke.

In unserem Fall begann die Träumerin gleich zu sprechen; sie musste weder geweckt noch zur Mitteilung aufgefordert werden. Aufgrund des unmittelbaren Beginns fehlen die allerersten Worte des Traumberichtes auf der Tonbandaufnahme. Der Sinn ist jedoch deutlich: die Träumerin spricht von der Demonstration, also dem gemeinsamen Erlebnis des Vorabends. Beim folgenden Text handelt es sich um eine lautgetreue Transkription der Tonbandaufnahme. Voneinander abweichende Schreibweisen sind auf Dialektunterschiede zurückzuführen. Auffällige paraverbale und nonverbale Signale sind in Klammern wiedergegeben. Kürzere Sprechpausen bis zu 10 sec. sind nicht speziell gekennzeichnet, sondern mittels der Interpunktion erfasst (die Sprechweise ist generell langsam). Sprechpausen von über 10 sec. Dauer sind durch einen Gedankenstrich und einen Klammerausdruck notiert.

T = Träumerin, V = Versuchsleiter

T(1)	:	*...Demonschtration.*
V	:	*Jo?*
T(2)	:	*Und denn, ufeme Dach obe, ufeme Husdach obe,*
V	:	*Bisch du gsi?*
T(3)	:	*Jo, mhm. Aber ich han müese, e son, e sone läschtigs Chind loswerde.*
V	:	*Jo?*
T(4)	:	*Isch kain guet, so, ich han jetzt, en ganz en Alptraum isch jetz das gsi.*
V	:	*Jo, do bisch jetz au vewached vom elei.*
T(5)	:	*Mhm. Ich han au genau gmerkt, dass söttisch cho, dass ich öppis träumt han.*
V	:	*Mhm.*
T(6)	:	*Do bisch nöd cho, und do hani au eso Angscht übercho, wil's eso dunkel gsi isch.*
V	:	*Ahm, hesch du di gfroged, ob mer öberhaupt no do sind, oder?*
T(7)	:	*Mhm. Jo, uf all Fäll isch es also, e, e höchs Hus gsi, e höchs, aber so die Hüser wo mer gse hend geschter z'Obig.*

V	:	Mhm.
T(8)	:	Und ich, ich bin dobe gschtande, und da 'sone läschtigs Chind gsi, e sone läschtigs Chind also (eindringlich).
V	:	Jo.
T(9)	:	Und dune sind d'Eltere gsi vo dem Chind, aber das sind, das Chind het söle abe. Das hed so ganz e langi Schtäge gha wo a dem Hus glened isch. Und denn, hed das Chind immer, abe (T stöhnt), abebrünzled, die Schtäge abe, an Bode abe, und hed sich schaurig gwert uf die Art. Und ich het denn nu müese dere Schtäge en Schupf ge, aso dere Leitere en Schupf ge, und denn wär das ganz eso, denn wär das ganz wit und tüf wär denn das eso ghait, eso. Vor dem Fall han ich irgendwie so Angscht gha.
V	:	Aso s'Chind wär denn abekait?
T(10)	:	Mhm. Aber das het dem nüd gmacht, das wär dune gsi und das het überhaupt em Chind überhaupt nüd gmacht.
V	:	Hesch das gwüsst?
T(11)	:	Mhm, und drum hani de Leitere nie en Schupf ge, wil ich gwüsst han, dass dune glich nüd besser isch.
V	:	Mhm.
T(12)	:	Und d'Eltere sind dune gschtande und hend denn, überhaupt nüd degliche, hend denn gsait, hend das lächerlich gfunde, wie jetz das Chline do obe abe, pinkled (T stöhnt). Das hed sich halt ganz furchtbar gwert mit dem. Das isch de letzscht Usweg gsi für's, us Protescht eso.
V	:	Gege was denn? Gege s'Abe,
T(13)	:	Gege s'Abegschupft, dass es mües die Leitere durab denn eso.
V	:	Ahm. Und du hesch d'Ufgob gha, das irgendwie zum abego bringe?
T(14)	:	Ich bin eifach uf dem Dach obe gsi. Und vorene bin ich eso gflüchtet, dauernd, und grennt und, jo s'isch jetz jo scho e chli en, en Traum gsi won ich Angscht gha han.
V	:	Jo.
T(15)	:	Und au am Schluss au, das Gfühl, wenn ich die Leitere, wenn ich en Schupf gib denn, das Gfühl vom Falle eso. Mm! (betroffen). - (über 10 sec. Pause). Jo, das isch, isch denn alles.
V	:	Vor was hesch du denn Angscht gha, aso dass s'Chind chönnti abschtürze? Isch das,
T(16)	:	Es isch eso, nai! (unwillig) es isch e sone ekligs Chind gsi, ganz en ekelhafts! Ganz e blöds Chind.
V	:	Jo (belustigt). Aber du hesch vorher,
T(17)	:	Isch mer eso läschtig gsi, eso wä! (angewidert). Es hed mich so, (T stöhnt).
V	:	Aber vonere Angscht hesch du gredt, dass du, wo du gha hesch.
T(18)	:	Jo nu Angscht vor dem, also ich han eifach gse, dass wenn ich, wenn ich die Leitere aschtosse, dass denn, dass sie denn eso, dass nöd-gnueg-schwer-werde-vo-allem, dass es dem Chind am Schluss nüd wür mache, dass es glich nüd nütze.
V	:	Aha, jo.
T(19)	:	Eso e richtigs Biischt gsi.
V	:	Das wär de Traum?
T(20)	:	Mhm.
V	:	Guet.

5.4.2 TRAUMERZÄHLUNG

Im Rahmen der damaligen Versuchsreihe bat ich auch diese Träumerin, sich mit ihrem Traum auseinanderzusetzen, indem ich ihr ein recht aufwendiges Verfahren zur Textverarbeitung vorgab. Dazu gehörte als erster Schritt das schriftliche Verfassen einer Traumerzählung; aus der zeitlichen und evtl. emotionalen Distanz heraus sollte das Traumerlebnis erneut mitgeteilt werden, wobei zu erwarten war, dass der Grad der rationalen Strukturierung diesmal höher war. Da es mir nicht um eine Gedächtnisleistung ging, liess ich die Versuchsperon ihren eigenen Traumbericht anhören und anschliessend die Traumerzählung verfassen. Diese Aufgabe hat die Träumerin 10 Tage nach dem Traumerlebnis, am 23. Juli 1980, erfüllt.

"(1) Ich befinde mich auf einer Dachzinne, hoch oben, mit einem garstigen kleinen Mädchen. (2) Die Kleine regt mich masslos auf. (3) Ich bin nicht imstande, sie zu fassen. (4) Immer wieder entschlüpft sie mir. (5) Die ganze Umgebung ist sehr dunkel, fast schwarz.

(6) Irgendwie muss ich es zustande bringen, dass die Kleine auf der langen Leiter, die am Hause angelehnt ist, nach unten geht. (7) Doch sie entwischt mir immer wieder. (8) So ein richtig widerspenstiges, unmögliches, ekelhaftes Biest!

(9) Aus Trotz pinkelt sie auch auf die Leute hinunter, welche vom Boden her nach oben unserem Kampf zuschauen. (10) Das Angepinkelt-Werden macht ihnen gar nichts aus. (11) Sie finden das eher lustig.

(12) Ich muss die Kleine auf die Leiter kriegen und der Leiter einen Stoss versetzen. (13) Doch das alles würde der Kleinen gar nicht schaden. (14) Der Fall wäre zu weich, sie würde wohlbehalten am Boden ankommen. (15) Ich möchte sie aber loswerden! (16) Dieses Biest! (17) Sie wehrt sich gegen meinen Zwang, indem sie, eben aus Protest, hinunterpinkelt.

(18) Ich erlebe viel Dunkelheit, Unruhe in diesem Traum. (19) Auch habe ich Angst vor dem Gefühl, wenn sich die Leiter von der Wand loslöst und fällt, fällt, fällt... und am Ende doch nichts erreicht ist. (20) Die Kleine ist ja wohlbehalten 'gelandet'. (21) Ich stehe dem ganzen ohnmächtig gegenüber... (22) Ich bin verzweifelt. (23) Ich habe Angst."

5.4.3 REKONSTRUKTION DER TRAUMSZENE

Es geht darum, von der Traummitteilung her möglichst nahe an das nicht direkt zugängliche Traumerlebnis zu kommen, d.h. dessen eigene, vermutete Struktur zu entdecken. Dies sollte umso eher gelingen, als zwei alternative Traumtexte vorliegen. Nach unseren Codierregeln (4.6.2) werden im folgenden alle Relationen, die von der Traumerzählung und/oder vom Traumbericht erfasst sind, dem zeitlichen Verlauf nach zusammengestellt. Die Relation wird stichwortartig auf das jeweilige Verbum beschränkt; es wird Aufgabe der anschliessenden Codierung sein, die beteiligten Elemente einzubeziehen. Die angeführten Zahlen entsprechen der Numerierung des jeweiligen Textitems, dem die Relation entnommen ist.

Traumbericht	Traumerzählung
(1) demonstrieren	
(14) flüchten	
	(5) dunkel sein
(7) hoch sein	
	(1) oben sein
	(1) zusammen sein
	(1) garstig sein
(17) lästig finden	
	(2) sich aufregen
(3) loswerden (müssen)	
	(6) hinuntergehen (müssen)
	(6) angelehnt sein
	(6) lang sein

                      (3) fassen (nicht können)
                      (7) entwischen

(9) unten sein

                      (9) zuschauen
                      (8) widerspenstig sein
                      (17) sich wehren
                      (9) hinunterpinkeln
                      (10) nichts ausmachen

(12) lächerlich finden

                      (12) wegstossen (müssen)
                      (19) fallen (können)
                      (19) Angst haben

(10) nichts ausmachen (wissen)

                      (19) erreichen (nicht können)

(11) nicht wegstossen

                      (21) ohnmächtig sein
                      (22) verzweifelt sein

5.4.4 CODIERUNG

Wie bei der Codierung der Wachszenen werden in einem ersten Schritt die Elemente und Relationen der rekonstruierten Traumszene codiert. Anschliessend werden die signifikanten Stellen ausgewählt, wobei auf sog. sonante, konsonante und dissonante Relationen geachtet wird. In einem dritten Schritt kann dann nach Entsprechungen in der Lebenssituation (repräsentative Dyaden) und in der Motivation (signifikative Triaden) gesucht werden (4.6.2).

Elemente der Traumszene

ti   :   Traum-Ich

tf1   :   Kind (in Traumerzählung: kleines Mädchen)
tf2   :   Eltern von tf1

td1   :   Dach von tu1
td2   :   Leiter

tu1   :   Ort der Demonstration
tu2   :   Haus

Relationen der Traumszene (samt Elementen)

(A1,	tu1)	:	demonstrieren
(A2,	ti-tu1)	:	flüchten
(F1,	tu2)	:	dunkel sein
(F2,	tu2)	:	hoch sein
(P1,	ti-td1-tu2)	:	oben sein
(P2,	ti-tf1-tu2)	:	zusammen sein
(F3,	ti-tf1-tf2)	:	garstig sein
(E1,	ti-tf1)	:	lästig finden

(E2,	ti-tf1)	:	sich aufregen
(M1,	ti-tf1)	:	loswerden (müssen)
(M2,	ti-tf1-td2)	:	hinuntergehen (müssen)
(P3,	td2-tu2)	:	angelehnt sein
(F4,	td2-tu2)	:	lang sein
(M3,	ti-tf1)	:	fassen (nicht können)
(A3,	ti-tf1)	:	entwischen
(P4,	tf2-tu2)	:	unten sein
(A4,	ti-tf1-tf2)	:	zuschauen
(F5,	ti-tf1-tf2)	:	widerspenstig sein
(A5,	ti-tf1-tf2)	:	sich wehren
(A6,	ti-tf1-tf2-td2)	:	hinunterpinkeln
(E3,	ti-tf1-tf2)	:	nichts ausmachen
(A7,	ti-tf1-tf2)	:	lächerlich finden
(M4,	ti-tf1-td2)	:	wegstossen (müssen)
(M5,	ti-tf1-td2)	:	fallen (können)
(E4,	ti-tf1-td2)	:	Angst haben
(K1,	ti-tf1)	:	nichts ausmachen (wissen)
(M6,	ti-tf1)	:	erreichen (nicht können)
(A8,	ti-tf1-td2)	:	nicht wegstossen
(E5,	ti-tf1)	:	ohnmächtig sein
(E6,	ti-tf1)	:	verzweifelt sein

Signifikante Relationen der Traumszene

Sonanzen: (Traumbericht, Nummer des Items)

(8)	eindringlich	E1	:	lästig finden
(9)	T stöhnt	A6	:	hinunterpinkeln
(12)	T stöhnt	A6	:	hinunterpinkeln
(15)	betroffen	M5	:	fallen (können)
(16)	unwillig	F3	:	garstig sein
(17)	angewidert	E1	:	lästig finden
(17)	T stöhnt	E1	:	lästig finden

(angesichts der Fülle von nonverbalen und paraverbalen Sonanzen verzichte ich auf das Erheben von verbalen Sonanzen)

Konsonanzen:

	zu F3	F5	:	widerspenstig sein
		A6	:	hinunterpinkeln
	zu E1	E2	:	sich aufregen
		M1	:	loswerden (müssen)
		M4	:	wegstossen (müssen)
	zu A6	F3	:	garstig sein
	zu M5	E4	:	Angst haben

Dissonanzen:

	zu E1	A7	:	lächerlich finden
		A8	:	nicht wegstossen
	zu A6	E3	:	nichts ausmachen
		M5	:	fallen (können)
	zu M5	K1	:	nichts ausmachen (wissen)

Repräsentation der Lebenssituation in der Traumszene

( )	wo,oe	(=)	(F3, ti-tf1-tf2)
( )	pa,wo,fr,ar,oe	(=)	(E1, ti-tf1)
( )	wo,oe	(=)	(E2, ti-tf1)
( )	pa,wo,fr,ar,oe	(=)	(M1, ti-tf1)
( )	pa,wo,ve,fr,be,oe	(=)	(F5, ti-tf1-tf2)
( )	in,wo,ve,oe	(=)	(A6, ti-tf1-tf2-td2)
( )	ve,oe	(=)	(E3, ti-tf1-tf2)
( )	ve	(=)	(A7, ti-tf1-tf2)
( )	pa,wo,fr,ar,oe	(=)	(M4, ti-tf1-td2)
( )	pa,wo,ve,be,oe	(=)	(M5, ti-tf1-td2)
( )	pa,wo,ve,be,oe	(=)	(E4, ti-tf1-td2)
( )	wo,oe	(=)	(K1, ti-tf1)
( )	wo,oe	(=)	(A8, ti-tf1-td2)

Signifikation von Lebenssituation und Motivation in der Traumszene

$$( )\quad wo,oe \quad = \quad \frac{(F3,\ ti\text{-}tf1\text{-}tf2)}{(\overset{-}{\rightarrow},\ pt\text{-}ag\text{-}pt)}$$

$$( )\quad pa,wo,fr,ar,oe \quad = \quad \frac{(E1,\ ti\text{-}tf1)}{(\overset{-}{\rightarrow},\ pt\text{-}ag)\ (\overset{}{\leftarrow},\ ag\text{-}pt)}$$

$$( )\quad wo,oe \quad = \quad \frac{(E2,\ ti\text{-}tf1)}{(\overset{-}{\rightarrow},\ ag\text{-}pt)}$$

$$( )\quad pa,wo,fr,ar,oe \quad = \quad \frac{(M1,\ ti\text{-}tf1)}{(\overset{-}{\rightarrow},\ ag\text{-}pt)\ (\overset{}{\leftarrow},\ ag\text{-}pt)}$$

$$( )\quad pa,wo,ve,fr,be,oe \quad = \quad \frac{(F5,ti\text{-}tf1\text{-}tf2)}{(\overset{-}{\rightarrow},\ pt\text{-}ag\text{-}pt)\ (\overset{-}{\leftarrow},\ pt\text{-}ag\text{-}pt)}$$

$$( )\quad in,wo,ve,oe \quad = \quad \frac{(A6,\ ti\text{-}tf1\text{-}tf2\text{-}td2)}{(\overset{-}{\rightarrow},\ cs\text{-}ag\text{-}pt\text{-}md)\ (\overset{+}{\leftarrow},\ cs\text{-}ag\text{-}pt\text{-}md)\ (\overset{-}{\leftarrow},\ cs\text{-}pt\text{-}ag\text{-}cs)}$$

$$( )\quad ve,oe \quad = \quad \frac{(E3,\ ti\text{-}tf1\text{-}tf2)}{(\overset{+}{\leftarrow},\ cs\text{-}pt\text{-}ag)\ (\overset{-}{\leftarrow},\ cs\text{-}pt\text{-}ag)}$$

( ) ve $= \dfrac{\text{(A7, ti-tf1-tf2)}}{(\xrightarrow{\;\;}, \text{cs-pt-ag})\;(\xleftarrow{+}, \text{cs-pt-ag})}$

( ) pa,wo,fr,ar,oe $= \dfrac{\text{(M4, ti-tf1-td2)}}{(\xrightarrow{\;-\;}, \text{ag-pt-md})\;(\xleftarrow{+}, \text{ag-pt-md})}$

( ) pa,wo,ve,be,oe $= \dfrac{\text{(M5, ti-tf1-td2)}}{(\xrightarrow{\;-\;}, \text{md-pt-md})\;(\xleftarrow{\;\;}, \text{md-pt-md})}$

( ) pa,wo,ve,be,oe $= \dfrac{\text{(E4, ti-tf1-td2)}}{(\xleftarrow{\;\;}, \text{pt-pt-md})}$

( ) wo,oe $= \dfrac{\text{(K1, ti-tf1)}}{(\xrightarrow{\;\;}, \text{pt-ag})\;(\xleftarrow{+}, \text{pt-ag})}$

( ) wo,oe $= \dfrac{\text{(A8, ti-tf1-td2)}}{(\xrightarrow{+}, \text{ag-pt-cs})\;(\xleftarrow{\;\;}, \text{pt-md-cs})}$

Prävalente Selbst-Signifikationen in der Traumszene

<u>sechsfach:</u> ( ) oe $= \dfrac{\text{tf1}}{(\text{pt}\xleftarrow{\;\;})}$ (in: E1, M1, A6, E3, M5, E4)

<u>fünffach:</u> ( ) wo $= \dfrac{\text{tf1}}{(\text{ag}\xrightarrow{\;\;})}$ (in: F3, E1, F5, A6, K1)

( ) wo $= \dfrac{\text{tf1}}{(\text{pt}\xleftarrow{\;\;})}$ (in: E1,M1,A6,M5,E4)

( ) oe $= \dfrac{\text{tf1}}{(\text{ag}\xrightarrow{\;\;})}$ (in: F3,E1,F5,A6,K1)

<u>vierfach:</u> ( ) pa $= \dfrac{\text{tf1}}{(\text{pt}\xleftarrow{\;\;})}$ (in: E1, M1, M5, E4)

( ) wo $= \dfrac{\text{ti}}{(\text{pt}\xrightarrow{\;\;})}$ (in: F3, E1, F5, K1)

$$(\ ) \ \text{wo} \ = \ \frac{tf1}{(pt \rightarrow)} \qquad \text{(in: E2, M1, M4, M5)}$$

$$(\ ) \ \text{ve} \ = \ \frac{tf1}{(pt \leftarrow)} \qquad \text{(in: A6, E3, M5, E4)}$$

$$(\ ) \ \text{oe} \ = \ \frac{ti}{(pt \rightarrow)} \qquad \text{(in: F3, E1, F5, K1)}$$

$$(\ ) \ \text{oe} \ = \ \frac{tf1}{(pt \rightarrow)} \qquad \text{(in: E2, M1, M4, M5)}$$

5.4.5 KOMMENTAR

Die Bedeutungsstrukturen der Traumbildung zeichnen sich im Vergleich mit den übrigen Teilprozessen der Bedeutungsbildung durch eine doppelte Unbestimmtheit aus. Erstens ist die Objektkomponente (die Lebenssituation) nur hinsichtlich des Kontextes bestimmt. Dies hat zur Folge, dass sich für jeden beliebigen Teil der Traumszene angeben lässt, welche Lebensbereiche involviert sind, nicht aber, ob das Ich des Träumers, eine seiner Bezugspersonen oder eine bestimmte Relation zur Darstellung kommt. Zweitens ist die Interpretantenkomponente (die Motivation), gerade im Gegensatz zur Objektkomponente, hinsichtlich der Relation und der Elemente bestimmt, während Kontext und auch Spezifikation offenbleiben. Somit lässt sich zwar sagen, welche emotionale Bewegung und Beteiligung in der Traumszene zum Ausdruck kommen, aber nicht, wo und wann sie angesiedelt (in der personalen, interpersonalen oder extrapersonalen Raumzeit) und wie sie erfasst sind (etwa als erwünscht oder wirklich, geboten oder verboten).

Die Feststellung der doppelten Unbestimmtheit konkretisiert das, was als semiotische Regression bezeichnet wurde, die zwischen Wachen und Träumen stattfindet (3.1, 3.6). Je nach Einstellung findet sich in der semiotischen Regression der negative Aspekt der strukturellen Auflösung und Sprengung oder der positive Aspekt der strukturellen Befreiung und Bereicherung. Zu erleben, wie die Grenzen zwischen Ich und Du, zwischen Jetzt und Damals, zwischen Wunsch und Wirklichkeit durchlässig und verschiebbar werden, hat zweifellos etwas Unheimliches, Erschreckendes an sich; wenn hierbei aber ein durchgängiger Zusammenhang spürbar wird, kann sich der Schrecken plötzlich in die Wachwelt verlagern, die unerbittlich zerreisst, was in der Traumwelt ein verschlungenes Ganzes bildet.

In der vorliegenden Traumszene sind es relativ wenige Elemente (Traum-Ich, 2 Traum-Figuren, 2 Traum-Dinge, 2 Traum-Umgebungen), die derart in Beziehung treten, dass sich ein dramatisches Geschehen entwickelt. Von insgesamt 30 Relationen ordnen sich nur 8 auf der aktionalen Ebene ein; 6 gehören der emotionalen und weitere 6 der motivationalen Ebene an. Die Traumhandlung tritt also gegenüber dem Traumerleben zurück. Mit diesem Befund hängt zusammen, dass viele Relationen den Status von Signifikanzen annehmen; auch nach Elimination der verbal betonten Stellen, d.h. in Beschränkung auf die paraverbalen und nonverbalen Sonanzen, verbleiben insgesamt noch 13 signifikante Relationen. Deren 4 sind, als Sonanzen, von besonderer Wichtigkeit: "garstig sein" (F3), "lästig finden" (E1), "hinunterpinkeln" (A6) und "fallen (können)" (M5).

Für die genannten 4 Signifikanzen findet sich wie für fast alle andern (Ausnahme: A7) ein offenkundiger Bezug zur Vortagesszene, die den öffentlichen Bereich der damaligen Lebenssituation der Träumerin repräsentiert. Schon ein flüchtiger Blick auf die Traumszene lässt den Schluss zu, dass Teile der Demonstrationsszene Eingang gefunden haben. Unsere Codierung zeigt nun, dass in den signifikanten Relationen der Traumszene eine Repräsentation sämtlicher Lebensbereiche gesehen werden kann, in der Reihenfolge ihrer Häufigkeit: Oeffentlichkeit, Wohnen, Partnerschaft, Verwandtschaft, Freundschaft, Bekanntschaft, Arbeit, Intimität. Quantitativ fallen vor allem die ersten beiden (12 resp. 11 mal) und die nächsten zwei (je 6 mal) ins Gewicht. In globaler Weise kann man sagen, dass im vorliegenden Traum Probleme des öffentlichen Bereichs (Verhältnis zu Jugendlichen und der Polizei), des Wohnbereichs (Verhältnis zur Schwester), der Partnerschaft (Single-Sein) und der Verwandtschaft (Verhältnis zu den Eltern) bearbeitet werden.

Die Art der Bearbeitung kann der motivationalen Komponente der angegebenen Signifikationen entnommen werden. Summarischen Aufschluss geben wiederum die Häufigkeiten. Ueber die gesamten Signifikanzen hinweg verteilen sich die Bewegungskategorien folgendermassen: 10 mal negative Zuwendung, 7 mal negative Abwendung, 6 mal positive Abwendung, 1 mal positive Zuwendung. Im Vordergrund stehen demnach aggressive Tendenzen; in zweiter Linie sind Sicherheits- und Autonomietendenzen von Bedeutung. Eine eingehendere Analyse muss auch die Beteiligungskategorien berücksichtigen.

Der Begriff der Selbst-Signifikation soll nicht darüber hinwegtäuschen, dass das Objekt der folgenden Bedeutungsstrukturen nicht das umgrenzte Ich der Träumerin, sondern der unbestimmte Inhalt eines bestimmten Lebensbereiches ist. Im Medium der Traumszene hingegen ist das entsprechende Element sehr wohl umgrenzt, so gut wie in der zugrundeliegenden Motivation. Es fällt nun auf, dass die quantitativ stärksten Selbst-Signifikationen in der Traumszene als Traumfigur 1, d.h. als Kind (Traumbericht) resp. kleines Mädchen (Traumerzählung), auftreten. Unsere Traumcodierung bestätigt insofern eine subjektstufige Deutung, als ein Element ausserhalb des Traum-Ich ins Zentrum der Bedeutung rückt.

Es mag überraschen, dass die stärkste Selbst-Signifikation das Kind (tf1) als verlassenes (Patiens einer negativen Abwendung) ist, das mit dem Bereich der öffentlichen Auseinandersetzung verknüpft ist. Interpretativ kann vermutet werden, dass sich die Träumerin im Traum mit den demonstrierenden Jugendlichen identifiziert, aber primär nicht etwa unter dem Aspekt aggressiver Auflehnung oder autonomen Distanzierung, sondern unter dem Aspekt der Hilflosigkeit. Die aggressive Motivation findet sich auf dem 2. und 3. Rang, das Kind als Täter und das Kind als Opfer (Agens und Patiens einer negativen Zuwendung). Ebenfalls als Opfer einer Aggression fungiert das Traum-Ich als Repräsentant des öffentlichen Bereichs (3. Rang). Die Traumszene deckt also eine aufschlussreiche motivationale Umstrukturierung auf, die an der Wachszene des Vortages vorgenommen wurde. Dort war die vorherrschende Selbst-Signifikation das Wach-Ich auf der Flucht (Agens einer negativen Abwendung).

In den Selbst-Signifikationen des Wohnbereichs kommen primär das aggressive Kind (Agens einer negativen Zuwendung) und das verlassene Kind (Patiens einer negativen Abwendung), sekundär das angegriffene Traum-Ich und das angegriffene Kind (Patiens einer negativen Zuwendung) zum Ausdruck. Im Vergleich mit den Angaben der Träumerin zur Lebenssituation fällt auf, dass aus dem ambivalenten Verhältnis zur Schwester als Wohngenossin nur die aggressive Tendenz Eingang in den Traum gefunden hat, und zwar im Bild des aggressiven und verlassenen Kindes. Wenn man noch die primären Selbst-Signifikationen aus dem partnerschaftlichen und verwandtschaftlichen Bereich dazunimmt, die beide das Kind als verlassenes beinhalten, kommt man zum Schluss, dass sich im zentralen Aspekt der Hilflosigkeit und Verlassenheit des Kindes, das sich im Traum so wild gebärdet, eine Ueberlagerung so verschiedener Lebensbereiche wie der Partnerschaft, des Wohnens, der Verwandtschaft und der Oeffentlichkeit darstellt. Der Traum zeigt deren gemeinsames Thema auf; er verdichtet.

Ein letzter Blick gilt dem Verhältnis von Wachszenen und Traumszene im Vergleich mit der (angegebenen) Lebenssituation. In bezug auf die Objektkomponente ist festzustellen, dass die als konfliktiv eingeschätzten Lebensbereiche (Partnerschaft, Wohnen, Oeffentlichkeit) in der Vortagesszene nur sehr bedingt (Oeffentlichkeit), in der Momentanszene überhaupt nicht unter den vorherrschenden Selbst-Signifikationen erscheinen, in der Traumszene hingegen sämtlich vertreten sind (zusätzlich: Verwandtschaft). In bezug auf die motivationale

Komponente ergibt sich ein ähnlicher, aber weniger ausgeprägter Befund. Die vorherrschenden Bewegungen in der Lebenssituation sind negative Zuwendung und positive Abwendung, in der Vortagesszene negative Abwendung, in der Momentanszene positive Zuwendung und in der Traumszene negative Zuwendung, positive Abwendung und negative Abwendung.

Die Selbst-Signifikationen der Traumszene nehmen also ganz deutlich die Hauptbewegungen der Lebenssituation und der Vortagesszene, nicht aber der Momentanszene auf. Sowohl für die situative als auch für die motivationale Komponente der in Betracht gezogenen Bedeutungsstrukturen trifft somit zu, dass die von der Träumerin angegebenen aktuellen Konflikte in den Wachszenen nur ansatzweise, in der Traumszene jedoch ausgeprägt zur Darstellung und zum Ausdruck kommen. Traumszene und Wachszenen stehen hier in einem vorwiegend kompensatorischen und nur stellenweise kontinuierlichen Verhältnis zueinander (vgl. 1.4.6).

5.5 SCHRITT 5: *DIE REZEPTION DURCH DIE TRÄUMERIN*

Ich habe oben (5.4.2) auf ein spezielles Verfahren zur Traumbearbeitung hingewiesen, das ich meinen Versuchspersonen vorgab. Dieses Verfahren war ein methodischer Versuch, den Prozess der Traumrezeption zu erfassen. Die erste Aufgabe bestand im Verfassen der Traumerzählung. Aus den weitern Aufgaben wähle ich diejenigen aus, die für die Fragestellung der Bildung von Traumbedeutung besonders relevant sind. Mit dem (triadischen) Codierungsverfahren kann recht gut gezeigt werden, wie sich die Bedeutung des Traums auch im Verlauf des Rezeptionsprozesses schrittweise bildet und umbildet. Alle Rezeptionstexte datieren vom 23. Juli 1980, also wiederum 10 Tage nach dem Traumerlebnis.

Im folgenden werde ich die jeweiligen Rezeptionstexte simultan codieren. Auf diese Weise kann man besser verfolgen, welchen Texteinheiten welche Codierungseinheit zugesprochen wird. Neben diesem methodischen Vorteil fällt auch ein sachlicher Vorteil ins Gewicht. Im Sinne einer mikroskopischen Analyse kann expliziert werden, wie sich kleinste Bedeutungseinheiten bilden und zu grösseren Einheiten zusammenfügen oder wieder umgruppieren (4.7.2). Die Notationen der Codierung sind in kursiver Schrift in den fortlaufenden Rezeptionstext eingefügt und in eckige Klammern gesetzt. Ebenso sind die codierten Textstellen kursiv geschrieben.

5.5.1 TEXT UND CODIERUNG DER SPONTANEN TRAUMDEUTUNG

Anweisung: "Sicher hast Du beim Anhören des Traumberichtes oder beim Verfassen der Traumerzählung schon das Gefühl gehabt, einige Dinge des Traumes besonders gut zu verstehen oder gewisse Bedeutungen schon recht klar herauslesen zu können. Es kann auch sein, dass Dir während des Schreibens neue Aspekte aufgehen. Alles das meine ich, wenn ich die Frage stelle: Was sagt Dir der Traum im Moment? - Bitte nicht zu lange nachdenken und auch nicht zu ausführlich werden."

Antwort: "*Ich bin beides [i (=) ti,tf1]*, also auch das kleine Mädchen. - Die Kleine fühlt sich sehr *stark [F3,F5]* in ihrer Rolle als Kind. Sie kann Unlust zeigen, *tun und lassen, was sie will [ag⇄]*, ausweichen *[A3,M3]*. - Sie muss den *Verstand nicht gebrauchen [D+,P+]* wie die Grosse. - Die Kleine hat *keine Angst vor dem Fallen [K1,M5]*. Sie kommt ja wohlbehalten an. - Die Grosse hingegen hat *Angst [E4; D-]* und fühlt sich *bedroht [p↦]*, wie wenn sie *herabgestossen [M4]* würde. - Die Kleine *wehrt sich [A5]*. - Die Grosse *beneidet/bewundert [A8]* das, steht der ganzen Situation *ohne Macht [E5]* gegenüber."

$$(i\text{-}p) \quad \text{ub} \quad = \quad \frac{\text{A3,M3,K1 (F3,F5)}}{\text{D+,P+} \quad (\overset{+}{\underset{-}{\Leftarrow}})}$$

$$(i) \quad \text{ub} \quad = \quad \frac{\text{tf1}}{\text{D+,P+ (ag}\overset{+}{\underset{-}{\Leftarrow}})}$$

$$(\text{i-p}) \quad \text{ub} \quad = \quad \frac{\text{E4,E5,A8 (M4,M5)}}{\text{D-} \quad (\overset{\rightarrow}{\rightarrow})}$$

$$(\text{i}) \quad \text{ub} \quad = \quad \frac{\text{ti}}{\text{D- (pt} \overset{\rightarrow}{\rightarrow})}$$

5.5.2 TEXT UND CODIERUNG DER TRAUMZUSAMMENFASSUNG

Résumé

Anweisung: "Hier soll das Wichtigste der Traumgeschichte zusammengefasst sein. Vielleicht liest Du Deine Traumerzählung nochmals durch. Damit diese Zusammenfassung knapp bleibt, ist die Aufgabe gestellt, in einem einzigen, aber vollständigen Satz das Wichtigste wiederzugeben."

Antwort: *"Ich [i1;ti] möchte dich [i2;tf2] loswerden [M1,M4], weil du das ausleben [A3,M3,F3,F5] darfst [D+], was mir mein Verstand [K1;rp] verbietet [N-]."*

$$(\text{i1-i2-p}) \quad \text{ub} \quad = \quad \frac{\text{M1,M4/A3,M3 (F3,F5) K1}}{\text{N- /D+} \qquad (\overset{+}{\leftarrow}) \text{ rp}}$$

$$(\text{i1}) \quad \text{ub} \quad = \quad \frac{\text{ti}}{\text{N- (cs} \overset{+}{\leftarrow})}$$

$$(\text{i2}) \quad \text{ub} \quad = \quad \frac{\text{tf1}}{\text{D+ (ag} \overset{+}{\leftarrow})}$$

Titel

Anweisung: "Jetzt soll die Traumgeschichte noch mehr zusammengefasst werden, so dass nur noch das, was Dir als Thema erscheint, übrig bleibt. Bitte höchstens 3 Wörter verwenden."

Anwort: *"Werde [N +] wie ich [tf1]!"*

$$(\text{i-p}) \quad \text{ub} \quad = \quad \frac{\text{A3,M3 (F3,F5)}}{\text{N+} \quad (\overset{+}{\leftarrow})}$$

$$(\text{i}) \quad \text{ub} \quad = \quad \frac{\text{tf1}}{\text{N+ (ag} \overset{+}{\leftarrow})}$$

5.5.3 TEXT UND CODIERUNG DER TRAUMBEURTEILUNG

Moral

Anweisung: "Jetzt betrachten wir nochmals die Traumgeschichte als ganzes. Daraus, dass die Geschichte so verläuft und nicht anders, kann man Schlüsse ziehen. Die Frage ist deshalb, welche Lehre oder Moral man Deines Erachtens aus dieser Traumgeschichte ziehen muss oder kann."

Antwort: "*Ich [i1;ti]* bin *noch [zp] nicht fähig [P-;M6,E5]*, mit einem *Teil [R+; rp]* von *mir [i2;tf1]* umzugehen."

$$(i1-i2-p) \quad ub \quad = \quad \frac{M6,E5/A3,M3 \;\; (F3,F5) \;\; K1}{P- \; /R- \quad (\leftarrow^{\pm}) \;\; rp; \; zp}$$

$$(i1) \quad ub \quad = \quad \frac{ti}{P- \; (cs \leftarrow^{\pm})}$$

$$(i2) \quad ub \quad = \quad \frac{tf1}{R+ \; (ag \leftarrow^{\pm})}$$

5.5.4 TEXT UND CODIERUNG DER TRAUMVERWERTUNG

Wirkung

Anweisung: "Abschliessend stellt sich die Frage nach der persönlichen Konsequenz. Mit Vorteil orientierst Du Dich am vorhergehenden Blatt, wo Du vielleicht Unterschiede zwischen dem Traum und Deinen Wünschen oder Deiner Realität festgestellt hast. Der Traum und die Bearbeitung, die Du nun vorgenommen hast, haben möglicherweise aber auch andere Konsequenzen für Dich. Die Frage lautet, ziemlich offen: Was ergibt sich für Dich ganz konkret aus dem Traum (in der Stimmung, in den Ansichten, den Absichten, im Verhalten etc.)?"

Antwort: "Ich merke, wie sich *mein [i1;rp] Kinder-Ich [i2;zp;tf1]* regt *[R+]*...
Ich [ti] möchte *[D+]* dem Gefühl *entgegengehen [P2,A8]*, habe aber noch starke *Angst [D-]* und verspüre *Unsicherheit [E4]*.
Ich werde *abwarten [zp]*..."

$$(i1-i2-p) \quad ub \quad = \quad \frac{E4,M5/A8 \quad (F3,F5) \;\; P2}{D- \; /D+,R+ \;\; (\leftarrow^{\pm}) \;\; rp; \; zp}$$

$$(i1) \quad ub \quad = \quad \frac{ti}{D- \; (cs \leftarrow^{\pm})}$$

$$(i2) \quad ub \quad = \quad \frac{tf1}{D+,R+ \; (ag \leftarrow^{\pm})}$$

Finale Selbst-Signifikationen im Rezeptionstext

$$(i1) \quad ub \quad = \quad \frac{ti}{D- \; (cs \leftarrow^{\pm})} \qquad \text{(in: E4, M5)}$$

$$(\text{i2}) \qquad \text{ub} \quad = \quad \frac{\text{tf1}}{D+,R+ \ (\text{ag}\overset{\pm}{\leftarrow})} \qquad (\text{in: F3, F5, A8})$$

5.5.5 KOMMENTAR

Die semiotische Progression im Bedeutungsbildungsprozess, die zwischen dem Träumen einerseits und dem Rezipieren und Interpretieren anderseits festgestellt werden kann (3.6), drückt sich, vereinfacht gesagt, darin aus, dass aus den traumimmanenten Bedeutungsansätzen Bedeutungsaussagen entwickelt werden. Dies geschieht im wesentlichen durch die Bestimmung dessen, was im Traum unbestimmt blieb (5.4.5). Zum einen treten in der situativen Komponente der Bedeutungsstrukturen wieder Relationen und Elemente hervor, zum andern wird die motivationale Komponente kontextuell präzisiert und vor allem modal spezifiziert.

In bezug auf die situative Komponente erkennt die Träumerin gleich zu Anfang des Rezeptionsprozesses, dass ihr Ich nicht nur im Traum-Ich, sondern auch in der Traumfigur 1 repräsentiert ist. Ob es sich hierbei um eine intuitive oder schematisch angewandte Einsicht handelte, ist nicht klar; jedenfalls soll sich die Träumerin bis dahin sehr wenig mit Träumen und Traumdeutung beschäftigt haben. Während im ersten Rezeptionsschritt die beiden Ich-Repräsentanten noch nebeneinander gestellt werden, treten sie vom zweiten Schritt an einander gegenüber; die Traumszene wird als Darstellung einer Auseinandersetzung zwischen zwei Ich-Anteilen gesehen. Ob die Ich-Anteile zu verschiedenen Lebensbereichen gehören, wird nicht deutlich gesagt, so wenig wie allfällige Bezugspersonen bestimmt werden. Wir erfahren zwar, dass ein kindliches Ich einem erwachsenen Ich gegenüber steht, aber dies ist eine zeitliche Bestimmung, präzisiert somit den Kontext der motivationalen Komponente.

Die Entwicklung der motivationalen Komponente im Verlauf der Rezeption ist aufschlussreich. Von Anfang an erkennt die Träumerin als treibende Kraft eine positive Abwendung, d.h. eine Autonomietendenz, die vorwiegend im Garstig-Sein (F3) und Widerspenstig-Sein (F5) des Kindes ausgedrückt ist. Anfangs ist auch noch eine aggressive Tendenz aufgeführt, die sich im möglichen Stoss (M4) und Fall (M5) ausdrückt; diese wird aber schnell in einen Bestandteil des Konfliktes, der sich um die Autonomietendenz abspielt, umgedeutet. Auch kontextuell verändert sich wenig; die Träumerin setzt bald fest, dass sich die emotionale Bewegung des Traums im personalen Raum (intrapsychisch) und in der personalen Zeit (innere Entwicklung) vollzieht. Anders steht es mit der modalen Spezifikation. Es werden die meisten Kategorien durchgespielt (Wunsch, Möglichkeit, Befürchtung, Verbot, Gebot, Unmöglichkeit, Realität), bis sich die wohl produktivste Konfliktfassung von Wunsch und Befürchtung (in bezug auf Autonomiestreben) ergibt.

Im Vergleich mit den vorhergehenden Teilprozessen der Bedeutungsbildung fällt die Traumrezeption insofern aus dem Rahmen, als sie den Bereich der signifizierten Lebenssituation unbestimmt lässt. Die Träumerin scheint intensiv zu spüren, dass der Traum sie persönlich angeht, auch welche Bewegung er verkörpert, aber nicht, worauf er sich beziehen liesse. Dass sie die Bewegung der Autonomie in das Zentrum rückt, deckt sich mit den vorherrschenden Selbst-Evaluationen und Selbst-Signifikationen der angegebenen Lebenssituation und der Traumszene, aber nicht mit jenen der beiden Wachszenen. Das Gewicht, die fast ausschliessliche Betonung, die sie der Autonomiemotivation gibt, ist aber ihre eigene und exklusive Leistung im bisherigen und, wie sich herausstellen wird, im anschliessenden Prozess der Bedeutungsbildung.

5.6 EXKURS: *EXPERTENVERSUCHE ZUR TRAUMINTERPRETATION*

5.6.1 ZUM VERSUCHSZIEL

Das allgemeine Ziel der Expertenversuche lag in der Erkundung einer textbezogenen Ordnung von Strategien der Trauminterpretation. Dies bedingte eine Auslösung von interpretativen Prozessen, die
(1) zu einer Vielzahl alternativer Bedeutungsmöglichkeiten führen,
(2) weitgehend auf die Information des Traumtextes verwiesen bleiben und
(3) insoweit transparent sind, dass ihr strategischer oder methodischer Aspekt zutage tritt.

Daraus ergab sich eine Versuchskonzeption, in welcher
(1) verschiedene Trauminterpreten zu einem gegebenen Traum jeweils mehrere Bedeutungsalternativen entwickeln sollten,
(2) die Bedeutungsalternativen am Traumtext und nicht an implizitem Vorwissen oder schulisch bedingten Vorannahmen gewichtet werden sollten,
(3) die Trauminterpreten ihre kognitive Aktivität in der Art des lauten Denkens soweit fortwährend verbalisieren sollten, als sie ihnen selbst bewusst ist.

5.6.2 ZUR VERSUCHSANORDNUNG

Es wird ein Rahmen hergestellt, in welchem der Trauminterpret möglichst frei Bedeutungsmöglichkeiten entwickeln, gewichten, mitteilen und kommentieren kann. Zu diesem Zweck wird mit Vorteil der übliche Arbeitsraum des Trauminterpreten aufgesucht, in der Annahme, dass er sich hier in der selbstgestalteten Atmosphäre einigermassen wohl und angeregt fühlt. Die zeitliche Durchführung soll so angesetzt werden, dass während des Versuchs voraussichtlich keine Störung zu erwarten ist. Neben dem Trauminterpreten und dem Versuchsleiter soll keine weitere Person anwesend sein.

Es stehen 2 Tonbandgeräte zur Verfügung, wovon das eine während des ganzen Versuchs auf Aufnahme läuft, das andere zum Abspielen des Traumberichts verwendet wird. Neben der Tonbandaufnahme wird mit Vorteil auch dessen wörtliche Abschrift angeboten, um allfällige Verständnisschwierigkeiten geringzuhalten.

Der Versuchsleiter gibt dem Trauminterpreten eine kurze Vorinformation über den Sinn und den Ablauf des Versuchs, verbunden mit einer klaren Instruktion. Danach beschränkt er sich weitgehend aufs Zuhören; bei unklaren Aeusserungen des Trauminterpreten kann er nachfragen. Informationen über die Person und die Situation des Träumers soll der Versuchsleiter erst am Schluss des Versuchs geben. Es empfiehlt sich, den Trauminterpreten abschliessend um eine Stellungnahme zu seinem eigenen Vorgehen während des Versuchs und zum Versuchsablauf zu bitten.

In bezug auf das Traumbeispiel, das hier dargestellt wird, gab es zwei verschiedene Versuchsbedingungen: mit Zusatzinformation und ohne. Die Zusatzinformation betraf die Vortagesszene und beinhaltete in aller Kürze die Tatsache, dass der Versuchsleiter zusammen mit der Träumerin in eine Demonstration geraten war und in die Auseinandersetzung zwischen den Jugendlichen und der Polizei verwickelt wurde. Die Trauminterpreten A und B erhielten die Zusatzinformation nicht, C und D hingegen schon.

5.6.3 ZU DEN VERSUCHSPERSONEN

Als Versuchspersonen wurden 4 Traumexperten angefragt, die sich spontan zur Verfügung stellten. Unter einem Traumexperten wird eine Person verstanden, die im Umgang mit Träumen - insbesondere in derem Interpretieren - theoretische und praktische Erfahrung besitzt. Aus Gründen der persönlichen Erreichbarkeit und der methodischen Vergleichbarkeit beschränkte ich mich auf Experten, die der psychoanalytischen Orientierung nahestehen.

Ueber die Identität der Versuchspersonen sollen hier keine weiteren Angaben gemacht werden, als dass es sich bei den Trauminterpreten A, C und D um eine Frau und beim Trauminterpreten B um einen Mann handelt.

5.6.4 ZUR VERSUCHSDURCHFÜHRUNG

Die Interpretationsversuche, die im folgenden wiedergegeben werden, fanden im Wintersemester 1980/81 statt. Den Trauminterpreten wurden die Tonbandberichte dreier Laborträume abgespielt, wobei nach jedem Traumbericht eine Interpretationsphase eingeschaltet wurde. Der im vorhergehenden Kapitel dargestellte Traum wurde an erster Stelle abgespielt.

Die Instruktion lautete folgendermassen:

"Ich werde Ihnen 3 Träume vorspielen, die ich im Sommer im Schlaflabor aufgenommen habe. Die Träume stammen alle von derselben Versuchsperson, einer 30jährigen Frau, und zwar aus 2 aufeinanderfolgenden Nächten. Zur Person werde ich Ihnen keine weiteren Angaben machen, ausser dass sie nicht Psychologie studiert. Zu den Träumen liegen keine Assoziationen vor.

Mich interessiert nun, wie Sie vorgehen, wenn Sie diese Träume interpretieren wollen. Deshalb bitte ich Sie, sich diese Aufnahmen anzuhören und anschliessend oder auch gleichzeitig laut zu denken. Es steht Ihnen frei, sich ganz oder teilweise von einer bestimmten Interpretationsmethode oder von Ihrer Intuition leiten zu lassen.

Vielleicht möchten Sie für Ihre Deutungstätigkeit nähere Angaben, worauf es mir ankommt. Es geht mir darum, einerseits ein breites Spektrum von möglichen Bedeutungen der Träume zu entdecken, andererseits jene Deutung bestimmen zu können, die Ihnen anhand des Traumtextes am treffendsten für die Person und Situation der Träumerin zu sein scheint."

Der Versuch mit der Trauminterpretin A wurde am 20.11.80 durchgeführt. Die einzige Abweichung von der Versuchsanordnung bestand im Fehlen der Abschrift des Traumberichtes, sodass einige Verständnisschwierigkeiten geklärt werden mussten. Der Versuch mit dem Trauminterpreten B fand am 5.1.81 statt, jener mit der Trauminterpretin C am 27.2.81 und jener mit der Trauminterpretin D am 23.3.81.

5.7 SCHRITT 6: *DIE TRAUMINTERPRETATION DER EXPERTIN A*

5.7.1 TEXT UND CODIERUNG

"Jetzt soll ich da frei phantasieren? (VI: Ja, gern, ja.) - Also, ich würde wahrscheinlich erst den Traum, unter der erschwerten Aufgabe, dass man also keine andere Kenntnis hat, auf der Subjektstufe versuchen zu deuten. - Und da würde ich die Hypothese haben, dass vor allem das *Kind [tf1]*, das da ja so eine zentrale Rolle spielt im Traum, *eigene Anteile [i]* der Person sind, nicht, die *lästigen [E1]*, *biestigen [F3]* und *widerborstigen [F5]* Anteile der eigenen Person des Träumers, deren er sich nicht, die er *nicht loswird [P2,M1,M4]*, nicht. Die er zwar innerlich *gerne ablegen [D-]* möchte, aber von denen er sich *nicht trennen [R+]* kann, nicht. Das würde ich so in Analogie sehen, dass das Kind - der Träumer kann sich nicht von diesem lästigen Kind befreien, nicht, also von dem, was ihm an ihm selber lästig ist. Und was immer er auch an Massnahmen ergreifen würde, er hat *Angst [E4]*, das würde ihm gar *nicht gelingen [K1,M6]*. Er wird sie einfach nicht los, diese lästigen Anteile."

1A: (i-) = $\dfrac{\text{E1,M1,M4/P2,K1,M6 (F3,F5)}}{\text{D-} \quad \text{/R+} \qquad \text{( )}}$

  i (=) tf1

"Jetzt muss man sich fragen, ob der Traum jetzt schon was sagt, was dieses Lästige ist, nicht. Das könnte jetzt, wenn man frei phantasiert, das eigene, *trotzige Kindliche [ag⁻→]*, was man in sich spürt, sein, was vielleicht so im *Sozialkontakt [(i-p)]* Schwierigkeiten macht, in *Partnerschaften [(i-p) pa]* oder so in der breiteren *sozialen Umwelt [(i-p) be]*, dass sich vielleicht die Träumerin, was weiss ich, manchmal *selbst Vorwürfe [N -]* macht, dass sie so in der Kommunikation, nicht, kindlich, trotzig, protestierend ist, und dass sie das selbst auch nicht für sich bejaht, und dass sie auch davor *flieht [A2]*, eigentlich, vor diesen eigenen Seiten der Person, nicht. Das könnte man so ein bisschen in der Raumsymbolik vielleicht so deuten, so dass es *oben auf dem Dach [P1]* ist. Dass sie versucht, durch *rationale Verarbeitung [rp]* des Problems diese kindlichen Anteile in sich loszuwerden."

1A: (i-p) pa,be = $\dfrac{\text{E1,M1,M4/P2,K1,M6 (F3,F5) P1}}{\text{D-,N-} \quad \text{/R+} \qquad \text{(}\overset{\rightarrow}{\cdot}\text{) rp}}$

  (i) pa,be = $\dfrac{\text{tf1}}{\text{ag}\overset{\rightarrow}{\cdot}}$

"Und das wäre dann, je nach Lebenssituation, könnte es natürlich auch sein, dass sie sie einfach nicht genug bejaht, ihre kindlichen Anteile, dass sie sich zu forciert derer entledigen will und vielleicht nur zu einseitig versucht, sich gerade nicht kindlich zu verhalten. Dass sie die mehr *kindlichen, schutzbedürftigen [pt←⁻] Seiten [R+]* zu stark *ablehnt [D-]* in sich. So könnte es dann auch laufen. Und da würde man dann sagen, da spielen die *Eltern [tf2]* ja auch noch eine Rolle in dem Traum. Und das würde mich darauf bringen, dass es etwas mit der *Entwicklung [zi]* der Träumerin selbst zu tun hat. Die Eltern, wenn ich das richtig verstanden habe, die *stehen unten [P4]*, und die haben sich eigentlich *nicht richtig aufgeregt [E3]*, sondern die haben das nur irgendwie *lächerlich gefunden [A7]*. (VI: Ja genau.) Es ist nicht so klar, wie das gemeint war, also, ob die das nur lustig fanden, oder so. - Also von da her könnte auch da irgendwo ein Stück *Ablösung von den Eltern [(i-p) ve]* als Problematik reinkommen. (VI: Mhm.)."

2A: (i-p) wo = $\dfrac{\text{E1,M1,M4/P2,K1,M6 (E3,A7) P4}}{\text{D-} \quad \text{/R+} \qquad \text{(}\overset{\leftarrow}{\cdot}\text{) zi}}$

  (i) ve = $\dfrac{\text{tf1}}{\text{pt}\overset{\leftarrow}{\cdot}}$

  (p) ve = $\dfrac{\text{tf2}}{\text{ag}\overset{\leftarrow}{\cdot}}$

"Auf der Objektstufe, das hinge dann von der Lebenssituation der Träumerin ab, also wenn sie beispielsweise *selbst ein Kind hätte [(i-p) wo]*, das ihr sehr viel *Mühe macht [→, ag-pt]*, oder wodurch sie sich *eingeengt und belastet [E1,E2]* fühlt, nicht, dann könnte man's auch noch auf der *Objektstufe [p(=)tf1]* deuten, dass sie, dass ihr das, was sie jetzt vielleicht an Energien für ein eigenes Kind *einsetzen muss [N+]* oft lästig ist *[D-]* und sie sich, dass sie das irgendwo *hindert [M3,M6]*. Aber eher würde ich so aus dem - sogar wenn das so wäre, würde das nicht ausschliessen, dass man es auf der - im Zug der eigenen Person interpretiert."

3A: (i-p) wo $= \dfrac{\text{M3,M6/E1,E2 (F3,F5)}}{\text{N+ /D- } (\overset{\rightarrow}{-})}$

(i) wo $= \dfrac{\text{ti}}{\text{pt} \overset{\rightarrow}{=}}$

(p) wo $= \dfrac{\text{tf1}}{\text{ag} \overset{\rightarrow}{=}}$

"Jetzt hat sie, Angst hat sie, nicht. Sie *flieht [A2]* vor etwas. Und das ist ja aus dem Traum nur so klar, dass sie vor diesem Kind wohl flieht. - (VI: Also da sagt sie, dass sie vorher auf irgendeiner Flucht waren, und das war mehr in der Vorgeschichte zu dieser Szene; mehr wusste sie auch nicht mehr.) Also ich würde jetzt noch - Mir scheint sich so am ehesten, so ein intrapsychischer Konflikt da herauszukristallisieren. Und zwar - so eine *Ambivalenz [D-/D+]* gegenüber dem, oder sogar auch eine starke Abwehrhaltung gegenüber sei es negativ bewerteten Eigenschaften, die man hat, die kindlicher, regressiver Natur sind, sei es eben auch wieder eigentlich Akzeptieren des Kindlichen. Also so ein Ambivalenzkonflikt inbezug auf, ja, Gefühle oder Eigenschaften, die sich mit kindlichem Verhalten assoziieren. - Und das würde ich, und da, das wiederhole ich jetzt fast schon wieder, und das muss irgendwo auch im Kontext mit der *Elternbeziehung [(i-p) ve]* stehen."

1A: (i-p) pa,ve,be $= \dfrac{\text{A2,E1,M1/P2,K1,M6 (F3,F5) P1}}{\text{D-,N- /D+,R+ } (\overset{\rightarrow}{-}) \text{ rp}}$

(i) pa,ve,be $= \dfrac{\text{tf1}}{\text{ag} \overset{\rightarrow}{=}}$

2A: (i-p) ve $= \dfrac{\text{A2,E1,M1/P2,K1,M6 (E3,A7) P4}}{\text{D- /D+,R+ } (\overset{\leftarrow}{-}) \text{ zi}}$

(i) ve $= \dfrac{\text{tf1}}{\text{pt} \overset{\leftarrow}{-}}$

(p) ve $= \dfrac{\text{tf2}}{\text{ag} \overset{\leftarrow}{-}}$

"Was mich noch wundert, ist so diese aggressiven, das *aggressive Thema [⇥]* im Traum, nicht. Denn das wird ja ganz deutlich, dass sie gar *nicht versucht, sich* des Kindes mit der Leiter *zu entledigen [A8]*, weil das gar keinen Erfolg verspricht. - Also von daher würde ich dann schon, wenn, auf einen sehr massiven Ambivalenzkonflikt schliessen, den sie da hat. (VI: Wenn sie da untätig bleibt?) Ja, oder, ja, nicht, oder, was weiss ich, untätig ja nur, weil das noch nichts nützt, weil das noch nicht aggressiv genug ist, weil das nicht - Das könnte auch bedeuten, was weiss ich, dass sie vielleicht in dem Versuch, solche, was weiss ich, nicht akzeptierte Seiten in sich abzulehnen oder auszumerzen, zu radikal auch vorgeht, nicht, dass sie meint, das müsste man also total ausmerzen. Und das spräche wieder für ein Nicht-Akzeptieren solcher kindlicher Haltungen. - Nicht, also ich würde sie fragen, wenn ich sie fragen könnte, ob sie sich selbst oft als böses, lästiges Kind sieht, oder als Biest in ihren Sozialbeziehungen. Ob sie da, sei es in ihren Sozialbeziehungen, sei es gegenüber ihren Eltern, nicht, oder wie sie sich durchsetzt, welche Strategien der Durchsetzung sie hat, ob sie da einerseits flieht, anderseits dann versucht, zu aggressiv zu sein."

"Am fragwürdigsten scheint mir die Hypothese, das so raumsymbolisch zu deuten, dass man das so, nicht, sie schaut ja von *oben [P1]* herab und so - Aber das, man könnte, so, die Eltern sind *unten [P4]*, sie ist oben, nicht, das eh. Da könnte man jetzt natürlich auch spekulieren, ist sie jemand, der sich, sie ist dreissig Jahre alt, so *hochgearbeitet [ri, zi]* hat und irgendwo das *Kindliche hinter sich zurücklassen [$\leftarrow^{\pm}$, ag-pt] möchte [D+]*, das ihr doch auf der Leiter *folgt [P2]* und die Eltern, die noch *zuschauen [A4]*. Und dass es ihr zumindest *nicht gelungen ist*, jetzt *angstfrei [E4,M6; D-,P-]* da oben in den hohen *Höhen [F2]* zu bleiben. Nicht, das Kind verfolgt sie ja irgendwie. Und die *Eltern [(p) ve]* sind auch immer noch *dabei [cs]*. - Nicht, also so in dem Sinn schleppt sie das lästige *Kind in sich [(i-i) ve]*, mit sich herum in irgendwelchen Bereichen oder Höhen, wo sie es eigentlich gar nicht mehr haben will. - Also, es folgt ihr etwas, was sie *loswerden [M1,M2,M4]* möchte, analogiemässig gesprochen. - Und ich würde dann vermuten, dass sie, falls das stimmt, nicht, also falls sie etwas ablegen möchte in sich, das sie hindert in ihrer jetzigen, friedlichen Lebenssituation, dass sie da offenbar nicht die richtigen Strategien hat, um das zu verarbeiten, sondern dass sie dazu - (VI: Du hast gesagt, dass Dir diese Raumsymbolik am fragwürdigsten erscheine?) Ja, ich meine, sie ist spekulativ, obwohl sie sich vom Bild her sieht. (VI: Mhm. - Da müsste man jetzt einfach noch weitere Informationen haben zur Lebenssituation.) Genau, das muss man natürlich so gesehen haben. (VI: Dann könnte das etwas abgesichert werden.) - So in dem Stil. (VI: Ja, gut, sollen wir mit diesem Traum aufhören?)"

4A: (i-i-p)   ve   = $\dfrac{\text{P2,E4,M6/P1,M4 (M1,M2) F2,P4; A4}}{\text{D-,P- /D+ } (\leftarrow^{\pm}) \text{ ri ; zi}}$

           (i1)   ve   = $\dfrac{\text{ti}}{\text{ag } \leftarrow^{\pm}}$

           (i2)   ve   = $\dfrac{\text{tf1}}{\text{pt } \leftarrow^{\pm}}$

           (p)   ve   = $\dfrac{\text{tf2}}{\text{cs } \leftarrow^{\pm}}$

Alternative Selbst-Signifikationen im Interpretationstext A

1A: (i)   pa   = $\dfrac{\text{tf1}}{\text{D-,N-/D+,R+ (ag} \rightleftharpoons \text{)}}$ (in: F3,F5; P2,K1,M6)

3A: (i)   wo   = $\dfrac{\text{ti}}{\text{N+/D- (pt} \rightleftharpoons \text{)}}$ (in: F3,F5; M3,M6)

1A: (i)   ve   = $\dfrac{\text{tf1}}{\text{D-,N-/D+,R+ (ag} \rightleftharpoons \text{)}}$ (in: F3,F5; P2,K1,M6)

2A: (i)   ve   = $\dfrac{\text{tf1}}{\text{D-/D+,R+ (pt} \leftrightharpoons \text{)}}$ (in: E3,A7; P2,K1,M6)

$$4A: \quad (i) \quad ve \quad = \quad \frac{ti}{D+ \ (ag \overset{\pm}{\leftarrow})} \qquad \text{(in: M1,M2; P1,M4)}$$

$$(i) \quad ve \quad = \quad \frac{tf1}{D\text{-},P\text{-} \ (pt \overset{\pm}{\leftarrow})} \qquad \text{(in: P2,E4,M6)}$$

$$1A: \quad (i) \quad \not{b}e \quad = \quad \frac{tf1}{D\text{-},N\text{-}/D+,R+ \ (ag \overset{}{\rightarrow})} \qquad \text{(in: F3,F5; P2,K1,M6)}$$

5.7.2 KOMMENTAR

Die Interpretationen der Traumexperten sind sowohl hinsichtlich des Verlaufs als auch des Ergebnisses aufschlussreich. Unser triadisches Codierungsverfahren erlaubt es, beide Aspekte zu analysieren. In den folgenden Kommentaren werde ich jeweils die Interpretationstexte zunächst Abschnitt für Abschnitt (dem Verlauf nach) und dann mit Bezug auf die abschliessenden Bedeutungsstrukturen (dem Ergebnis nach) kommentieren. Danach kann der Vergleich mit den Bedeutungsstrukturen der vorangegangenen Teilprozesse durchgeführt werden.

Die Expertin A entscheidet sich schon zu Beginn für eine subjektstufige Deutung: das Ich der Träumerin ist im Kind (tf1) repräsentiert. Ebenso rasch wird eine Konfliktdeutung skizziert: das Garstig-Sein (F3) drückt Tendenzen aus, die in der Träumerin vorhanden (R+), aber sehr unerwünscht (D-) sind. Im zweiten Abschnitt wird die Interpretation 1A ausgearbeitet und ergänzt. Als zentrale Tendenz wird ein kindlicher Trotz (negative Zuwendung) bestimmt. Nun ist es auch möglich, über den Lebensbereich zu mutmassen, in welchem der Trotz aktiviert wird (Partnerschaft, Bekanntschaft). Eine weitere Ergänzung betrifft das Verboten-Sein (N-) der trotzigen Tendenz und die Ansiedlung im personalen Raum der Rationalität (rp).

Im dritten Abschnitt wird die Interpretation 2A entworfen. Die Expertin erwägt, ob als zentrale Bewegung des Traums anstelle des kindlichen Trotzes kindliche Schutzbedürftigkeit (negative Abwendung) angenommen werden müsste. In diesem Fall wäre das Ich nach wie vor in der Traumfigur 1 repräsentiert, nähme aber in passiver Form (pt) an der Bewegung teil. Die aktive Rolle spielten dann die Eltern (tf2), deren Verhalten im Traum auffällig distanziert ist (E3,A7). Das Auftreten der Eltern lässt vermuten, dass hier die Beziehung der Träumerin zu den eigenen Eltern (ve) problematisiert wird, wahrscheinlich im Kontext einer bestimmten Entwicklungsphase (zi). Die Erfassung der konfliktiven Momente ist identisch mit jener in der Interpretation 1A.

Der vierte Abschnitt präsentiert in kurzen Strichen eine vollständige Deutung, die Interpretation 3A. Der Ausgangspunkt ist die Annahme, im Traum stelle sich die Beziehung der Träumerin zu einem eigenen Kind dar (Lebensbereich Wohnen). In diesem Fall wäre die Traumfigur 1 eine Repräsentation des eigenen Kindes, während das Ich der Träumerin im Traum-Ich vertreten wäre (objektstufige Deutung). Die emotionale Bewegung wäre, wie in der Interpretation 1A, eine negative Zuwendung, die sich im Garstig-Sein (F3) ausdrückt; das Ich der Träumerin wäre aber passiv betroffen (pt). Das fokale Gefühl des Lästig-Findens (E1) stünde für die unerwünschten Aspekte (D-) des Standhaltens, das anderseits geboten ist (N+).

Im fünften Abschnitt nimmt die Expertin kleinere Korrekturen an den Interpretationen 1A und 2A vor. Die erste Korrektur besteht im Einbau des Momentes der Flucht (A2) in die Negativ-Komponente der gedeuteten Konflikte (D-). Die Positiv-Komponente wird um eine Wunschqualität (D+) ergänzt, sodass der Konflikt als Ambivalenz aufgefasst werden kann. Die dritte Veränderung betrifft die zusätzliche Hereinnahme der Elternbeziehung (ve) in die repräsentierten Lebensbereiche der Interpretation 1A. - Der sechste Abschnitt befasst sich mit der eigenartigen Haltung des Traum-Ich gegenüber der aggressiven Bedrängnis (A8). Er trägt aber nichts Neues zum Prozess der Bedeutungsbildung bei.

Im letzten Abschnitt wird die Interpretation 4A aufgebaut. Die räumlichen Positionen im Traum (P1,P2,P4) gewinnen in einem interpersonalen Kontext (ri,zi) die Bedeutung eines sozialen Aufstiegs (positive Abwendung). Die Träumerin wird in doppelter Repräsentation (ti,tf1) gesehen, als Erwachsene und als Kind, wozu sich noch die Eltern der Träumerin gesellen (Lebensbereich ve). Das Besondere dieser Interpretation liegt darin, dass sich die zentrale Bewegung zwischen den beiden Repräsentanten des Ich entfaltet (ag und pt) und dem Repräsentanten der Bezugsperson nur ein Beobachterstatus (cs) eingeräumt wird. Die Dynamik, die sich um die Bewegung der Emanzipation abspielt, wird als Konflikt zwischen einem Wunsch (D+) einerseits und einer Befürchtung und Unfähigkeit anderseits (D-,P-) aufgefasst.

Insgesamt hat die Expertin A sieben Selbst-Signifikationen aufgebaut. Vier davon werden dem Verwandtschaftsbereich zugeordnet. Zweimal stellt sich das Ich der Träumerin im Medium des Traum-Ich dar, fünfmal im Medium der Traumfigur 1. Unter den motivationalen Komponenten überwiegt die Bewegung einer negativen Zuwendung; daneben taucht zweimal eine positive Abwendung und einmal eine negative Abwendung auf. Die Beteiligung des Ich ist abwechselnd aktiv und passiv. In bezug auf die modalen Kategorien fällt auf, dass die Kategorie der Wünschbarkeit in positiver oder negativer Form jedesmal auftritt.

Im Vergleich mit den vorausgegeangenen Teilprozessen der Bedeutungsbildung überrascht, wieviel Uebereinstimmung der Interpretationsprozess der Expertin A erbracht hat, obwohl die über den Traumbericht hinausgehende Information minimal war und sich auf das Alter und Geschlecht der Träumerin beschränkte. Bleiben wir zunächst bei den situativen Komponenten der zu vergleichenden Bedeutungsstrukturen. Nach den Angaben der Träumerin liegen die aktuellen Konflikte bekanntlich in den Bereichen Partnerschaft, Wohnen und Oeffentlichkeit. Die ersten beiden sind auch in den vorliegenden Interpretationen erfasst; dass der letzte fehlt, überrascht wenig, da die Expertin A von der dramatischen Vortagesszene nichts wissen konnte. In den Interpretationen A wird der Lebensbereich der Verwandtschaft (Elternbeziehung) stark betont. Dies ist zwar eine deutliche Abweichung gegenüber der angegebenen Lebenssituation, deckt sich aber mit vorherrschenden Selbst-Signifikationen, die wir der Traumszene entnommen haben.

Einen ähnlichen Befund liefert der Vergleich der motivationalen Komponenten der Bedeutungsstrukturen. Die Expertin A entdeckte 4 mal die Bewegung der negativen Zuwendung, 2 mal die Bewegung der positiven Abwendung und 1 mal jene der negativen Abwendung. Die ersten beiden sind wiederum die vorherrschenden Tendenzen in der angegebenen Lebenssituation und in der Traumszene; die dritte ist ebenfalls in der Traumszene vertreten und darüber hinaus in der Vortagesszene. Im übrigen ist die Deckung mit den beiden Wachszenen schwach, was am vorwiegend komplementären Verhältnis von Traumszene und Wachszenen liegen dürfte, das bereits festgestellt wurde.

Ein letzter Blick soll den medialen Komponenten der Bedeutungsstrukturen der Traumbildung und des Interpretationsprozesses A gelten. Fast alle der in den Interpretationen A fokalen Traumrelationen (F3,F5,E3,A7,M1,M2) gehören den in der Traumszene als signifikant bestimmten Relationen an (Ausnahme: M2): Garstig-Sein, Widerspenstig-Sein, Nichts-Ausmachen, Lächerlich-Finden, Loswerden-Müssen. Dies besagt, dass unsere Methode und die Intuition der Expertin A im Eruieren der Auffälligkeiten im Traum ganz ähnliche Resultate bringen; allerdings liefert unser Verfahren noch eine Reihe zusätzlicher Signifikanzen. Die gemeinsamen Traumrelationen stimmen dann aber nur teilweise in der ihnen zugesprochenen emotionalen Bewegung überein. Sowohl in der Traumbildung wie auch in den Interpretationen A gelten die Relationen F3 und F5 als Ausdruck einer negativen Zuwendung und die Relation E3 als Ausdruck einer negativen Abwendung. Das Motiv der positiven Abwendung, das die Expertin A vor allem in den Relationen M1 und M2 feststellt, findet sich bekanntlich auch in der Traumbildung, dort aber in anderer expressiver Gestalt (F5,A6,E3,A7,M4,K1).

5.8 SCHRITT 7: *DIE TRAUMINTERPRETATION DES EXPERTEN B*

5.8.1 TEXT UND CODIERUNG

"Also zunächst bin ich an sich sehr froh, dass ich einfach einmal über den Traum 1 nachdenken kann, weil ich ein gewisses Vorbedenken hatte oder auch eine gewisse Angst oder wie man das auch bezeichnen will, dass ich die Informationsmenge von drei Träumen gar nicht gleichzeitig in meinem Kopf behalten kann, um ein Denkprotokoll zu produzieren; dass man zwangsläufig irgend etwas herausgreift und den Rest vernachlässigt.

Was meiner Meinung nach zunächst auffällt, ist, dass die Träumerin anfangs von einer *Demonstration [A1]* spricht, nachher jedoch dieses Thema eigentlich nicht mehr erwähnt, mit Ausnahme der Bemerkung: 'Das hed sich halt ganz furchtbar gwert mit dem; das isch de letscht Usweg gsi für's, us Protescht eso.' Als ich diese letzte Bemerkung zuerst las, hatte ich das Gefühl, hierbei handle es sich um eine Art Deutung, welche die Träumerin selbst gibt für die Traumszene mit dem kleinen Kind, das da hinunterpinkelt, das heisst aus dem Wachzustand reflexiv auf ihren eigenen Traum. Im Moment, als ich darüber nachdachte, hatte ich jedoch den Beginn des Traumes bereits vergessen, der ja mit der Demonstration anfängt. Die Frage kann nun sein: Weshalb hatte ich das vergessen, oder was hat mich an dem ganzen Problem der Demonstration beschäftigt? Jetzt kommt eine Einfallskette, indem ich mich sofort daran erinnere, dass ich gestern abend mit meinem Sohn über das Problem der Demonstrationen geredet habe. Ich muss nun dies fast mit einer gewissen Hartnäckigkeit wieder wegschieben, was zwischen uns gesprochen wurde, und mich wieder auf den Traum konzentrieren.

Die Versuchsperson, die Träumerin, steht auf dem Dach, *oben auf dem Hausdach [P1]* und muss ein *lästiges [E1]* Kind *loswerden [M1]*. Wenn man zunächst einmal ein Personeninventar über den Traum macht, so ist hier die *Träumerin [ti]*, das lästige *Kind [tf1]* und die *Eltern [tf2]* dieses lästigen Kindes. Die Positionen: die Träumerin befindet sich auf dem Hausdach, die Eltern stehen *unten [P4]* und das Kind - das ist mir eigentlich nicht ganz klar - steht das auf der *Leiter [td2]*? Ich glaube, es ist nicht ganz klar, wo es eigentlich steht - das heisst, es gibt da eine ganz *lange [F4]* Treppe, die am Haus *angelehnt [P3]* ist; und dann *pinkelt [A6]* dieses Kind hinunter, die Treppe hinunter, auf den Boden hinunter und *wehrt sich [A5]* sehr auf diese Art. 'Und ich het denn nu müese dere Schtäge en Schupf ge, aso dere Leitere en *Schupf ge [M4]*, und denn wär das ganz (..) wit und tüf (..) und vor dem Fall han ich irgendwie *Angscht [E4]* gha.' Das Kind *wäre hinuntergefallen [M5]*; also man muss davon eigentlich doch entnehmen, dass das Kind auf der Treppe steht. (VI: Jedenfalls auch irgendwie oben ist.) Oben, ja, oben auf der Treppe. Aber wenn es dann auf deine Frage heisst: 'Aso s'Chind wär denn abekait?': 'Jo, aber das het dem *nüd gmacht [K1]*, das wär dune gsi und das het überhaupt em Chind überhaupt nüd gmacht'. - Hier fällt mir übrigens gerade ein: Ein Kind, das eine Treppe hinunterfällt und keinen Schaden nimmt, das erinnert doch sehr an einen *kindlichen [zp]*, *phobischen [D-]* Traum; Kinder erzählen oft Träume, in denen sie irgendwo runterfallen, aber es macht ihnen nichts. Also, man müsste irgendwie sagen, der Traum hat etwas zu tun mit kindlichen, phobischen Träumen vom Fallen, wobei es jedoch in der ganzen Traumarbeit gelingt, dies wieder *aufzuheben [+]*, so dass alles nichts macht."

$$5B: \quad (\;) \quad = \quad \frac{K1/M5,E4 \;(\;)\quad tf1}{+ /D- \quad\quad (\;)\quad zp}$$

"Jetzt gerade habe ich eine gewisse Denkpause - und jetzt gehen meine Gedanken wieder zurück zum ekelhaften *Kind [tf1]*. Es ist ein lästiges, *ekelhaftes [F3]* Kind, das pinkelt, das da hinunterpinkelt. Hier stellt sich natürlich die Frage: Was repräsentiert dieses lästige Kind? Wenn man da die Theorie zu Hilfe nimmt, so gibt es eine Deutung auf der Subjektstufe, d.h. es ist die *Träumerin selbst [(i)]* in *irgendeiner [ub]* Konfiguration, also in einer Konfiguration ihres Selbst, oder es ist nicht sie selbst, sondern eine Art Objektkonfiguration, es können *Geschwister* sein, es können *Eltern [(p) ve]* sein, man *weiss es nicht [ub]*. Zunächst haben wir eigentlich keine weiteren Angaben hierüber."

5B: (i) ub (=) tf1

6B: (p) ve,ub (=) tf1

"Das *Pinkeln* [A6], das ich jetzt aufnehme, ja, es gibt ein Pinkeln *aus Protest* [$\rightarrow$, $\overset{+}{\leftarrow}$], das gibt es zweifelsohne. Und jetzt ist es so, dass es mir bei diesem ganzen Traum nicht wohl wird. Das heisst, ich versuche, das anzuschauen in mir drin, und dabei kommt in mir ein unangenehmes Gefühl gegen die Träumerin hoch, im Moment. Und zwar kann ich das etwas begründen. Es hat wieder mit der Bemerkung einen Zusammenhang: 'Das hed sich halt ganz furchtbar gwert mit dem; das isch de letscht Usweg gsi für's, us Protescht eso.' Also, wollen wir es mal so ausdrücken: Sie ist für mich eine Art Protesttante, diese Träumerin, wobei dieser Protest irgendeine Form der *Abwehr* [-, +] darstellen muss, wogegen muss ich offenlassen, und dass sie diese Art und Weise der Abwehr bestimmter Probleme, die sie hat, da auf diese Art interpretativ hineinbringt. Ja, es handelt sich natürlich um eine *Abwehr gegen eine Angst* [+/D-], die sie hat. Die Angst hinunterzufallen, die sie ja hier von sich abtrennt und eigentlich dem Kind übergibt. Man könnte sich ja vorstellen, dass der Traum ganz anders verläuft, dass sie auf der Leiter steht, und die Leiter zu schwanken beginnt, oder dass die Leute, die da unten protestieren, beginnen, an der Leiter zu rütteln, und sie hat grässlich Angst, dass sie hinunterfallen könnte. So könnte man sich den Traum ja auch vorstellen, dass der sich so entwickelt. Er verläuft jedoch nicht so, und deshalb meine ich, dass sie diese Art Angst, die ich jetzt so irgendwie mal dargestellt habe, eigentlich abwehrt, zuerst einmal durch ein Splitting, indem sie ein lästiges Kind einführt, das hinunterpinkelt. *Niemand findet* eigentlich *etwas dabei [E3]*, es gibt keine schädlichen Folgen, das Kind kommt nicht um, wenn es hinunterfällt. Die Eltern *finden* es eigentlich auch ein wenig *lächerlich [A7]*, wie das Kind da hinunterpinkelt, aber es scheint nicht, oder jedenfalls schildert sie es nicht so, als ob die Eltern beängstigt wären wegen diesem Kind dort oben; aber eigentlich wäre es ja natürlich, dass sie sich ängstigen, wenn das Kind oben auf der Leiter steht und hinunterpinkelt, und nicht, dass man es als lächerlich empfindet, dass es pinkelt. Das scheint mir wiederum eine seltsame Verleugnung einer realen Angst zu sein, welche die Eltern normalerweise empfinden würden. Stattdessen findet man etwas lächerlich. Also etwas lächerlich finden statt Angst zu haben."

5B: (i-) ub = $\dfrac{\text{E3,A7,K1/E4,M5 ( ) tf1}}{\text{+ /D- ( ) zp}}$

(i) ub (=) tf1

"Jetzt bin ich aber nicht ganz sicher: Parallel zu mir ist natürlich eine andere interpretative Idee abgelaufen, nämlich die Frage der *Aggressivität [$\rightarrow$]*. Man könnte genau das Gleiche vom Problem der *aggressiven Impulse [D+ ($\rightarrow$)]* her deuten, und zwar in doppelter Hinsicht, weil sie ja irgendwie daran herumstudiert, diese Leiter *umzustossen [M4]*, damit das Kind hinunterfällt; das könnte ja eine Aggression sein, eine Aggression gegen *Geschwister [(i-p) ve]*, zum Beispiel; und das pinkelnde Kind stellt auch eine Art Aggressivität dar, also eine doppelte Darstellung. Das pinkelnde Kind protestiert und ist aggressiv in einer gewissen Form, in einer adäquaten Form, und andererseits ist sie aggressiv auf dieses Kind. Dies lief eigentlich gleichzeitig ab; ich habe das aber in meinen Gedanken nicht zuerst in den Vordergrund gestellt, weil es sich hierbei für mich um eine Hypothese handelt, die ich jetzt im Moment nicht bestätigen kann. Und rein gefühlsmässig, wenn ich mich jetzt mit dem Traum auseinandersetze, ist mir zunächst die andere plausibel, plausibler. Das kann jedoch falsch sein, nur schildere ich im Moment einfach, was in mir drin abläuft."

6B: (i-p) ve = $\dfrac{\text{K1,E3,A7/M5,A5 (M4,A6)}}{\text{- /D+ ($\overset{\rightarrow}{}$)}}$

(i) ve = $\dfrac{\text{ti,tf1}}{\text{ag }\overset{\rightarrow}{}}$

$$(p) \quad ve \;=\; \frac{tf1, tf2}{pt \overset{\cdot}{\rightarrow}}$$

"Träume, in denen man in der Höhe ist, gehören ja zu einer bestimmten Art phobischer Träume - jetzt habe ich eine richtige Panne, also im Sinne, dass ich - es ist mir schon ein Gedanke gekommen: Es gibt ja auch noch das Moment der *Verstiegenheit [ri]*, wie sie da auf dem Dach sitzt, sie hat sich doch irgendwie verstiegen. Es gibt da eine schöne Arbeit von Ludwig Binswanger über die Verstiegenheit, in der er das Oben-Sein als eine Art Verstiegenheit interpretiert. Also muss man sich fragen: Warum hat sich diese Frau so verstiegen, warum will sie das Kind hinunterstossen, quasi etwas *hinter sich lassen [←±]*? Insofern ist auch dieses Protestmoment wie etwas, das Kind pinkelt ja hinunter; das ist auch schon irgendwie eine Geste der Missachtung oder der *Verachtung [⇌]* eventuell, da bin ich unsicher. Sie hat sich also irgendwie verstiegen.- (VI: Und das siehst du als Alternative zu einer phobischen Deutung?) Nein, das gehört vielleicht zusammen. Wer sich versteigt, hat phobische Aengste, dass er hinunterfällt. Da taucht natürlich wieder die Frage nach dem *Gehalt hinter der Phobie [D- ( )]* auf; welches Bedürfnis führt zu dieser Phobie? Mit was erntet sie die Angst? Was steckt hinter der Verstiegenheit? Verstiegenheit kann man natürlich daseinsanalytisch als eine Form des Versuchs zur Lösung der Existenzprobleme deuten. Ein Psychoanalytiker würde jedoch sagen, dass sie sich aus einem bestimmten Grund versteigt, dass dahinter ein Motiv steckt."

$$5B: \quad (i\text{-}) \quad ub \;=\; \frac{E3, A7, K1 / E4, M5 \;(\;)\; tf1;\; P1}{+ \quad /D\text{-} \quad (\;)\; zp;\; ri}$$

$$(i) \quad ub \quad (=) \; ti, tf1$$

"Nun ist es natürlich so, dass man aus diesem Traum, der überall so stark Aengste abwehrt, wohl kaum annehmen kann, dass man die darin enthaltenen Motive auch herausfindet. Eventuell kann man das vorläufig noch auf den nächsten Traum verschieben. Es ist nun aber so, dass ich völlig unzufrieden bin. Ich habe das Gefühl, dass ich vor diesem Traum 1 in ein weiteres Protokoll flüchte, weil ich im Moment nicht vorankomme. (VI: Ja.) Vielleicht hat da auch die Versuchsanordnung Schuld. Wenn ich den Traum für mich persönlich deuten müsste, würde ich jetzt einfach warten und sehen, was mir einfällt. Das Tonband läuft aber stets weiter. Vielleicht kannst du mal für eine Weile abschalten, bis mir wieder etwas einfällt? Ich weiss nicht, was du machen willst. (VI: Das kann ich ohne weiteres tun.) Ich komme jetzt einfach in eine gewisse - also ich habe den Impuls, zum nächsten Traum weiterzugehen, neue Informationen zu erhalten. Die andere Möglichkeit, neue Informationen zu erhalten, besteht darin, dass ich sie bringe, zum Thema des ersten Traumes mobilisiere. (VI: An der Versuchsanordnung steht nur fest, dass noch 2 Träume zu deuten sind, aber der Zeitraum ist nicht festgelegt. Wir können es auch abstellen.) Dann mach doch einen Moment Pause, ich möchte mal sehen, was kommt; oder du kannst das Band laufen lassen, und es ist dann nichts drauf, das ist mir gleichgültig. Wie du lieber möchtest. Wenn die Pausen eben auch von Bedeutung sind. (VI: Wenn es dir nichts ausmacht, können wir das Band laufen lassen.) Dann lassen wir's einfach laufen. Ich überlege mir jetzt doch gerade, warum, warum ich da Mühe habe weiterzukommen. (8 sec Pause) Ich muss jetzt einfach schauen, was mir einfällt. (5 sec Pause).

Ja, da haben wir's! Jetzt komme ich langsam drauf. Mir ist nämlich eingefallen, dass wir mal ein Traumseminar hatten mit M., der ja ein fantastischer Traumdeuter ist. Und er hat an einem ganz kurzen Traum, wie es dieser ja auch ist, wenn man ihn zusammenzieht, die ganze Geschichte und Neurose dieser Person hervorgeholt. Ich habe jetzt offenbar ein gewisses Unterlegenheitsgefühl gegenüber M., weil mir scheint, dass ich das nicht so fantastisch machen kann. (Lachen) Obwohl ich ja gar nicht billige, wie er das macht, habe ich jetzt trotzdem affektiv das Gefühl, ich bin in eine Art Konkurrenzsituation mit M. geraten, die mich blockiert, um da weiterzukommen. Das ist natürlich schon sehr plausibel. Ich weiss nicht, ob er über einen so kurzen Traum 2 Stunden gesprochen haben, aber er hat nicht die ganze Zeit gesprochen, sondern auch andere Leute gefragt, was ihnen einfällt, und das dann mit den Einfällen der andern so wie in einem Schüttelbecher so gemacht, bis er inbezug auf diese Frau zu gewissen Deutungen kam. Vor allem sass auch die Analytikerin dabei, und er hat durch ihre Reaktionen immer Bestätigungen erhalten, ob er mit seinen Interpretationen auf dem richtigen Pfad sei.

Also zunächst hat mich jetzt wohl eine gewisse Konkurrenzsituation blockiert, und dann kam mir in den Sinn, dass das Pinkeln ja etwas vom *Konkurrenzieren [$\rightarrow$; (i-p)]* hat, das im Traum vorkommt. Es gibt ja so Spiele, bei denen es darum geht, am weitesten zu pinkeln. Also die urethrale Rivalität, Konkurrenz, competition. Und somit wären wir wieder beim Pinkeln im Traum. Also, hinunterpinkeln kann auch etwas zu tun haben mit einer Leistung, mit dem Konkurrenzieren. - Man muss ja alles sagen, was einem in den Sinn kommt. Im Moment merke ich, dass ich einen gewissen Harndrang habe, und ich habe mir jetzt natürlich überlegt, warum ich Harndrang habe. Natürlich habe ich die Ausrede, dass es hier kalt ist, das ist es ja wirklich. Und wenn man dann hereinkommt, so muss man plötzlich einfach auf die Toilette, wenn man erkältet ist. Es kann aber auch eine Induktion sein, physiologisch, das ist möglich, von der ganzen Situation und vom Trauminhalt, also quasi ein körperlicher, ein physiologischer Einfall zum ganzen Thema des Pinkelns. Und dann kommt einem natürlich noch die Frage, dass ja eigentlich das Kind *weder als Knabe noch als Mädchen [tf1]* charakterisiert wird. Das fällt mir erst jetzt auf, es handelt sich weder um einen Knaben noch um ein Mädchen. Und mit dem Pinkeln ist es bei Knaben und Mädchen eine lustige Sache. Die Mädchen machen auch solche Konkurrenzspiele und sind manchmal stolz darauf, dass sie so wie die Knaben pinkeln können, obwohl sie genital anders gebaut sind. Die Verstiegenheit kann auch mit *Ehrgeiz [D+ ($\rightarrow$)]* zusammenhängen. Da hätten wir also vielleicht auch eine gemeinsame Linie über das Kind, das hinunterpinkelt und so garstig ist, und dieser Frau. Dass sie also im Moment von einem mit competition im Zusammenhang stehenden Problem geplagt wird, das sie nicht wahrhaben möchte und versucht *wegzuschieben [D-]* wie die Leiter samt Kind. Dass also die Aengste doch eigentlich mit dem Problem der competition zu tun haben."

5B: (i-p) ub $= \dfrac{\text{E3,A7,K1/E4,M5,M4 (A6,F3) tf1; P1}}{\text{D+ \quad /D- \qquad ($\rightarrow$) \qquad zp ; ri}}$

(i) ub $= \dfrac{\text{ti, tf1}}{\text{ag} \rightarrow}$

"Als Kommentar: Es ist recht interessant, wie das läuft. Ich komme ja zu dieser Deutung über meine persönlichen Probleme, die da aufgeworfen worden sind. Das heisst nicht, dass sie stimmt. Es ist keine Ableitung über eine Theorie, sondern, ja indirekt spielt die Theorie ja immer mit, aber über Gedanken, die zu mir geführt haben. Jetzt bin ich eigentlich wieder beim Traum angelangt.

Fallen, jetzt fällt mir zum Fallen ein - das Kind könnte abstürzen, fallen; da fällt mir ein, dass mein Vater in den Bergen abstürzte und dabei umgekommen ist. Dieses Hinunterfallen; dass ich eine gewisse Angst hatte vor dem Fallen - zum Beispiel nicht ohne weiteres auf eine Leiter steigen konnte. Als Kind hatte ich auch Schwindelgefühle, alles als Folge des Absturzes meines Vaters. Es passt mir jedoch jetzt nicht so gut, allzu sehr in Assoziationen persönlicher Art hineinzugeraten, im Moment, die, glaube ich, schon auch dazu beitragen könnten, zunächst einmal einfach abzureagieren, was der Traum in mir hervorruft; denn ich habe ja anfangs gesagt, dass ich plötzlich zu einem Punkt kam, an dem ich das Gefühl hatte, die Träumerin sei mir unsympathisch. Irgendwie ein Gefühl der Abneigung. Es ist nun durchaus möglich, dass dies mit eigenen Problemen im Zusammenhang steht, also mit meiner ganz eigenen Problemgeschichte, welche dadurch wachgerufen wurde, was natürlich der Traum auch immer macht. In einer solchen Situation, glaube ich, ist es doch gar nicht schlecht, wenn man, um aus den persönlichen Assoziationen herauszukommen, wieder ein Stück Information nimmt. Ein Stück Realität ausserhalb seiner selbst wieder einführt. Also würde ich jetzt doch vorschlagen, dass wir einen weiteren Traum nehmen."

Alternative Selbst-Signifikationen im Interpretationstext B

6B: (i) ve $= \dfrac{\text{ti,tf1}}{\text{-/D+ (ag} \rightarrow\text{)}}$ (in: M4,A6; M5,A5)

5B: (i)   ub $= \dfrac{ti,tf1}{D+/D- (ag \overset{.}{\rightarrow})}$ (in: A6,F3; E3,A7,K1)

5.8.2 KOMMENTAR

Der Interpretationstext des Experten B zeigt einige auffällige Unterschiede zum Text der Expertin A. Zum ersten handelt es sich beim vorliegenden Text um ein Denkprotokoll im engern Sinn, d.h. um einen extensiven Bericht über verschiedene Aspekte des von der Interpretationsaufgabe ausgelösten mehrschichtigen Wahrnehmungs-, Denk- und Urteilsprozesses, soweit er dem Bewusstsein des Interpreten zugänglich ist. Damit ist zweitens die Beobachtung verknüpft, dass der Experte B an mehreren Stellen auf seine eigene momentane Befindlichkeit Bezug nimmt, um zu Einsichten über den Interpretationsgegenstand zu gelangen; psychoanalytisch gesprochen verwendet er seine Gegenübertragung, um im Eigenen das Fremde zu erkennen. Der dritte Unterschied ist stilistischer Natur: Behutsam schreitet der Experte B voran, achtet auf Einzelheiten des Traumtexts, öffnet sich eigenen Einfällen, prüft theoretische Bestandteile, gelangt zu Bedeutungshypothesen, auf die er sich aber noch nicht festlegen will; das Gesuchte umkreisend, gelingt ihm plötzlich ein Durchbruch. Trotz der beschriebenen Unterschiede kann man nun die interessante Feststellung machen, dass die Expertin A und der Experte B teilweise zu identischen Bedeutungsstrukturen gelangten.

Bleiben wir vorerst beim Verlauf des Interpretationsprozesses. Der erste Abschnitt eröffnet das Protokoll. Im zweiten Abschnitt beginnt der Experte mit der allerersten Traumrelation (Demonstration, A1) und sucht einen Einstieg mit der Frage, warum er dieses Fragment beinahe vergessen hatte. Von den eigenen Assoziationen weg wendet er sich im dritten Abschnitt wieder dem Traumtext zu und macht eine systematische Bestandesaufnahme über das Traum-Ich, die Traumfiguren, deren Positionen und auffällige Aktionen und Motive. Das Wissen des Traum-Ich um die merkwürdige Unversehrtheit (K1) des Kindes (tf1) bringt den Experten auf die Hypothese eines phobischen Traums und damit auf die Interpretation 5B. Die Relation K1 wird als Abwehr (+) einer Befürchtung (D-) aufgefasst, die sich in der Angst vor dem Fallen (E4,M5) ausdrückt. Auf welche Tendenz sich die Befürchtung bezieht, ist vorläufig noch offen, ebenso der implizierte Lebensbereich. Kontextuell kann aber ein Verweis auf die Kindheit der Träumerin (zp) angenommen werden.

Der nächste Abschnitt befasst sich mit der Frage, was das Kind repräsentiert. Der Experte entwirft die theoretisch bekannte Alternative einer subjektstufigen und einer objektstufigen Deutung, wobei er im zweiten Fall an verwandtschaftliche oder auch unbestimmte Bezugspersonen denkt. Diese Alternative bildet dann auch ein Kriterium für die Ausarbeitung der Interpretationen 5B und 6B. - Im fünften Abschnitt wird das Pinkeln (A6) zur Bedeutungsbildung herangezogen. Die Verknüpfung dieser Relation mit der des Sich-Wehrens (A5) durch die Träumerin bringt den Experten nach einigem Widerstreben auf die Vermutung, dass hier die oben erwogene Abwehr einer Angst (+/D-) ausgedrückt ist. Es zeigt sich nun, dass das Konzept der Angstabwehr auch auf andere Traumrelationen passt, neben der obigen Unversehrtheit (K1) des Kindes auf die Indifferenz (E3) und Belustigung (A7) der Eltern (tf2). - Damit ist die Interpretation 5B soweit ausgearbeitet, dass als wesentlicher Bestandteil nur noch die emotionale Bewegung und die dazugehörigen fokalen Traumrelationen fehlen.

Im sechsten Abschnitt erwägt der Experte, ob anstelle der Abwehr von Angst ein Konflikt (-/D+) um aggressive Impulse ($\rightarrow$) als zentrale Motivation angenommen werden sollte. Für eine aggressive Tendenz findet sich eine doppelte Expression im Traum: das Wegstossen-Müssen (M4) und das Pinkeln (A6); das Traum-Ich verhält sich der Traumfigur 1 gegenüber aggressiv, und die Traumfigur 1 den Traumfiguren 2 gegenüber. Folglich sind das Ich der Träumerin im Traum-Ich und in der Traumfigur 1 und die Bezugsperson der Träumerin in den Traumfiguren 1 und 2 dargestellt. Auf diese Weise wird der Traum übrigens als Misch-

form einer objektstufigen und einer subjektstufigen Repräsentation aufgefasst. Die dargestellte Beziehung dürfte ein geschwisterliches Verhältnis (ve) sein. Als Zeichen der Aggres-
sionsabwehr werden dieselben wie bei der Angstabwehr (K1,E3,A7) angenommen. Dieser
nun zustandegekommenen Interpretation 6B steht der Experte mit betonter Reserve gegenüber. Im weiteren wird er sich nur noch mit der Interpretation 5B befassen.

Offen ist immer noch, welche Bewegung die treibende Kraft ist, die sowohl Angst als auch
deren Abwehr hervorruft. Der Experte kehrt zurück auf die auffällige Position des Traum-
Ich, das Oben-Sein (P1). Wenn diese Relation im daseinsanalytischen Sinn als Verstiegenheit gedeutet wird, was ist denn deren Motiv? Ist es Distanzierung ($\leftarrow$), ist es Verachtung
($\rightarrow$) ? Mit dieser Frage schliesst der siebte Abschnitt. - In den nächsten 3 Abschnitten können wir im Detail verfolgen, wie der Experte B zur gesuchten Antwort vorstösst. Es handelt
sich um ein hervorragendes Beispiel für die Verwendung der eigenen psychischen - und
gar physiologischen! - Reaktion für die Weiterentwicklung des Bedeutungsprozesses.
Nach der Frustration über den ins Stocken geratenen Interpretationsprozess und der
Wahrnehmung von Insuffizienzgefühlen entdeckt der Experte, dass er seine momentane
Situation als Konkurrenz und Rivalität interpretiert hat. Sofort erschliesst sich ihm, über das
Konzept der urethralen Rivalität, das Pinkeln (A6) und Garstig-Sein (F3) im Traum als Aus-
druck eines entsprechenden Ehrgeizmotivs ($\rightarrow$). Die Interpretation 5B ist komplett.

Als Ergebnis der Interpretationen B liegen zwei Bedeutungsstrukturen in Form von Selbst-
Signifikationen vor. Rein quantitativ ist dieses Ergebnis, verglichen mit jenen der andern
Experten, bescheiden; angesichts des überaus sorgfältigen Vorgehens darf es jedoch als
stark abgesichert gelten. Unsere Codierung erfasst übrigens nicht alle Finessen. So
mussten wir das Ehrgeizmotiv in der Interpretation 5B und die aggressiven Impulse in der
Interpretation 6B auf dieselbe Weise, als negative Zuwendung in aktiver Form, codiert werden. Beide Selbst-Signifikationen enthalten als Medium des Ich der Träumerin das Traum-
Ich und die Traumfigur 1. Das Ich wird in 6B dem Lebensbereich der Verwandtschaft
zugeordnet, in 5B bleibt der Bereich unbestimmt. Der Konflikt um die emotionale Bewegung ist in 5B als Angst-Wunsch-Ambivalenz erfasst, in 6B als Verhältnis eines Wunsches
zu einer hinsichtlich der Modalität nicht näher bestimmten Abwehr.

Vergleichen wir die Bedeutungsstrukturen der Interpretationen B mit jenen der vorange-
gangen Teilprozesse. Im Hinblick auf die medialen Bedeutungskomponenten ist vor allem
ein Vergleich mit der Traumbildung sinnvoll. Hier fällt nun auf, dass nicht nur die fokalen
Traumrelationen (F3,A6,M4), sondern auch die affirmativen (A5,E3,A7,M5,K1) und die ne-
gierenden Relationen (E3,A7,M4,M5,E4,K1) in den vom Experten B aufgebauten Signifikationen fast sämtlich (Ausnahme: A5) der Liste der Signifikanzen entsprechen. Im Klartext
heisst dies, dass fast alle der vom Experten B als interpretationsrelevant erachteten Traumrelationen mit jenen übereinstimmen, die unser Codierverfahren als signifikant entdeckt hat.
Es sind dies, chronologisch geordnet: Garstig-Sein, Hinunter-Pinkeln, Nichts-Ausmachen,
Lächerlich-Finden, Wegstossen-Müssen, Fallen-Können, Angst-Haben, Wissen-dass-
Nichts-Ausmachen. Darüber hinaus können wir feststellen, dass das zentrale Motiv, das
der Experte B diesen Traumrelationen zugrunde legt, die negative Zuwendung, in den meisten Zuordnungen der Traumbildung enthalten ist (Ausnahme: E3,E4).

Hinsichtlich der situativen Komponente ist die Bedeutungsstruktur 5B unbestimmt und die
Bedeutungsstruktur 6B auf eine Geschwisterbeziehung (ve) eingegrenzt. Der involvierte
Lebensbereich der Verwandtschaft ist unter den vorangegangenen Teilprozessen der Bedeutungsbildung in der Traumbildung und in den Interpretationen der Expertin A vertreten;
in der ersteren als beiläufiger, in den letzeren als hauptsächlicher Kontext. Wenn man nun
noch die motivationale Bedeutungskomponente der negativen Zuwendung einbezieht, er-
kennt man, dass die Selbst-Signifikationen 6B und 1A in der Grundstruktur identisch sind:
Beide Male wird die Traumfigur 1 als Repräsentant des Ich aus dem verwandtschaftlichen
Bereich und als Expressionsmedium eines Wunsch-Abwehr-Konfliktes um die aktive, negative Zuwendung interpretiert. Unterschiedlich ist allerdings der Fokus, den die Experten
A und B auf die Traumrelationen gerichtet haben: in der Interpretation 1A liegt er auf den
Relationen Garstig-Sein (F3) und Widerspenstig-Sein (F5), in der Interpretation 6B auf den

Relationen Hinunter-Pinkeln (A6) und Wegstossen-Müssen (M4). Die letztere Relation ist der Grund, weshalb der Experte B das Ich der Träumerin nicht nur in der Traumfigur 1, sondern auch im Traum-Ich repräsentiert sah.

5.9 SCHRITT 8: *DIE TRAUMINTERPRETATION DER EXPERTIN C*

5.9.1 TEXT UND CODIERUNG

Auf Wunsch der Trauminterpretin C wurde ihr der Traumbericht zweimal hintereinander abgespielt.

"Also, wenn ich mich korrekt erinnere, ich habe mir diese *Machtlosigkeit [E5]*, und jetzt in der zweiten Ueber-spielung des Traums, das bleibt für mich der wichtige Punkt, dass sie eine *verzweifelte [E6]* Lage zeigt. Natür-lich, ich habe die Information, dass sie vorher in dieser *Demonstration [(i) oe]* da war und damit dieser Tages-rest vorhanden ist. Aber dann ist sie direkt beteiligt in dieser Situation, *sie [ti]* sitzt *auf diesem Haus [P1]* letz-ten Endes, und sie ist vor etwas *weggerannt [A2]*. In diesem Punkt kommt für mich der wichtigte Punkt der *Ratlosigkeit*, der *Hilflosigkeit [⇐, pt]*. Sie hat es soweit gebracht, auf dem Dach zu sein, da *sitzt schon etwas [P2]*, was sie weiter *stört [D-]*, nämlich dieses *scheussliche [F3] Kind [tf1]*, und parallel dazu hat sie auch eine *Pflicht*, dieses Kind *nach unten zu bringen [M1,M2; N+]*, und man fragt sie nicht selber, wie kommst du nach unten oder wann kommst du nach unten. Und das Kind *wehrt sich [A5]*, aber sie kann sich letzten Endes wie-der *nicht wehren [M6]*. Und da sind da *unten [P4] die Eltern [tf2]*, die *passen wieder nur auf das*, also *jemand anderen auf [A4]*, und *nicht auf sie [⇐, ag-pt]*; nämlich weder sagen sie ihr, wie kommst du da nach unten, *noch sind sie erstaunt [E3]* oder irgendwie unangenehm berührt, dass dieses Kind da pinkelt, sondern neh-men es, wie sagt sie das, lustig oder so? (VI: Lächerlich.) *Lächerlich [A7]*, ja. (VI: Oder lustig meinetwegen.) Aber das 'lächerlich', nicht dass es also negativ, sondern, genau, lustig habe ich es verstanden. (VI: Vom Aus-druck her hat das eigentlich beide Bedeutungen, auf schweizerdeutsch.) Aha."

7C: $\quad$ (I-p1-p2) $\quad$ ub $= \dfrac{\text{M1,M2/F3,E5,E6 (A2,A4)}}{\text{N+ /D- } (\Leftarrow)}$

$\quad$ (i) $\quad$ ub $= \dfrac{\text{ti}}{\text{pt} \Leftarrow}$

$\quad$ (p1) $\quad$ ub $= \dfrac{\text{tf2}}{\text{ag} \Leftarrow}$

$\quad$ (p2) $\quad$ ub $= \dfrac{\text{tf1}}{\text{md} \Leftarrow}$

"Und dann, in dem Moment, sie identifiziert sich letzten Endes mit dem Kind, 'das ist der letzte Ausweg, um protestieren zu können'. Und jetzt kommt die Idee, also mit dieser Identifikation mit dem Kind, ob nicht letzten Endes dieses scheussliche *Kind sie selber [i (=) tf1]* auch sein kann. Nämlich das Kind ist auch da oben, also wo sie auch ist, und das Kind kann protestieren; also, sie ist *als Kind [(i) ve; zp]* dieses Kind, und parallel mit diesem Protest weiss man, dass das Kind *scheusslich [ag→]* ist. Also in dem Fall, sie ist selber scheusslich."

8C: $\quad$ (I-) $\quad$ ve $= \dfrac{\text{(F3,A5) tf1}}{(\rightarrow)\ \text{zp}}$

$$(i) \quad ve \ = \ \frac{tf1}{ag \stackrel{.}{\rightarrow}}$$

"Und ich glaube, das ist jetzt ein wichtiger Punkt, nämlich, wenn wir das annehmen, dass im Traum auf dem Dach *sie selber [i (=) ti]* ist als *Erwachsene [zp]* und das Kind sie als Kind, dann ist diese *Ambivalenz [D-/D+]* ihr eigener Wunsch nach *Protest [→, ⇄]*. Also das Kind *protestiert [F5]* zwar, aber damit wird es so lächerlich und so abstossend, dass es überhaupt *nichts wert [-]* sei. Und jetzt muss sie diesem einen *Stoss geben [M4]*, also direkt, dieser Stoss betrifft sie. Davor hat sie *Angst [E4]*, also diese Angst, würde ich jetzt denken, ist von der Tatsache, sie wird erkannt, egal wie. Also wenn sie, sie sitzt auf dem Dach, also wenn sie protestiert, *in Identifikation [D+,R+]* dem kleinen Kind, wird sie erkannt als lächerlich und scheusslich und irgendwas und in dem Fall also nicht mehr geliebt. In dem Fall dann die Eltern, die da unten sind, finden es lächerlich, dass sie so protestiert, weil sie nicht realisieren, dass es der einzige Ausweg sei. Und sie will sich in dem Fall mit dem Protest *nicht identifizieren [D-,N-]* und das wegtun, aber damit bleibt für sie wieder keine Möglichkeit, weder zu protestieren noch, und jetzt betrachte ich das als wichtig, ernst genommen zu werden und überhaupt wahrgenommen zu werden. Weil dieses Kind der wichtige Punkt ist. Sie muss für dieses Kind sorgen, und das Kind protestiert und übernimmt damit die ganze Aufmerksamkeit. Für sie bleibt kein Ausweg, entweder muss sie lächerlich werden, oder es kann ihr nicht geholfen werden."

$$8C: \quad (i\text{-}i\text{-}p) \quad ve,ub \ = \ \frac{A7,M4,M5/F3,P2 \ (A5,F5) \ tf1}{D\text{-},N\text{-} \quad /D+,R+ \ (\stackrel{.}{\rightarrow}) \quad zp}$$

$$(i) \quad ve \ = \ \frac{tf1}{ag \stackrel{.}{\rightarrow}}$$

$$(i) \quad ub \ = \ \frac{ti}{cs \stackrel{.}{\rightarrow}}$$

$$(p) \quad ub \ = \ \frac{tf2}{pt \stackrel{.}{\rightarrow}}$$

"Vielleicht damit kommen wir dann zurück zu dieser *Angst [E2.1]*, die sie hatte, dass *ihr [wp1,5]* nicht da rein geht. (VI: Bitte?) Dass *ihr [(p) in]* nicht hereinkommt; also wo sie *geträumt hat [ze]*, und sie erwartet, dass ihr *kommt [A2.12]* jetzt, dann fühlt sie sich plötzlich von euch verlassen. (VI: Ja.) Ihr *wisst [A2.8]*, wie scheusslich sie *ist [R+]* , also sie hat entweder gepinkelt, so reagiert wie das Kind, oder das Kind stossen wollen, irgendwie, ihr wisst, dass da etwas Scheussliches passiert ist, und ihr *bestraft [N-]* sie auch. Ihr kommt nicht herein, und da bekommt sie *Angst [D-]*."

$$9C: \quad (i\text{-}p) \quad in \ = \ \frac{E2.1,A2.12/A2.8,F3 \ (A6,M4) \ A2.11}{N\text{-},D\text{-} \quad /R+ \quad (\stackrel{.}{\rightarrow}) \quad ze}$$

$$(i) \quad in \ = \ \frac{tf1,ti,wi}{ag \stackrel{.}{\rightarrow}}$$

$$(p) \quad in \ = \ \frac{wp1,wp5}{cs \stackrel{.}{\rightarrow}}$$

"Und jetzt gehe ich noch einmal zurück zu dem Tagestraum, und ich denke, dass, also, sie hat letzten Endes, eh pardon, dem *Tagesrest [ze]*, sie hat die *Demonstration [(i-p-p) oe]*, einfach das eingebaut im Traum, die Demonstration, und wie man durch das Demonstrieren, also in dem Fall: um seine Rechte *kämpfen [A1.9;R+($\overset{\pm}{\Leftarrow}$)]* lächerlich *gemacht [A1.12; N-]* werden kann. Um noch einmal zusammenzufassen, diese Bereitschaft, die Demonstration-Informationen im Traum einzubauen, nämlich wo sie wegrennen muss, auf das Dach muss undsoweiter, hätte ich gedacht, also wenn ich überhaupt nichts anderes von der Person wüsste, dass sie entsprechende *Erfahrungen [(i-p) ub]* hat, also wo ihr Protest nicht wahrgenommen wird oder lächerlich gemacht wird. Und dann hätte ich, wenn wir jetzt auf die wichtigste Interpretation gehen, dann hätte ich das als erstes mit ihr angesprochen, also ob sie irgendwas sieht in diesem Traum von Nicht-Protestieren-Dürfen oder wenn protestieren, dann Nicht-Ernst-Genommen-Werden."

$$10C: \quad (\text{i-p}) \quad \text{oe,ub} \quad = \quad \frac{A7,A1.12/F3,A1.9 \;\; (A5,F5) \;\; wu1}{N- \quad /R+ \quad\quad (\overset{\pm}{\Leftarrow}) \;\; ze}$$

$$\quad\quad\quad (\text{i}) \quad\quad \text{oe,ub} \quad = \quad \frac{tf1,wp2}{ag \overset{\pm}{\Leftarrow}}$$

$$\quad\quad\quad (\text{p}) \quad\quad \text{oe,ub} \quad = \quad \frac{tf2,wp3}{pt \overset{\pm}{\Leftarrow}}$$

"Und das zweite, das mir tatsächlich, je mehr ich darüber rede, mir passt, dass das Kind sie selber auch ist. Und sie will sich aber auf keinen Fall mit diesem Teil, also da hat sie sich von der Idee, protestieren und wenigstens so protestieren, trennen wollen, und deswegen ist dieses Kind so lächerlich und so unangenehm. Und dann kommt die weitere Machtlosigkeit, nämlich also, wenn sie selber dieses Kind ist, sie realisiert, dass, sogar wenn sie das selber als nicht angenehm empfindet, das ist ein Teil von ihr, also das kann nicht weg. Also wieder Ratlosigkeit und Hilflosigkeit. - Zumindest dass sie das stört, also, als sie sagt, dies wäre so lästig gewesen, diese Abneigung gegen diesen Teil. - Ich glaube, das wäre alles, was mir im Moment einfällt. (VI. Ja, sollen wir da Schluss machen?) Ja. (VI: Gut, vielen Dank.)."

Alternative Selbst-Signifikationen im Interpretationstext C

$$9C: \quad (\text{i}) \quad \text{in} \quad = \quad \frac{tf1,ti,wi}{N-,D-/R+ \; (ag \overset{\rightarrow}{\rightarrow})} \quad\quad (\text{in: A6,M4; A2.8,F3})$$

$$8C: \quad (\text{i}) \quad \text{ve} \quad = \quad \frac{tf1}{D+,R+ \; (ag \overset{\rightarrow}{\rightarrow})} \quad\quad (\text{in: A5,F5; F3,P2})$$

$$10C: \quad (\text{i}) \quad \text{oe} \quad = \quad \frac{tf1,wp3}{N-/R+ \; (ag \overset{\pm}{\Leftarrow})} \quad\quad (\text{in: A5,F5; F3,A1.9})$$

$$7C: \quad (\text{i}) \quad \text{ub} \quad = \quad \frac{ti}{N+/D- \; (pt \overset{}{\Leftarrow})} \quad\quad (\text{in: A2,A4; M1,M2})$$

$$8C: \quad (\text{i}) \quad \text{ub} \quad = \quad \frac{ti}{D-,N- \; (cs \overset{\rightarrow}{\rightarrow})} \quad\quad (\text{in: A7,M4,M5})$$

10C: (i)   ub $=$ $\dfrac{\text{tf1,wp3}}{\text{N-/R+ (ag}\overset{\pm}{\leftarrow})}$ (in: A5,F5; F3,A1.9)

5.9.2 KOMMENTAR

Man erinnert sich, dass die Versuchsbedingung für die Expertinnen C und D vorsah, dass sie über die Vortagesszene (Demonstration) informiert wurden. Die Frage stellt sich, welches Gewicht die Expertinnen dieser Information beimessen und ob sich ihre Interpretationen strukturell von jenen der Experten A und B unterscheiden. Die Expertin C nimmt schon zu Beginn des Interpretationstextes auf die Demonstrationsszene Bezug; sie verwendet die Information allerdings nur als Hintergrund, von dem sich die abweichende Gestaltung der Traumszene abhebt und interpretationsrelevant wird. Die Abweichung sieht die Expertin primär in der Betonung der hilflosen Lage, die sich mehrfach ausdrückt, vor allem in der Flucht des Traum-Ich (A2) und dem Abseitsstehen der Eltern im Traum (A4). Diese Hilflosigkeit bildet denn auch den motivationalen Kern der Interpretation 7C: Konzipiert als negative Abwendung evaluiert sie eine nicht näher bestimmte Beziehung zwischen dem Ich der Träumerin, einer ersten und einer zweiten Bezugsperson, wobei dem Ich der Träumerin, das sich im Traum-Ich darstellt, klar die Opferrolle (pt) zugesprochen wird. Die weitere motivationale Ausgestaltung wird als Konflikt zwischen der Not (D-) und der Pflicht (N+) aufgefasst, der sich im Kampf des Traum-Ich mit dem garstigen Kind ausdrückt. Damit ist die Interpretation 7C abgeschlossen.

Im zweiten und dritten Abschnitt baut die Expertin die Interpretation 8C auf. Die Beobachtung, dass die Träumerin im Traumtext mit der Traumfigur 1 sympathisiert, bringt die Expertin auf die Idee einer subjektstufigen Deutung. Wie der Experte B nimmt sie explizit an, dass sich das Ich der Träumerin doppelt darstellt: als Erwachsene im Traum-Ich und als Kind in der Traumfigur 1. Kontextuell wird hier eine Entwicklung in der personalen Zeit (zp) angenommen. Die Traumfigur 1 drückt die primäre Strebung des Protests aus, wobei zunächst nicht klar ist, ob diese als aggressive (→) oder autonome (⇄) Tendenz zu codieren ist. Der Zusammenhang mit der Unakzeptierbarkeit (D-,N-) entscheidet dann für die aggressive Variante. Die Bewegung der negativen Zuwendung hat nicht näher bestimmte Personen zum Ziel, die im Traum als Eltern des Kindes dargestellt sind. Im Garstig-Sein (F3) befürwortet (D+,R+) das Ich das Protestmotiv, im Lächerlich-Werden (A7) und Wegstossen-Müssen (M4) wird es verneint.

Der vierte Abschnitt umreisst in aller Kürze die Interpretation 9C, die die Momentanszene (im Schlaflabor) quasi gleichberechtigt neben die Traumszene stellt. Dieses Vorgehen finden wir interessanterweise nur bei den Expertinnen C und D, also bei jenen, die über die Zusatzinformation der Vortagesszene verfügten. Es scheint, dass dieser Informationsvorsprung dazu animierte, zusätzlich auch die Momentanszene in den Interpretationsprozess einzubeziehen, obwohl über die Szene im Schlaflabor keine Information gegeben wurde. Die Expertin C interpretiert die Angst der Träumerin (E2.1) nach dem Erwachen im Zusammenhang mit dem verspäteten Kommen des Versuchsleiters (A2.12) als Schuldgefühl (N-) und Strafangst (D-) angesichts der Entdeckung (R+) der doppelten Aggression (→) des Pinkelns (A6) und Stossens (M4) im Traum. Die Entdeckung fand durch Beobachter (cs) des Intimbereichs (in) statt, als welche die Träumerin die Personen im Schlaflabor (wp1,wp5) erlebt haben dürfte. Die Interpretation 9C beinhaltet den einmaligen Fall, dass das Ich der Träumerin in dreifacher Repräsentation auf die Traumfigur 1, das Traum-Ich und das Wach-Ich bezogen wird, in allen drei Gestalten als Agens einer negativen Zuwendung.

Im fünften Abschnitt kommt die Expertin auf die Vortagesszene zurück, die sie nun als Tagesrest im engern Sinn auffasst. Sie nimmt an, dass der Traum die emotionale Qualität des Erlebnisses des Vortages aufnimmt und mit entsprechenden Erfahrungen aus der Lebensgeschichte verdichtet. So kommt es zu einer Ueberlagerung zweier Lebensbereiche (oe,ub). Dem Ich der Träumerin entsprechen das garstige Kind (tf1) und die barrikaden-bauenden Jugendlichen (wp2), den Bezugspersonen die verständnislosen Eltern (tf2) und die tränengaswerfende Polizei (wp3). Das zentrale Motiv ist ein Kampf um die eigenen Rechte ($\xleftarrow{\pm}$); das Ergebnis ist ein Konflikt von sich durchsetzenden (R+) und verbietenden (N-) Tendenzen. Letztere äussern sich wiederum im Lächerlich-Finden (A7), einer vermut-lich traumatischen Erfahrung im Leben der Träumerin, der die Expertin C weiter nachgehen würde.

Als Ergebnis der Interpretationen C liegen 6 Selbst-Signifikationen vor. Dreimal wird das Ich der Träumerin einem bestimmten Lebensbereich zugeordnet, nämlich der Intimität, der Verwandtschaft und der Oeffentlichkeit, dreimal einem unbestimmten Bereich. Die mediale Komponente fällt dadurch auf, dass mehrfach Elemente der Traumszene und Elemente der Wachszenen nebeneinander gestellt werden. In der motivationalen Komponente herrscht die Bewegung der negativen Zuwendung vor, an zweiter Stelle steht jene der positiven Ab-wendung. Dem Ich wird vorwiegend eine aktive Beteiligung zugeordnet. Die modalen Kate-gorien werden recht unterschiedlich kombiniert.

Vergleichen wir nun die von der Expertin C produzierten Bedeutungsstrukturen mit jenen der vorangegangenen Teilprozesse. Inbezug auf die medialen Komponenten können wir feststellen, dass drei der sechs verschiedenen fokalen Traumrelationen in den Interpreta-tionen C Signifikanzen der Traumszene sind, nämlich: Pinkeln (A6), Wegstossen (M4), Wi-derspenstig-Sein (F5). Die von der Expertin C unterlegten Motive entsprechen in allen 3 Fällen wenigstens einem der codierten Motive der Traumbildung. Des weitern gibt es Ent-sprechungen mit den von den Experten A und B bestimmten fokalen Traumrelationen. Bei der Expertin A finden wir die Relation F5, ebenfalls in der Bedeutung einer negativen Zu-wendung (Expertin C hat hier zusätzlich eine positive Abwendung interpretiert). Beim Ex-perten B figurieren die restlichen beiden Relationen A6 und M4 unter den fokalen Traumre-lationen, auf dasselbe Motiv der negativen Zuwendung bezogen wie bei der Expertin C.

In situativer Hinsicht stellt die Interpretation des Intimitätsbereichs, als welche wir den Be-zug auf die Beobachtung im Schlaflabor codiert haben, ein Novum im bisherigen Prozess der Bedeutungsbildung dar. Dieselbe Codierung werden wir bei der Expertin D vorfinden, und dort gleich dreifach. Die Interpretation des verwandtschaftlichen Bereichs fügt sich in die Reihe der Selbst-Signifikationen ein, die sämtliche Experten abgeben. Auch der Bezug auf den öffentlichen Bereich überrascht uns nicht, da doch die Expertin über die entspre-chende Vortagesszene informiert war. Eher auffällig ist das Fehlen der Bereiche Partner-schaft und Wohnen, die in den Teilprozessen Angaben-über-die-Lebenssituation, Traum-bildung und Interpretationsprozess A vertreten sind, in allen andern jedoch nicht.

In motivationaler Hinsicht liegen die Interpretationen C auf der Linie der vorherrschenden Tendenzen ($\rightarrow$, $\xleftarrow{\pm}$) der Teilprozesse Lebenssituation, Traumbildung und Interpretationen A. Die zusätzliche Tendenz ($\leftarrow$) wurde bei allen bisherigen Teilprozessen mit Ausnahme der Momentanszenenbildung, der Rezeption und der Interpretationen B codiert. Ein vollständi-ger, triadischer Vergleich der Selbst-Signifikationen ergibt den zwar bescheidenen, aber interessanten Befund, dass nur eine der Bedeutungsstrukturen C als teilidentisch mit an-dern gesehen werden kann: 8C, die gleich mit zwei andern Codierungen in der Grund-struktur übereinstimmt, nämlich mit 1A und 6B. Die drei Experten A, B und C sind sich darin einig, dass die Traumfigur 1 einerseits das Ich aus dem verwandtschaftlichen Bereich re-präsentiert und andererseits den Wunsch nach aktiver, negativer Zuwendung verkörpert. Kaum Uebereinstimmung gibt es in der Frage, in welchen Traumrelationen sich die Triade

$$(i) \quad ve \quad = \quad \frac{tf1}{D+ (ag^{-}_{\rightarrow})}$$

fokal konstelliert. Ferner ist daran zu erinnern, dass die Experten A und B eine Abwehrten-denz am Werk sahen, die im Konflikt mit dem beschriebenen Wunsch liegt. Die Expertin C gibt ebenfalls eine Konfliktdeutung, verlagert den Konflikt jedoch zwischen den verwandt-schaftlichen und einen weitern, unbestimmten Lebensbereich.

5.10   SCHRITT 9: *DIE TRAUMINTERPRETATION DER EXPERTIN D*

5.10.1 TEXT UND CODIERUNG

Da der Interpretationstext der Trauminterpretin C ausserordentlich lang ausgefallen ist, be-schränke ich mich hier auf einen Auszug, der ungefähr der zweiten Hälfte des vollständigen Textes entspricht. Im vorliegenden Textauszug finden sich die meisten relevanten Aspekte, die die Interpretin im ersten Teil erarbeitet hat.

"Also, das sind so meine ersten Einfälle gewesen. Also weisst du, ich probiere jeweils einfach zu beobachten, zuerst einmal die Stimmung wahrzunehmen. Und da ist mir eben *'depressive Stimmung'* [←] gekommen, we-niger Stimmung von Angst oder, weisst du, wenn jemand Angst hat, spricht er meiner Erfahrung nach eher mit einer anderen Stimme, also er spricht hektischer und so. Ich meine, das kann völlig verkehrt sein, weil es viel-leicht der Effekt vom Schlaflabor ist. Aber das wäre also der erste Stimmung, die ich jeweils wahrnehme, und dann probiere ich zu schauen, was kommt mir, welche Stichworte fallen mir auf, einfach um quasi meine ei-gene Hypothesenbildung zu merken. (Unterbruch durch Telefonanruf.)

Weisst du, wieso ich vorher interveniert habe, mich dünkt es immer eine diffizile Aufgabe, da erlebe ich mich als sehr störungsanfällig, meinen eigenen Einfällen nachgehen zu können. Und doch finde ich es wahnsinnig wichtig, weil nachher, wenn die Einfälle, dann sammelt man ja meistens die Einfälle des Patienten. Und das ist dann interessant, welche stimmen überein und welche gehen ganz in eine andere Richtung.

Also, jetzt bei ihr hätte ich jetzt, wenn du so willst, hätte ich verschiedene Linien, also auf verschiedenen Ni-veaus. Also einerseits das sich, das Thema *'Demonstration'* [(i-p) oe; ze] und ihre Situation jetzt des *Experi-mentes [(i-p) in; ze]*, dass sich das weiter fortsetzt im Traum. Also mit *Demonstration [A1]*, was heisst 'demon-strare', oder, das heisst ja 'zeigen', 'sich zeigen'. Sich zeigen *müssen [N+]* auch im Experiment *dir gegenüber [A2.8]* mit dem Trauminhalt. Also, dass das das *Exhibitionsthema [↔]* einerseits natürlich fördert, wieder auf-weckt. Und dann aber natürlich auch das *Aggressionsthema [→]*; demonstrieren hat ja etwas mit *sich wehren [A5]* zu tun, also Protest mit, dass sich das eben vermischt mit dem Aggressionsthema und mit den *Aengsten [D-]*, die das auslöst, und möglicherweise natürlich auch mit ziemlich stark *verdrängten [N-/D+]* Aggres-sionen dir gegenüber. Also, ich glaube, das macht einen ja immer *ambivalent [D-/D+]*, wenn man sich so in-tim zeigen sollte. (VI: Ja.) Dass das auch irgendwo einen Sinnkonflikt gebracht hat dir gegenüber, also der dann kommt, als du nicht kommst, oder, sie ist im Dunkeln und bekommt *Angst [E2.1]*. Ob die Angst da nicht vielleicht eher zugelassen wird als etwa, dass sie sauer wird, dass man sie stört beim Schlafen. Also irgendet-was, das wäre jetzt so quasi ein wenig ein oberflächliches Thema, und dann käme man auf die Spekulationen. Also, was löst denn das bei dieser Frau aus? Da fehlen mir natürlich jetzt die Hinweise von ihr dazu. (VI: ja.)"

11D: (i-p)   in,oe   = $\dfrac{/A2.8 \quad (A1)}{D\text{-}/N+,D+ \ (\overset{+}{\rightarrow}) \ ze}$

      (i)   in,oe   (=)   ag $\overset{+}{\rightarrow}$

      (p)   in,oe   (=)   pt $\overset{+}{\rightarrow}$

12D: (i-p)   in,oe   = $\dfrac{E2.1 \ / \quad (A5)}{N\text{-},D\text{-}/D+ \ (\overset{-}{\rightarrow}) \ ze}$

      (i)   in,oe   (=)   ag $\overset{-}{\rightarrow}$

      (p)   in,oe   (=)   pt $\overset{-}{\rightarrow}$

"Also, eine Ebene dünkte mich eben mit dem Demonstrieren, mit dem *phallischen Thema [$\pm$],* das dargestellt ist im Pinkeln *[A6],* in dem, was ich annehme, *Kind [tf1]* gleich Mädchen, das ist fragwürdig, da müsste man sie jetzt fragen, ist das ein Mädchen gewesen? ist das ein Bub gewesen? Das könnte sie einem sicher sagen. Und also das mit dem *Haus [tu2]* und dem *Dach [td1]* und dem *Hinunterstossen [M4]* und der *Leiter [td2]* und exi-, wie sagt man? exponiert, oder auch exhibitioniert *auf dem Dach oben [P1],* ausgestellt, und dass dann eben etwas passieren könnte, das *Hinunterfallen [M5],* einen Stoss geben; also auf die *Kastrationsgeschichten [D- ($\pm$)],* wo man jetzt spekulieren könnte, dass sie auf dieser Ebene eine *Traumatisierung [(i-p) ub; zi]* erlebt hat, die ihr einen Konflikt gegeben hat mit ihrer *eigenen Weiblichkeit [R+],* also mit den *passiven Wünschen [D+, pt$\pm$],* dass sie die als in der Tendenz *traumatisch [D-]* erlebt, also sich fallen lassen, dass ihr das *Angst [E4]* macht, sie könnte hinuntergestossen werden. Die *Eltern [tf2]* sind zwar da, *unten [P4],* aber die *halten sie nicht [E3],* also sie wird nicht aufgefangen. *Viel passiert zwar nicht [K1].* Da weiss ich eben nicht, weisst du, ist das blitzschnell eine Reaktionsbildung oder eine *Abwehr davon, dass das Kind umkommen könnte [-/P+ ($\nrightarrow$)].* Also das wäre jetzt eine Hypothese von mir, dass sie, dass das einer ihrer Konflikte ist, das Problem mit ihrer weiblichen Passivität, verglichen mit so phallischen Exhibitionswünschen. Eben, in der klassischen Theorie würdest du da wieder von Penisneid, oder Kastrationstrauma, irgend so etwas, reden, aber das ginge mir eigentlich zu weit, sondern einfach ein Konflikt von Sich-Zeigen-Wollen-als-Frau und doch Sich-Fallen-Lassen-Können, Aufgehoben-Werden oder eben Nicht-Aufgehoben-Werden. Das schiene mir eine Ebene."

$$11\text{D:} \quad (\text{i-p}) \quad \text{in,oe,ub} \quad = \quad \frac{\text{M5,E4,E3/P1,A2.8 (A6) A1,M4}}{\text{D-} \quad /\text{R+,D+} \quad (\pm) \text{ ze,zi}}$$

$$(\text{i}) \quad \text{in,oe,ub} \quad = \quad \frac{\text{ti,tf1}}{\text{pt} \pm}$$

$$(\text{p}) \quad \text{in,oe,ub} \quad = \quad \frac{\text{tf2}}{\text{cs} \pm}$$

"Und dann dünkt mich eben die Frage, ist noch eine andere da? Und da wüsste ich jetzt überhaupt nicht, wie ich die gewichten müsste. Wegen meinem Eindruck vom Depressiven, und dann auch, dass das Kind so *lästig [E1]* ist. Und eben ein Kind ist. Also, wenn der Einfall, es könnte ein *Anteil von ihr [i (=) tf1]* sein, also das Kind in sich, die *regressiven [z; pt] Wünsche [D+],* eben, weisst du, in der ersten Hypothese nähme ich es als Problem der Weiblichkeit, passive Wünsche, sich gehen lassen, fallen lassen. Aber es könnten eben auch noch tiefere Wünsche sein, also das Kind in sich, *schutzbedürftige [pt$\leftarrow$] Teile [R+]* jetzt auf einer prägenitalen Ebene. Einen Hinweis hätten wir, dass sich die Eltern so gar nicht um das Kind kümmern, also dass denen ja *gleich ist [A7],* geht das Kind zugrunde oder ist das da oben, ganz exponiert auf dem Dach, bei jemandem Fremden, wo es lästig ist. Also ist es eine Darstellung eines Lebensthemas dieser Frau, dass sie das *Gefühl [R+/D-]* gehabt hat, sie ist z.B. *der Mutter, den Eltern [(i-p) ve; zi]* lästig gewesen? Eben eine Belastung, was da drin steckt. Also kommt da irgendeine Thematik rein, die mit dem zu tun hat?"

$$13\text{D:} \quad (\text{i-p}) \quad \text{ve} \quad = \quad \frac{\text{E1,A7/M5,E4 (E3, A4) P4}}{\text{R+} \quad /\text{D-} \quad (\leftarrow) \quad \text{zi}}$$

$$(\text{i}) \quad \text{ve} \quad = \quad \frac{\text{ti,tf1}}{\text{pt} \leftarrow}$$

$$(p) \qquad ve \quad = \quad \frac{tf2}{ag \,\overleftarrow{\cdot}}$$

"Was mir jetzt einfällt, es kann natürlich auch, weisst du, die *Aggressionslinie [→]*, die habe ich jetzt noch nicht berücksichtigt bei diesen beiden Hypothesen. Also das Depressive kann ja auch einfach mit ihren Aggressionen zu tun haben, die *mobilisiert [D+]* worden sind evtl. auch durch das Experiment und durch diese Demonstration. Und wo sie mich dünkt, dass sie im Traum *dagegen kämpft [N-],* oder, der Leiter einen Stoss geben oder *keinen Stoss geben [A8]*, sich eingestehen, das Kind ist mir lästig, ich will es *nicht mehr haben [M1]*, und doch, bring es um, aber ich *kann es nicht umbringen [M6]*. Aber auf welcher Ebene diese Aggressionen sind? - Ich meine, was ja noch auffällig ist, dass sie, gelt, sie spricht immer, also sie ist schon im Zentrum des Traums, oder? (VI: Ja, sie muss sich eben mit dem Kind herumschlagen.) Sie muss sich herumschlagen mit dem Kind. (VI: Auf dem Hausdach oben.) Mhm. Aber sie ist da, obschon sie nachher mehr von diesem Kind erzählt, gelt, oder nicht? (VI: Das ist vielleicht auch durch mich induziert, weil ich frage, vor was hat sie eigentlich Angst gehabt, wie ist das mit dem Kind gewesen?) Mhm. - Ja, es wäre ein Protest."

$$12D: \qquad (i\text{-}i\text{-}p) \qquad in,oe \quad = \quad \frac{E1,M1,M4/K1,M6,A8 \ (A5) \ \ A1}{N\text{-} \qquad /D+ \qquad \quad (\overset{\rightarrow}{=}) \ \ ze,zi}$$

$$(i1) \qquad in,oe \quad = \quad \frac{tf1}{ag \overset{\rightarrow}{=}}$$

$$(i2) \qquad in,oe \quad = \quad \frac{ti}{cs \overset{\rightarrow}{=}}$$

$$(p) \qquad in,oe \quad = \quad \frac{tf2}{pt \overset{\rightarrow}{=}}$$

"Aber jetzt, wegen der Gewichtung dieser Hypothesen, ich hätte eigentlich ja verschiedene Linien, also die mit dem Tagesrest, oder, und dann die Frage, wie wird das verarbeitet; und eine Hypothese wäre so eben auf einer, Konflikt auf einer phallisch-exhibitionistischen Ebene, weibliche Identität, passive Wünsche. Und die zweite Hypothese, wegen diesem depressiven Eindruck, *eklig sein [F3]*, lästig sein, nicht aufgehoben sein. Also, die Qualität des Traums, wie sie es erzählt, dünkt mich eher für die erste Hypothese zu sprechen. Also, es ist plastisch, ein Haus, und es hat da Leute, und es passiert einigermassen etwas. Also, es dünkt mich von der Qualität nicht ein Traum einer schwer Depressiven. (VI: Ja. Also die erste wäre die Verarbeitung des Tagesrests; für diese Hypothese würde es eher sprechen?) Nein, die Verarbeitung des Tagesrests ist immer so, oder. Also die Frage ist einfach, was ist eigentlich der unbewusste Konflikt. Ist der eben eher jetzt auf einer phallisch-exhibitionistischen Ebene mit dem Demonstrieren und dem Pinkeln. (VI: Das ist mit der ersten gemeint?) Das ist die erste Hypothese. Und die zweite, die mich eben weniger zentral dünkt, also die ist mir gekommen vom Ersteindruck, mit der Depression, und das Kind, das die Eltern, ja die Eltern sind weit weg, sind nicht erreichbar, also es ist immer lästig; also, ist da nicht irgendwie noch, also jetzt blöd gesagt, eine Dep-, also, das Gefühl von Emotional-zu-wenig-Bekommen-zu-Haben in einem fundamentalen Sinn, also, ich bin lästig, als Grundgefühl. Jetzt von einer früheren Art von Depression. Das scheint mir aber weniger wahrscheinlich jetzt nach der Qualität des Traums.

Weisst du, ich frage mich jeweils auch, wenn ich so zwei Hypothesen habe, wie wirkt der Traum als ganzes? Also, ein depressiver Traum, da ist meistens wenig action drin, es sind so, ja, zum Teil sind es auch wirklich leere Bilder, öde Bilder, oder, wenn es nicht eine manische Abwehr ist. Es gibt da so schwer, generelle Regeln, da kenne ich mich auch nicht aus. Aber ich könnte so sagen, es gibt so eine Stimmung, die eher für - und da schiene mir die erste Hypothese eigentlich wahrscheinlicher, dass es eher auf das Zeigen geht, über Pinkeln, Sich-Schämen-Müssen, also Schamgefühle vielleicht auch dir gegenüber. (VI: Mhm.) Was produziert sie jetzt, kann sie den Traum behalten? Sie ist *erwacht [A2.11]*. Also, ich würde vermuten, dass das der Konflikt ist, der ausgelöst wurde durch die Demonstration. (VI: Ja.)"

Alternative Selbst-Signifikationen im Interpretationstext D

$$11D: \quad (i) \quad in \quad = \quad \frac{ti, tf1}{D-/R+, D+ (pt \xrightarrow{\pm})} \qquad (in: A6; P1, A2.8)$$

$$12D: \quad (i) \quad in \quad = \quad \frac{tf1}{D+ (ag \xrightarrow{\cdot})} \qquad (in: A5; K1, M6, A8)$$

$$(i) \quad in \quad = \quad \frac{ti}{N- (cs \xrightarrow{\cdot})} \qquad (in: E1, M1, M4)$$

$$13D: \quad (i) \quad ve \quad = \quad \frac{tf1}{R+/D- (pt \xleftarrow{})} \qquad (in: E3, A4; E1, A7)$$

$$11D: \quad (i) \quad oe \quad = \quad \frac{ti, tf1}{D-/R+, D+ (pt \xrightarrow{\pm})} \qquad (in: A6; P1, A2.8)$$

$$12D: \quad (i) \quad oe \quad = \quad \frac{tf1}{D+ (ag \xrightarrow{\cdot})} \qquad (in: A5; K1, M6, A8)$$

$$(i) \quad oe \quad = \quad \frac{ti}{N- (cs \xrightarrow{\cdot})} \qquad (in: E1, M1, M4)$$

$$11D: \quad (i) \quad ub \quad = \quad \frac{ti, tf1}{D-/R+, D+ (pt \xrightarrow{\pm})} \qquad (in: A6; P1, A2.8)$$

5.10.2 KOMMENTAR

Der Interpretationstext der Expertin D zeichnet sich durch die Akzentuierung der strategischen Aspekte aus. Aehnlich dem Experten B beobachtet die Expertin ihren eigenen Interpretationsprozess und informiert recht präzis über die zurückgelegten Schritte und das erreichte Ergebnis der bedeutungsmässigen Hypothesenbildung. Da die Bedeutungsstrukturen deutlich voneinander abgegrenzt und klar durchkomponiert sind, stellt die Codierung relativ wenig Probleme. Während die Expertin D methodisch ähnlich wie der Experte B vorgeht, lässt sich an der Codierung ablesen, dass sie im interpretativen Ergebnis eher mit der Expertin C übereinstimmt. Dies dürfte daran liegen, dass die beiden Expertinnen, wie oben (5.9.2) dargestellt, derselben Versuchsbedingung, nämlich der Zusatzinformation über die Demonstrationsszene, unterstellt waren.

Im ersten Abschnitt des wiedergegebenen Texts spricht die Expertin von der depressiven Stimmung, die sie, mit Vorbehalt, im Traumbericht wahrzunehmen meint. Sie bezieht sich dabei auf die Stimme der Träumerin, erwägt aber gleichzeitig, ob die Qualität der Stimme eher auf eine versuchsbedingte Schläfrigkeit als auf die Emotionalität des Traumerlebens zurückzuführen sei. Nach diesem ersten Wahrnehmungsschritt zieht die Expertin die Information heran, die sie über den Vortag erhalten hat und verknüpft sie mit jener, die sie selbst aus der Situation im Schlaflabor ableitet. Es ist nun möglich, in der ersten Traumrelation, im Demonstrieren (A1), einen durchgehenden Zusammenhang der beiden Wachszenen und der Traumszene zu entdecken. Motivational kann die Relation des Demonstrierens als Sich-Zeigen im exhibitionistischen Sinn ($\xrightarrow{\pm}$) oder als Sich-Wehren im aggressiven Sinn ($\rightarrow$) interpretiert werden. Die Expertin verwendet denn auch diese Alternative als unterschiedliche Bedeutungskerne der beiden Interpretationen 11D und 12D. In beiden Interpretationen wird die Traumszene als Darstellung der überlagerten Lebensbereiche Intimität und Oeffentlichkeit aufgefasst.

Im nächsten Abschnitt wird die Interpretation 11D ausgearbeitet. Das Thema der Exhibition evoziert das psychoanalytische Konzept eines phallischen Konfliktes, abhängig vom Geschlecht der Träumerin in der weiblichen Variante. Die Expertin D baut auf diesem Konzept eine Bedeutungshypothese auf, für die nun bestätigende Hinweise in der Traumszene zu finden sind. Als fokaler Ausdruck einer phallischen Tendenz kann sicher das Pinkeln (A6) gelten, vor allem in Verbindung mit der exponierten Position (P1). Ein weiteres Indiz ist das Auftreten eines Kindes, vermutlich eines Mädchens (tf1). Eine Reihe anderer Traumrelationen lassen sich als negierende Zeichen, als Ausdruck der Abwehr einer phallischen Tendenz deuten. Dazu gehören die Möglichkeit des Hinunterfallens (M5) und die entsprechende Angst (E4), die Indifferenz der Eltern (E3), die angebliche Unverletzlichkeit (K1). Im Fallen-Können (M5) mag sich neben dem negativen Moment der Angst (D-) auch das positive Moment des Wunsches (D+) nach weiblicher Passivität (pt $\xrightarrow{\pm}$) ausdrücken. Dem Ich der Träumerin wird in der Interpretation 11D somit die Rolle des Patiens einer positiven Zuwendung zugeordnet; dass es sich in den Gestalten des Traum-Ich und der Traumfigur 1 darstellt, bedarf für die Expertin D keines besonderen Hinweises.

Als alternative Hypothese erwägt die Expertin, ob die zentrale Figur des Kindes nicht in einem fundamentaleren, regressiven Sinn für schutzbedürftige Teile (pt $\xleftarrow{}$) der Träumerin steht. Sie kehrt damit zurück zum anfänglichen Eindruck einer depressiven Stimmung, die den Traum durchziehen soll. Daraus entwirft die Expertin die Interpretation 13D. In dieser Interpretation erscheint als fokale Relation das indifferente, distanzierte Verhalten (E3,A4) der Traumeltern (tf2). Letzteren kommt die Rolle des Agens einer negativen Abwendung zu (ag $\xleftarrow{}$). Das Lästig-Sein (E1) des Traumkindes (tf1) würde in diesem Fall nicht einen abgewehrten Wunsch, sondern eine reale Erfahrung (R+) mit den Bezugspersonen der frühen Kindheit (ve) ausdrücken. Verbunden damit ist die Angst (D-), fallen gelassen zu werden (M5,A4).

Der folgende Abschnitt kann als Ausarbeitung der Interpretation 12D verstanden werden. Die Expertin befasst sich erneut mit der Möglichkeit der Aggression ($\rightarrow$) als zentralem Traummotiv. Diese Möglichkeit hat sie gestreift, als sie sich über die Bedeutung des Demonstrierens Gedanken machte. Man kann annehmen, dass die Szene des Vortags und auch die Szene im Schlaflabor in der Träumerin aggressive Tendenzen weckten, mit denen sie sich im Traum auseinandersetzt (N-/D+). Beispielhaft dafür ist der innere Konflikt des Traum-Ich, ob es die Leiter samt Kind umstossen soll (M4) oder nicht (A8). Das Ich der Träumerin erscheint in dieser Interpretation in doppelter Repräsentation: als geballte aggressive Kraft (ag $\xrightarrow{}$) im kämpfenden Kind (tf1) und als alarmierte, aber unentschlossene Instanz (cs $\xrightarrow{}$) im Traum-Ich (ti). Den Traumeltern (tf2), die für Bezugspersonen aus dem intimen und dem öffentlichen Bereich stehen dürften, kommt die Rolle des Adressaten der aggressiven, protestierenden Tendenzen zu (pt $\xrightarrow{}$).

In den letzten beiden Abschnitten versucht die Expertin, die Bedeutungshypothesen zu gewichten. Dass sie nur von zwei Hypothesen spricht, liegt daran, dass sie dem aggressiven Motiv keine Eigenständigkeit, sondern nur eine Funktion innerhalb der phallischen resp. der depressiven Motivation zuspricht. Als Kriterium für die Gewichtung wählt sie die intuitiv zu erfassende stimmungsmässige und handlungsmässige Gesamtqualität des Traums. Nach diesem Kriterium misst die Expertin der Hypothese, dass der Traum einen

Konflikt auf der phallisch-exhibitionisitschen Ebene ausdrückt, das grössere Gewicht bei. Sie entscheidet sich also für die Interpretation 11D.

Die Codierung der Interpretationen D hat ergeben, dass die Expertin insgesamt 8 Selbst-Signifikationen vorlegt; je 3 beziehen sich auf das intime und das öffentliche Ich der Träumerin. 3 mal stellt sich das Ich in doppelter Gestalt als Traum-Ich und Traumfigur 1 dar, 3 mal als Traumfigur 1 und 2 mal als Traum-Ich. In der motivationalen Komponente fällt auf, dass mit einer Ausnahme nur die Bewegungen der positiven und der negativen Zuwendung vorkommen; die Beteiligung des Ich hat bei der ersteren passive, bei der letzteren aktive und beobachtende Qualität.

Im Vergleich der Bedeutungsstrukturen, die die Expertin D produziert hat, mit jenen aller vorangegangenen Teilprozesse soll zunächst die mediale Komponente geprüft werden. 2 der 4 fokalen Traumrelationen der Expertin D sind mit Signifikanzen der Traumbildung identisch: Pinkeln (A6) und Nichts-Ausmachen (E3). Pinkeln findet sich auch unter den fokalen Relationen der Interpretationen B und C, Nichts-Ausmachen unter jenen der Interpretationen A. Die andern beiden fokalen Relationen der Expertin D, Zuschauen (A4) und Sich-Wehren (A5) treten je einmal unter den fokalen Relationen anderer Experten auf. In Beschränkung auf die gewichtigeren Traumfoki, A6 und E3, können wir feststellen, dass die Expertin D mit der Deutung des Pinkelns als einer positiven Zuwendung einen Beitrag liefert, der innerhalb des gesamten Bedeutungsbildungsprozesses neuartig ist. Anders steht es mit der Deutung des Nichts-Ausmachens als Ausdruck einer negativen Abwendung. Diese Deutung konnte bei allen in Frage kommenden Teilprozessen codiert werden.

In situativer Hinsicht gleichen die Bedeutungsstrukturen der Expertin D am stärksten jenen der Expertin C. Wir haben bereits im Kommentar zu den Interpretationen C darauf hingewiesen, dass im gesamten Bedeutungsbildungsprozess nur die Interpretationen C und D einen Bezug zum Lebensbereich der Intimität herstellen. Der Bezug auf den öffentlichen Bereich findet sich in den Teilprozessen Lebenssituation, Wachszenenbildung 1 und Traumbildung, aber unter den Interpretationsprozessen wiederum nur bei den Experten C und D, also bei jenen, die über die Vortagesszene informiert waren. In der Evaluation der Lebensbereiche gibt es teilweise eine Uebereinstimmung: Beide Experten verbinden mit dem intimen Bereich eine aggressive Bewegung (Expertin D zusätzlich eine erotische Bewegung); der öffentliche Bereich hingegen wird von der Expertin C mit einer Autonomietendenz, von der Expertin D mit einer aggressiven und einer erotischen Tendenz versehen. Die einzige Konstante in der situativen Bedeutungskomponente der Interpretationen A bis D ist der Bezug auf den verwandtschaftlichen Bereich. Dieser Befund überrascht wenig, da die psychoanalytische Orientierung der 4 Experten einen interpretativen Rückgriff auf Beziehungsmuster der Kindheit nahelegt.

Ein letzter Blick soll der motivationalen Bedeutungskomponente gelten. Als stärkste emotionale Bewegung stellt sich in den Interpretationen D jene der negativen Zuwendung heraus; sie tritt in 4 der 8 Selbst-Signifikationen auf. Die primäre Gewichtung der aggressiven oder Machttendenz findet sich damit bei sämtlichen Traumexperten, darüber hinaus auch in den Teilprozessen Traumbildung und (neben der positiven Abwendung) Lebenssituation. An zweiter Stelle steht in den Interpretationen D die Bewegung der positiven Zuwendung. Eine solche Deutung kommt bei keinem andern Experten vor, und auch in den Teilprozessen Traumbildung und Rezeption fehlt sie. Die zusätzliche Codierung einer negativen Abwendung, die in den Interpretationen D nur einmal auftritt, muss insgesamt als die zweitstärkste emotionale Bewegung taxiert werden; wie die stärkste emotionale Bewegung, die negative Zuwendung, ist sie in 6 der 9 Teilprozesse zu finden (Ausnahme: Momentanszenenbildung, Rezeption, Interpretationen B), konnte aber nur in etwa halb so vielen Selbst-Signifikationen codiert werden.

Ein vollständiger, triadischer Vergleich der produzierten Bedeutungsstrukturen erbringt wiederum ein recht bescheidenes Resultat. Neben den Interpretationen D liegt noch zweimal die Signifikation der Traumfigur 1 als Darstellung des Ich aus dem verwandtschaftlichen Bereich und als Ausdruck des Patiens einer negativen Abwendung (kurz gesagt als verlassenes Kind) vor: in der Traumbildung und in den Interpretationen A. Daneben gibt es noch 2 einfache Uebereinstimmungen. Die Expertinnen C und D deuten die Traumfigur 1 als Darstellung des intimen Ich und als Ausdruck eines Aggressors, allerdings in verschiedener Modalität. Denselben Ausdruck nimmt die Traumfigur 1 in der Traumbildung und in den Interpretationen D an, diesmal aber als Darstellung des Ich aus dem öffentlichen Lebensbereich.

5.11 TABELLARISCHER ÜBERBLICK ÜBER DIE EXPLIZIERTEN BEDEUTUNGSSTRUKTUREN

In dem Versuch, einen konkreten Bedeutungsbildungsprozess anhand eines Traumbeispiels zu explizieren, liess sich eine Fülle von Bedeutungszusammenhängen entdecken. Diese hat sich als so reichhaltig herausgestellt, dass sie ein Verständnis vom Traum und seinen Bedeutungsmöglichkeiten nahezu überschwemmt. Es gilt, einen Standort zu finden, von dem aus sich der gesamte Prozess überblicken und in seiner Ordnung nachzeichnen lässt. Dann lassen sich auch systematische Vergleiche ziehen.

Ein erstes Ordnungskriterium der Bedeutungsstrukturen sei die Prozessphase, in welcher sie gebildet wurden (Wachprozess, Traumbildung, Trauminterpretation etc.). Dieses Kriterum erlaubt, die zeitliche Veränderung der Bedeutungsstrukturen schrittweise aufzuzeigen. Als zweites Kriterium soll die strukturelle Ebene gewählt werden, auf welcher die Bedeutungen angesiedelt sind (Element, Relation, Kontext, Spezifikation). Dieses Kriterum lässt die Qualität der bedeutungsmässigen Veränderungen beschreiben. Als drittes Ordnungskriterium schlage ich den semiotischen Aspekt vor, der in einer Bedeutungsstruktur umfasst ist (Medium, Objekt, Interpretant und deren Relationen). Hierdurch lässt sich bestimmen, ob es sich um eine partielle (dyadische) oder eine vollständige (triadische) Bedeutungsexplikation handelt.

5.11.1 REPRÄSENTATIONEN

Tabelle 15 und 16 geben einen Ueberblick über die Darstellung der Lebenssituation der Träumerin in den vorliegenden Wach- und Traumszenen. Es handelt sich um dyadische Bedeutungsstrukturen, die von der Motivation der Träumerin abstrahieren. Die Spalten der Tabellen bilden die Phasen des Bedeutungsprozesses ab, beziehen sich demnach auf das zeitliche Ordnungskriterium. Die Zeilen der Tabellen sind qualitativ aufgebaut; sie lassen Inhalt und strukturelle Ebene der Aspekte der Lebenssituation unterscheiden, die in die Repräsentationen eingehen. In den Tabellenfeldern erscheinen die szenischen Repräsentanten der Lebenssituation, konkret die Elemente und Relationen der Wach- und Traumszenen.

Tabelle 15 beschränkt sich auf die szenische Darstellung der lebenssituativen Elemente. Der Einfachheit halber wird die Umwelt-Kategorie vernachlässigt; stattdessen wird eine leere Element-Kategorie eingefügt. Wie üblich werden die lebenssituativen Elemente durch die involvierten Lebensbereiche näher gekennzeichnet.

Es entspricht der Erwartung, dass in der Phase der Wachszenenbildung das Ich der Träumerin durchwegs als Wach-Ich und ihre Bezugspersonen als entsprechende Wachpersonen repräsentiert sind. Das Repräsentationsverhältnis ist demnach eines der Erhaltung; im Wachzustand haben keine Verschiebungen oder Vertauschungen stattgefunden.

Der nächste Befund betrifft die Repräsentation in der Phase der Traumbildung. Dass auch hier nichts Ueberraschendes festzustellen ist, ist nicht empirisch, sondern strukturell bedingt. In 4.6.1 wurde festgelegt, dass die partielle Unbestimmtheit der Traumzeichen keine Differenzierung zwischen den lebenssituativen Elementen erlaubt; ununterscheidbar sind sie auf die traumszenischen Elemente verstreut. Das Repräsentationsverhältnis kann als Verstreuung bezeichnet werden.

Das Gemeinsame an allen folgenden Phasen der Bedeutungsbildung ist, dass sie eine spezifische Form der Verschiebung, oder besser: Ausweitung, zulassen. Sowohl in der Traumrezeption als auch in sämtlichen Interpretationsprozessen wird angenommen, dass das Ich der Träumerin einerseits im Traum-Ich und anderseits in der Traumfigur 1 repräsentiert ist. In den Interpretationsprozessen A, B und C wird die Traumfigur 1 zugleich als Repräsentant einer Bezugsperson der Träumerin aufgefasst. In diesen Fällen wird also eine Identifikation des Ich mit einer Bezugsperson (vermittelt über die Traumfigur 1) angenommen; in den andern Fällen müsste man von einer Projektion des Ich auf die Traumfigur 1 sprechen.

Unterschiede in den Rezeptions- und Interpretationsprozessen finden sich in der Zuordnung der szenischen Repräsentanten zu den Lebensbereichen der Träumerin. In der Rezeption wird der Lebensbereich nie näher bestimmt. Der verwandtschaftliche Kontext ist der einzige, der von allen Interpreten übereinstimmend in die Deutung einbezogen wird. Im übrigen fällt auf, dass nur die Interpretinnen C und D, also jene, die über die Zusatzinformation über die Vortagesszene verfügten, die Lebensbereiche der Intimität und der Oeffentlichkeit als relevant erachteten. Die Interpretin C hat darüber hinaus als einzige Wach-Ich und Wachpersonen als Repräsentanten lebenssituativer Elemente gedeutet; unter anderm postuliert sie die Identifikation des Ich mit den Wachpersonen 2.

Tabelle 16 stellt die szenische Repräsentation lebenssituativer Relationen zusammen. Es werden die Relationen des Ich zu Bezugspersonen, des Ich zu sich selbst und, reserviert für die Phase der Traumbildung, unbestimmte Relationen zugelassen. Wiederum präzisieren die Lebenskontexte die lebenssituativen Kategorien.

In der Phase der Wachszenenbildung werden ausschliesslich Relationen des Ich zu Bezugspersonen meist in szenischen Aktionen und vereinzelt in Emotionen dargestellt. In der Phase der Traumbildung, die wie gesagt nur unbestimmte Relationen in die Repräsentation einlässt, treten alle szenischen Relationen ausser der positionalen auf. Wenn wir uns auf die szenischen Sonanzen konzentrieren, die als Sonanzen codiert wurden (5.4.4), nämlich F3, E1, A6 und M5, lässt sich feststellen, dass sämtlichen Lebenskontexten wenigstens eine Sonanz, aber nur den Kontexten des Wohnens und der Oeffentlichkeit alle 4 Sonanzen zugeordnet werden.

In den Rezeptions- und Interpretationsphasen lassen sich aufgrund der komplexeren Struktur innerhalb der Traum- und Wachszenen die sog. fokalen Relationen bestimmen. Es fällt nun auf, dass die Sonanzen der Traumbildung sich häufig mit den fokalen Relationen der anschliessenden Phasen decken. In der Traumrezeption wurden die Sonanzen F3 und M5 als Foki gewählt, im Interpretationsprozess A die Sonanz F3, im Interpretationsprozess B die Sonanzen F3 und A6 und in den Interpretationsprozessen C und D jeweils die Sonanz A6.

Ein letzter Blick soll der Frage gelten, welche lebenssituativen Relationen in den Rezeptions- und Interpretationsphasen dargestellt werden. Verallgemeinert kann gesagt werden, dass in allen Phasen Ich-Person-Relationen aus verschiedenen Lebenskontexten zur Darstellung kommen. Ich-Ich-Relationen werden in allen Phasen mit Ausnahme des Interpretationsprozesses B berücksichtigt.

Wachprozess	Traumbildung	Traum-rezeption	Traum-interpretation A	Traum-interpretation B	Traum-interpretation C	Traum-interpretation D
( ) in	ti,tf1,tf2,td2				ti,tf1,wi	ti,tf1
(i) in					wp1,wp5	tf2
(p) in						
( ) pa	ti,tf1,tf2,td2		tf1			
(i) pa	wi					
(p) pa	wp1					
( ) wo	ti,tf1,tf2,td2		ti			
(i) wo	wi		tf1			
(p) wo	wp1,wp2,wp3					
( ) ve	ti,tf1,tf2,td2		ti,tf1	ti,tf1	tf1	tf1
(i) ve	wi		tf2	tf1,tf2		tf2
(p) ve	wp1,wp2,wp3					
( ) fr	ti,tf1,tf2,td2					
(i) fr						
(p) fr						
( ) be	ti,tf1,tf2,td2		tf1			
(i) be	wi					
(p) be	wp1,wp2,wp3,wp5					
( ) ar	ti,tf1,td2					
(i) ar						
(p) ar						
( ) oe	ti,tf1,tf2,td2			ti,tf1	tf1,wp2	ti,tf1
(i) oe	wi				tf2,wp3	tf2
(p) oe	wp1,wp2,wp3,wp5					
( ) ub		ti,tf1			ti,tf1,wp2	ti,tf1
(i) ub					tf1,tf2,wp3	tf2
(p) ub						

Tabelle 15: Elementare Repräsentationen: die wach- und traumszenische Repräsentation lebenssituativer Elemente im Verlauf der Bedeutungsbildung.

	Wachprozess	Traumbildung	Traum-rezeption	Traum-interpretation A	Traum-interpretation B	Traum-interpretation C	Traum-interpretation D
( ) in		A6					A6,P1,A2.8,M5,E4,E3
(i-p) in							A5,K1,M6,A8,E1,M1,M4
(i-i) in							
( ) pa		E1,M1,F5,M4,M5,E4					
(i-p) pa	A2.5	F3,E1,E2,M1,F5,A6,M4,M5,E4,K1,A8		F3,F5,P2,K1,M6,A2,E1,M1		A6,M4,A2.8,F3,E2.1,A2.12	
( ) wo							
(i-p) wo	A1.13,A2.5	F5,A6,E3,A7,M5,E4		F3,F5,M3,M6,E1,E2			
( ) ve		E1,M1,F5,M4					
(i-p) ve					M4,A6,M5,A5,K1,E3,A7		E3,A4,E1,A7,M5,E4
(i-i) ve	A1.5			F3,F5,P2,K1,M6,A2,E1,M1,E3,A7 M1,M2,P1,M4,P2,E4,M6		A5,F5,F3,P2,A7,M4,M5	
( ) fr							
( ) be							
(i-p) be	A1.5,A1.9,E1.2,A1.10,A1.12, A1.13,E1.3;A2.4,A2.13	F5,M5,E4		F3,F5,P2,K1,M6,A2,E1,M1			
( ) ar		E1,M1,M4					
( ) oe							
(i-p) oe	A1.5,A1.9,E1.2,A1.10, A1.12,A1.13,E1.3;A2.4	F3,E1,E2,M1,F5,A6,E3,M4,M5,E4,K1,A8				A5,F5,F3,A1.9,A7,A1.12	A6,P1,A2.8,M5,E4,E3
(i-i) oe							A5,K1,M6,A8,E1,M1,M4
(i-p) ub			F3,F5,A3,M3,K1,M4,M5,E4,E5,A8		A6,F3,E3,A7,K1,E4,M5,M4	A2,A4,M1,M2,F3,E5,E6,A5,F5,A1.9,A7,A1.12	A6,P1,A2.8,M5,E4,E3
(i-i) ub			F3,F5,A3,M3,M1,M4,M6,E5,E4,M5,A8			A5,F5,F3,P2,A7,M4,M5	

Tabelle 16: **Relationale Repräsentationen:** die wach- und traumszenische Repräsentation lebenssituativer Relationen im Verlauf der Bedeutungsbildung. Die signifikanten und fokalen Repräsentanzen sind unterstrichen.

5.11.2 EVALUATIONEN

In den Tabellen 17 und 18 geht es um die Bewertung der Lebenssituation der Träumerin durch deren (rekonstruierte) Motivation. Die hier abgebildeten Bedeutungsstrukturen sind wiederum dyadischer Natur, abstrahieren aber diesmal vom Medium der Traum- und Wachszenen. Wie in den Tabellen 15 und 16 bezeichnen die Spalten der Tabellen 17 und 18 die Phasen der Bedeutungsbildung, die hier um die Startphase "Angaben zur Lebenssituation" (5.1) ergänzt sind. Die Zeilen der Tabellen 17 und 18 unterscheiden sich nicht von jenen der Tabellen 15 und 16. In den Tabellenfeldern stehen die motivationalen Evaluatoren, konkret die Elemente, Relationen und Spezifikationen der Motivationsstrukturen; auf die (raumzeitlichen) Kontextkategorien wurde aus praktischen Gründen verzichtet.

Tabelle 17 zeigt die motivationale Bewertung der lebenssituativen Elemente, analog zur Tabelle 15, welche die szenische Darstellung derselben Elemente aufweist. Entsprechend sind in den beiden Tabellen dieselben Felder besetzt. Als Evaluatoren sind hier nur die motivationalen Elemente im engern Sinn, also die reinen Beteiligungskategorien (ag, pt, md, cs), aufgeführt; den Status einer motivationalen Rolle würden sie erst in Verbindung mit einer Bewegungskategorie (also z.B. ag$\xrightarrow{+}$, pt$\leftarrow$) erlangen. Ueber die Kategorien der Bewegung orientiert jedoch Tabelle 18.

Die Felder, die der Traumbildung zugeordnet sind, weisen wiederum die dichteste Besetzung auf. Auch dieser Befund ist strukturell bedingt: In dieser Phase lösen sich bekanntlich die lebenssituativen Elemente und Relationen in ihre Kontexte auf (4.6.1), und diese verstreuen sich über eine Menge von szenischen und motivationalen Elementen. Dadurch kommt eine Bedeutungsintensität zustande, die seltsam kontrastiert mit der Verwischung der extensiven Bezüge. In den anschliessenden Phasen der Traumrezeption und -interpretation kehrt sich das Verhältnis um: Die Besetzung der Felder wird spärlicher, der Bezug auf die Lebenssituation wieder bestimmt.

Tabelle 18, die analog zur Tabelle 16 aufgebaut ist, gibt einen Ueberblick über die motivationale Bewertung von lebenssituativen Relationen. Als Evaluatoren sind die Kategorien der Bewegung und der Erfassung zugelassen, d.h. Relationen und Spezifikationen der Motivationsstrukturen. Zum Zwecke der besseren Uebersicht wird in Tab. 18 darauf verzichtet, innerhalb der Erfassungskategorien die Modalitäten (P, R, N, D) auszudifferenzieren; es wird nurmehr unterschieden zwischen den Kategorien der Affirmation und Negation (+, -) und der Konfliktivität (/.., ../).

Entsprechend den Strukturregeln der verschiedenen Codes (4.5.1, 4.6.1, 4.7.1) ist Tab. 18 zu entnehmen, dass zwischen dem Wachprozess und der Traumbildung eine semiotische Regression und zwischen der Traumbildung und den folgenden Phasen eine (doppelte) semiotische Progression stattfindet. Während der Traumbildung wird die Lebenssituation der Träumerin auf der Ebene der reinen Bewegung bewertet, wogegen im Wachprozess einfache Erfassung und in den Rezeptions- und Interpretationsphasen konfliktbezogene Erfassungen dazutreten.

Das unterschiedliche semiotische Strukturniveau wird teilweise durch eine unterschiedliche Weite kompensiert: Wo sich (in der Phase der Traumbildung) die Erfassungskategorien auflösen, beginnt die emotionale Bewegung oft, über sämtliche Kategorien zu fluktuieren; wo aber die Erfassung ihren komplexesten Grad annimmt (Traumrezeption und -interpretation), verbleibt die Bewegung oft in einer einzigen Kategorie.

	Lebenssituation	Wachprozess	Traumbildung	Traumrezeption	Trauminterpretation A	Trauminterpretation B	Trauminterpretation C	Trauminterpretation D
( ) in			ag,pt,md,cs				ag	ag,pt,cs
(i) in							cs	pt,cs
(p) in								
( ) pa	ag,pt							
(i) pa	ag,pt,cs	pt	ag,pt,md					
(p) pa		ag			ag			
( ) wo	ag,cs	ag,pt	ag,pt,md,cs		pt			
(i) wo	ag,pt,cs							
(p) wo		ag,pt			ag			
( ) ve	ag	ag	ag,pt,md,cs		ag,pt	ag		pt
(i) ve		pt,cs			ag,cs	pt		ag
(p) ve	pt						ag	
( ) fr			ag,pt,md					
(i) fr	ag							
(p) fr								
( ) be	ag	ag,pt,cs	ag,pt,md					
(i) be		ag,pt,md,cs						
(p) be	pt,cs				ag			
( ) ar			ag,pt,md					
(i) ar	ag				ag			
(p) ar								
( ) oe	cs	ag,pt,cs	ag,pt,md,cs				ag	ag,pt,cs
(i) oe		ag,pt,md,cs					pt	pt,cs
(p) oe	ag,md							
( ) ub						ag	ag,pt,cs	pt
(i) ub							ag,pt,md	cs
(p) ub				ag,pt,cs				

Tabelle 17:   Elementare Evaluationen: die motivationale Evaluation lebenssituativer Elemente im Verlauf der Bedeutungsbildung.

Lebens-situation	Wach-prozess	Traum-bildung	Traum-rezeption	Traum-interpretation A	Traum-interpretation B	Traum-interpretation C	Traum-interpretation D
( ) in		↑, ↓, -				-/+(↑)	-/+(↑)
(i-p) in							-/+(↑)
(i-i) in							
( ) pa		↑, ↓, ↓					
(i-p) pa	+(↑)			-/+(↑)			
( ) wo		↓, ↑, ↓		+/-(↑)			
(i-p) wo	+(↑), +(↓)	↑					
( ) ve		↑, ↓,		-/+(↑),-/+(↓)		+/-(↓)	+/-(↓)
(i-p) ve	+(↑)	↑		-/+(↓)			
(i-i) ve					-/+(↑)	-/+(↑)	
( ) fr		↓, ↑, ↑					
( ) be	+(↑), +(↑), -(↑),	↓, ↑, ↓		-/+(↑)			
(i-p) be	+(↓), +(↓)	↑, ↓					
( ) ar		↑, ↓, ↓					
( ) oe	+(↑), +(↑), -(↑),	↓, ↑, ↓, ↓				-/+(↓)	-/+(↑)
(i-p) oe	+(↓), +(↓)	↑					
(i-i) oe							-/+(↑)
(i-p) ub			+(↓),-(↑)		+/-(↑)	+/-(↓),-/+(↓)	-/+(↑)
(i-i) ub			-/+(↑)			-/+(↑)	

Tabelle 18: Relationale Evaluationen: die motivationale Evaluation lebenssituativer Relationen im Verlauf der Bedeutungsbildung.

5.11.3 EXPRESSIONEN

Tabelle 19 und 20 informieren über den Ausdruck der Motivation der Träumerin im Medium der Traum- und Wachszenen. Expressionen sind dyadische Bedeutungsstrukturen, die von der Lebenssituation abstrahieren. Wiederum bezeichnen die Tabellenspalten die Phasen des Bedeutungsbildungsprozesses. Die Tabellenzeilen sind diesmal durch Kategorien der Motivation besetzt. Wie in den Tabellen 15 und 16 verteilen sich auf den Tabellenfeldern die szenischen Kategorien, als sog. Expressoren.

Tabelle 19 zeigt die szenischen Expressionen auf der elementaren Ebene. Im Unterschied zur Tabelle 17 sind die motivationalen Elemente um die dazugehörigen Relationen ergänzt, sodass der Tabelle 19 nicht nur die Expression der blossen Beteiligungskategorien, sondern jene der sog. motivationalen Rollen zu entnehmen ist. Dadurch lässt sich die Verteilung der szenischen Expressoren besser aufschlüsseln.

Schon ein flüchtiger Ueberblick über die Tabelle lässt erkennen, dass in den Phasen der Wach- und der Traumszenenbildung nahezu sämtliche motivationalen Rollen durch szenische Elemente vertreten sind, während in den anschliessenden Phasen das Rollenrepertoire zurückhaltend bis spärlich in Anspruch genommen wird. Der Befund bestätigt die Annahme, dass die Prozesse der Traumrezeption und -interpretation u.a. darin bestehen, aus einer durch die szenenbildenden Prozesse angebotenen Fülle von Bedeutungsmöglichkeiten einzelne herauszugreifen und zum Kern von Bedeutungsaussagen zu machen.

Eine Auszählung der Expressoren führt zum Schluss, dass die Auswahl unter den expressiven Bedeutungsmöglichkeiten, die die Trauminterpreten vorgenommen haben, nicht auf Willkür zurückzuführen ist. So ist die Rollengruppe der negativen Zuwendung (ag,pt,md, cs →), die mit Abstand am häufigsten für Interpretationsaussagen verwendet wurde, auch jene, die während der Traumbildung zusammen mit der Rollengruppe der negativen Abwendung (ag,pt,md,cs ←) am häufigsten in Szene gesetzt wurde. Umgekehrt tritt die Rollengruppe der positiven Zuwendung (ag,pt,md,cs ↥) sowohl in der Phase der Traumbildung als auch in jener der Trauminterpretationen mit Abstand am seltensten in Erscheinung.

In *Tabelle 20* ist der szenische Ausdruck motivationaler Relationen in Verbindung mit deren Spezifikation dargestellt. Die Tabellenzeilen sind nach zunehmender (motivationaler) Komplexität aufgebaut: reine Relation, einfach spezifizierte Relation, doppelt spezifizierte Relation. Wie in Tab. 18 wird dabei der Uebersichtlichkeit halber auf die Ausdifferenzierung der modalen Kategorien (P, R, N, D) verzichtet.

Die Verteilung der Expressoren auf die Hauptklassen der motivationalen Relation, also auf die 4 Kategorien der emotionalen Bewegung, wird hier nicht mehr kommentiert, da sie schon bei Tab. 19 unter dem Stichwort der Rollengruppen berücksichtigt wurde.

Zum Vergleich der szenischen Relationen zwischen den verschiedenen Prozessphasen wurden ebenfalls schon Aussagen gemacht. Bei Tab. 16 wurden unter den Stichworten der Sonanzen und der fokalen Relationen auffällige Entsprechungen zwischen der Traumbildung und den Interpretationsprozessen festgestellt. Diese fallen in der vorliegenden Tab. 20 in die Zeilen der reinen motivationalen Relationen.

Dass in der Phase der Traumbildung sämtliche Expressoren eine reine motivationale Relation ausdrücken, ist strukturell bedingt (4.6.1) und bedarf keines weiteren Kommentars. Aufschlussreich ist jedoch, dass die meisten dieser Expressoren (19 von 24) während der anschliessenden Rezeptions- und Interpretationsprozesse mit denselben motivationalen Relationen in Verbindung gebracht und, allerdings auf verschiedenen Ebenen, in Bedeutungsstrukturen eingebaut werden. Dies ist eine weitere Bestätigung für die These, dass (zumindest diese) Trauminterpreten nicht willkürliche Zusammenhänge herstellen, sondern sich an einer zugrundeliegenden Traumlogik, oder besser: Traumsemiotik, orientieren.

	Wach-prozess	Traum-bildung	Traum-rezeption	Trauminter-pretation A	Trauminter-pretation B	Trauminter-pretation C	Trauminter-pretation D
ag→⁺	wi,wp1	ti					ti,tf1
pt→⁺	wi,wp1,wp2	tf1					
md→⁺	wp1,wp3,wp4,wp5						
cs→⁺	wp1,wp3,wu4	td2					tf2
ag→⁻	wi,wp1,wp2,wp3	ti,tf1,tf2		tf1	ti,tf1	ti,tf1,wi	tf1
pt→⁻	wi,wp1,wp2,wp3	ti,tf1,tf2	ti	ti	tf1,tf2	tf2	tf2
md→⁻	wp2,wd1,wd2,wd3	ti,td2					
cs→⁻	wi,wp1,wp5,wu1	ti				ti,wp1,wp5	ti
ag↓⁺	wp2	ti,tf1,tf2	tf1	ti		tf1,wp2	
pt↓⁺	wp3	ti,tf1,tf2		tf1		tf2,wp3	
md↓⁺	wd1	td2					
cs↓⁺	wi,wp1	ti	ti	tf2			
ag↓⁻	wi,wp1,wp2	ti,tf2		tf2		tf2	tf2
pt↓⁻	wi,wp3	ti,tf1		tf1		ti	tf1
md↓⁻	wd3	ti,tf1,td2				tf1	
cs↓⁻	wp1,wp2,wu1,wu2,wu4	ti,td2					

Tabelle 19: **Elementare Expressionen: die wach- und traumszenische Expression motivationaler Rollen im Verlauf der Bedeutungsbildung.**

	Wachprozess	Traumbildung	Traumrezeption	Trauminterpretation A	Trauminterpretation B	Trauminterpretation C	Trauminterpretation D
↑	A1.5,E1.3;A2.4,A2.5,A2.13	A8					<u>A6</u>
+							P1,A2.8
−							M5,E4,E3
−/+							
+/−							
↑	A1.9,A1.10,A1.12,E1.3;A2.4,A2.13	<u>F3,E1</u>,E2,M1,F5,	<u>M4,M5</u>	<u>F3,F5</u>	<u>A6,F3;M4</u>	<u>A5</u>,F5;<u>A6,M4</u>	<u>A5</u>
		A6,A7,M4,<u>M5,</u>K1					
+	E1.2		E4,E5,A8	P2,K1,M6	M5,A5	F3,P2;A2.8	K1,M6,A8
−				E1,E2	E4,M5,M4		
−/+				A2,E1,M1	K1,E3,A7	A7,M4,M5;E2.1,A2.12	E1,M1,M4
+/−				M3,M6	E3,A7,K1		
↓	A1.9	F5,<u>A6</u>,E3,A7,M4,K1	<u>F3,F5</u>	<u>M1,M2</u>		<u>A5,F5</u>	<u>E3,A4</u>
+			A8;A3,M3;K1	P1,M4		F3,A1.9	
−							
−/+			E4,M5;M6,E5;M1,M4	P2,E4,M6		A7,A1.12	
+/−							
↓	E1.2,A1.12,A1.13	<u>E1,M1,A6</u>,E3,<u>M5,</u>E4,A8		<u>E3,A7</u>		<u>A2,A4</u>	
+	E2.1			P2,K1,M6		F3,E5,E6	M5,E4
−							
−/+				A2,E1,M1		M1,M2	E1,A7
+/−							

Tabelle 20: **Relationale Expressionen: die wach- und traumszenische Expression motivationaler Relationen im Verlauf der Bedeutungsbildung. Die signifikanten und fokalen Expressoren sind unterstrichen.**

5.11.4 SELBST-SIGNIFIKATIONEN

Signifikationen sind triadische Bedeutungsstrukturen, die alle drei Relate einer Zeichenrelation einbeziehen; sie wurden deshalb als vollständige Bedeutungsexplikationen bezeichnet (4.1). Selbst-Signifikationen sind Signifikationen, die in der Regel das Ich des Träumers zum Objekt, dessen szenischen Repräsentanten zum Medium und dessen motivationale Rolle zum Interpretanten haben (4.8); Ausnahme sind die Bedeutungsstrukturen der Traumbildung, welche weder das Ich des Träumers noch andere Elemente der Lebenssituation, sondern undifferenzierte Lebenskontexte zum Objekt haben (4.6.1).

Die Tabellen 15-20, welche dyadische Bedeutungsstrukturen darstellten, zeigten jeweils die Variabilität eines Bedeutungsrelats (Medium oder Interpretant) in Abhängigkeit eines andern Bedeutungsrelats (Objekt oder Interpretant) und der Zeit (Phase der Bedeutungsbildung). *Tabelle 21* hat eine weitere Dimension zu berücksichtigen, da sie zeitabhängige triadische Strukturen darstellen soll. Im Unterschied zu den Tabellen 15-20 wird die Zeitdimension nicht mehr durch die Tabellenspalten bezeichnet, sondern in die Tabellenfelder eingeführt; Ziffern bezeichnen die Schritte des Bedeutungsprozesses. Die Tabellenspalten können nun mit den szenischen Repräsentanten (Medium), die Tabellenzeilen mit den lebenssituativen Ich-Aspekten (Objekt) und die Tabellenfelder mit den motivationalen Rollen (Interpretant) der Selbst-Signifikationen besetzt werden.

Tabelle 21 verkörpert gewissermassen das stärkste Konzentrat aus dem gesamten Bedeutungsbildungsprozess, den wir im Zusammenhang mit unserem Traumbeispiel untersucht haben. Die informative Verdichtung kommt nicht nur dadurch zustande, dass auf dem Niveau triadischer Relationen eine Vielzahl dyadischer Relationen inbegriffen ist, sondern auch dadurch, dass bei der Zusammenstellung der Selbst-Signifikationen eine Beschränkung auf besonders relevante Signifikationen stattgefunden hat (4.8).

Der Zeitdimension, d.h. den Schritten des Bedeutungsprozesses, folgend sei nun Tabelle 21 kurz kommentiert. Der Schritt 1, die Lebenssituation der Träumerin und ihre motivationale Bewertung, figuriert nicht in der Tabelle, da er als blosser Ausgangspunkt keine triadische Bedeutungsstruktur produziert hat.

Der Schritt 2, die Wachszenenbildung am Vortag, ist mit 2 Selbst-Signifikationen vertreten, die sich bloss ihrem Objekt nach unterscheiden. Sowohl das Ich im Bereich der Bekanntschaft als auch jenes im Bereich der Oeffentlichkeit erscheint szenisch als Wach-Ich und motivational als Agens, das eine notwendige und tatsächliche Flucht einleitet.

Im Schritt 3, der Wachszenenbildung im Schlaflabor, wird wiederum das Ich als Bekannte im Wach-Ich dargestellt; letzteres erscheint diesmal als Agens einer erwünschten und auch realisierten Zuneigung. Damit sind die Selbst-Signifikationen des Wachprozesses bereits erschöpft.

Der Schritt 4, die Traumbildung, liefert 10 Selbst-Signifikationen, die in Tab. 21 durchwegs mit einem Stern gekennzeichnet sind; dieser will besagen, dass als jeweiliges Objekt nicht das lebenssituative Ich, sondern der undifferenzierte Kontext fungiert. Der Tabelle ist zu entnehmen, dass die Lebenskontexte des Wohnens und der Oeffentlichkeit einer Aggression ausgesetzt sind und einerseits im Traum-Ich, anderseits in der Traumfigur 1 repräsentiert sind; beide Male verkörpert die Traumfigur 1 neben dem Patiens zugleich das Agens der Aggression und darüber hinaus das Patiens einer Flucht. Ebenfalls als Verlassen-Sein werden der partnerschaftliche und der verwandtschaftliche Lebenskontext im Medium der Traumfigur 1 bewertet.

Im Schritt 5, der Rezeption durch die Träumerin, finden wir 2 Selbst-Signifikationen, die sich beide auf einen nicht bestimmten Lebensbereich beziehen und eine Autonomietendenz ausdrücken. Diese wird im Traum-Ich als ängstliche Beobachtung und in der Traumfigur 1 als erwünschte und realisierte Aktion inszeniert.

Der Schritt 6, die Trauminterpretation der Expertin A, liefert 7 Selbst-Signifikationen. Im Bereich des Wohnens und der Verwandtschaft geschieht zweimal nichts anderes als die Ausarbeitung der Bedeutungsansätze aus der Traumbildung zu Bedeutungsaussagen; beide Male unterscheiden sich die Selbst-Signifikationen von jenen aus dem Schritt 4 bloss durch die zusätzliche konfliktive Erfassung der Motivation. Diese reine Form der interpretativen Ausarbeitung können wir sonst nur noch zweimal im Schritt 9 feststellen; alle andern Bedeutungsaussagen tragen daneben das Moment der Umarbeitung der traumimmanenten Selbst-Signifikationen in sich.

Der Schritt 7, die Trauminterpretation des Experten B, ist durch 4 Selbst-Signifikationen vertreten, die sehr ähnlich aufgebaut sind. Eigentlich handelt es sich um 2 signifikative Paare, die sich das eine Mal mit Bezug auf das verwandtschaftliche Ich, das andere Mal mit Bezug auf ein nicht näher bestimmtes Ich jeweils sowohl im Traum-Ich als auch in der Traumfigur 1 manifestieren. Allen 4 Signifikationen wird eine konfliktiv erfasste negative Zuwendung zugrundegelegt.

Der Schritt 8, die Trauminterpretation der Expertin C, fällt dadurch auf, dass 3 der 10 Selbst-Signifikationen auf Wachszenen zurückgreifen. Alle 3 finden ihre genaue Entsprechung im Medium der Traumszene. Auch hier handelt es sich um signifikative Paare, resp. gar ein Tripel; betroffen ist das Ich im intimen, im öffentlichen und in einem unbestimmten Lebensbereich.

Schliesslich lassen sich auch in den Selbst-Signifikationen des Schrittes 9, der Trauminterpretation der Expertin D, eine Reihe von Entsprechungen entdecken. Erstens gibt es 3 signifikative Paare, die sich jeweils im Traum-Ich und in der Traumfigur 1 manifestieren. Genau wie im Schritt 8 sind das intime, das öffentliche und ein unbestimmtes Ich betroffen; man erinnert sich an die experimentelle Zusatzinformation, die nur den Expertinnen C und D gegeben wurde (5.6.2). Zweitens enthalten die 3 signifikativen Paare die identische Motivationsstruktur: einen Wunsch-Angst-Konflikt um das Geliebt-Werden. Drittens sind die jeweils 4 Selbst-Signifikationen, welche das intime und das öffentliche Ich zum Objekt haben, in der motivationalen wie in der szenischen Komponente identisch aufgebaut.

Diese Häufung an Entsprechungen ist darauf zurückzuführen, dass die Trauminterpreten von zwei Aspekten der semiotischen Regression des Traums (3.6), der Ueberlagerung der Lebensbereiche (4.6.2) und ihrer Verstreuung auf traumszenische Elemente (5.11.1), ausgiebig Gebrauch machen und sie zur Explikation bringen. Sie legen die Bedeutungsintensität des Traums (5.11.2) in Schichten extensiver Bezüge aus, die z.T. gleichgerichtet sind. Dabei findet ein Code Anwendung, der auf den unterschiedlichen Strukturierungsebenen den gesamten traumübergreifenden Prozess der Bedeutungsbildung durchzieht.

	wi	wp3	ti	tf1
(i) in	8: N-,D-/R+ (ag⁻→)		8: N-,D-/R+ (ag⁻→) 9: D-/R+,D+ (pt⁻↑) 9: N- (cs⁻→)	8: N-,D-/R+ (ag⁻→) 9: D-/R+,D+ (pt⁻↑) 9: D+ (ag⁻→)
(i) pa				4: * (pt⁻) 6: D-,N-/D+,R+ (ag⁻↑)
(i) wo			4: * (pt⁻→)	4: * (ag⁻↑) 4: * (pt↓↑) 4: * (pt⁻↑)
(i) ve			6: N+/D- (pt⁻↑)	4: * (pt⁻↓) 6: D-,N-/D+,R+ (ag⁻↑) 6: D-/D+,R+ (pt⁻↑) 6: D-,P- (pt↓⁺) 7: -/D+ (ag⁻→) 8: D+,R+ (ag⁻↑) 9: R+/D- (pt⁻↓)
(i) fr			7: -/D+ (ag⁻→)	
(i) be	2: N+,R+ (ag↓⁻) 3: D+,R+ (ag⁻↑⁺)		6: D+ (ag↓⁺)	6: D-,N-/D+,R+ (ag⁻→)
(i) ar				
(i) oe	2: N+,R+ (ag↓⁻)	8: N-/R+ (ag↓⁺)	4: * (pt⁻↑)	4: * (pt↓) 4: * (ag⁻) 4: * (pt⁻↑) 8: N-/R+ (ag↓⁺) 9: D-/R+,D+ (pt⁻↑) 9: D+ (ag⁻→)
(i) ub		8: N-/R+ (ag↓⁻)	9: D-/R+,D+ (pt⁻↑) 9: N- (cs⁻→) 5: D- (cs↓⁺) 7: D+/D- (ag⁻→) 8: N+/D- (pt⁻↓) 9: D-,N- (cs⁻→)	5: D+,R+ (ag⁻↑⁺) 7: D+/D- (ag⁻→) 8: N-/R+ (ag⁻↓) 9: D-/R+,D+ (pt⁻↑⁺)

Tabelle 21: **Selbst-Signifikationen:** die motivational bewertete und szenisch dargestellte Signifikation des Ich der Träumerin im Verlauf der Bedeutungsbildung.
* bezeichnet die Signifikation auf dem Niveau der Ich-Entgrenzung. Die Ziffern beziehen sich auf die Schritte des Bedeutungsprozesses.

6. ZUSAMMENFASSUNG

Die vorliegende Arbeit hat zu klären versucht, was Traumbedeutung ist und wie sie zustande kommt. Zunächst wurde festgestellt, dass die Bedeutung eines Traums keine statische Eigenschaft ist, die in ihm immanent verborgen oder ihm von aussen auferlegt wäre. Vielmehr ist sie als *dynamische Relation* aufzufassen, welche der Traum im Verlauf eines Prozesses, des sog. Bedeutungsbildungsprozesses, zu andern Faktoren eingeht. Als Bedeutungsfaktoren wurden neben dem Traum der Interpret, der Träumer, der Bezugsgegenstand, das Zeichensystem und die Anwendungssituation bestimmt.

Anhand der systematischen Darstellung von 9 Modellen der Traumbedeutung konnte gezeigt werden, dass die verschiedenen Lösungsansätze zwar allesamt ein Zusammenspiel von mehreren Bedeutungsfaktoren annehmen, sich aber in der Gewichtung der Faktoren wesentlich unterscheiden. Eine erneute Prüfung der Bedeutungsfaktoren ergab, dass die sechsfaktorielle Konzeption der Traumbedeutung auf eine dreistellige Relation reduziert werden kann. In stärkster Abstraktion erscheint Traumbedeutung als *Interaktion zwischen einem subjektiven Moment, einem objektiven Moment und dem Traum als Medium.*

An dieser Stelle konnte die *triadische Semiotik* von C.S. PEIRCE als geeignete Rahmentheorie eingeführt werden. Die oben genannte dreistellige Relation entspricht nämlich genau seinem triadischen Zeichenbegriff, welcher ein Zeichenmedium, ein Zeichenobjekt und einen Interpretanten (als subjektives Moment) umfasst. Von besonderem Wert war die universale Zeichentaxonomie von PEIRCE. Sie erlaubte eine semiotisch begründete Prüfung der These von FOULKES (1978), dass sich der Traumprozess aus Satzstrukturen aufbaue. Das wesentliche Ergebnis war, dass diese These in bezug auf den Prozess der Traumbildung semiotisch gesehen unhaltbar ist, in bezug auf den Prozess der Trauminterpretation aber zutrifft.

Die Bildung von Traumbedeutung wurde als *traumübergreifender Zeichenprozess* konzipiert, in welchem sich als Teilprozesse u.a. die Wachszenenbildung, die Traumbildung, die Traummitteilung und die Trauminterpretation unterscheiden und beschreiben liessen. Eine Analyse der semiotischen Struktur und des semiotischen Status der Teilprozesse ergab, dass die Traumbildung einer semiotischen Regression und die Trauminterpretation einer doppelten Progression unterliegen.

Es wurde nun modellhaft angenommen, dass die unterschiedlich komplexen Strukturierungen von Traumbedeutung, die sich im Verlauf der Bedeutungsbildung ereignen, durch einen *einheitlichen Code* reguliert werden. Als Grundstruktur des Codes wurde die dreistellige Relation bestimmt, die folgende Komponenten in ein Verhältnis setzt: 1) die aktuelle Lebenssituation des Träumers als (dynamisches) Zeichenobjekt, 2) die aktuelle Motivation des Träumers als (finalen) Interpretanten und 3) ein Zeichenmedium in Form einer Traumszene, einer Wachszene, eines Textes oder einer Formel.

Mit dem Ziel einer Explikation der traumübergreifenden Bedeutungsbildung wurde ein Modell entwickelt, welches zunächst die *Bausteine des triadischen Codes* festlegte, um dann dessen Aufbau in den verschiedenen Phasen der Bedeutungsbildung bestimmen zu können. Als Bausteine der Lebenssituation des Träumers wurden 1 Relationskategorie, 3 Elementkategorien (Ich, Person, Umwelt) und 9 Kontextkategorien (Lebensbereiche) eingeführt. Die Bausteine der Motivation des Träumers wurden gegliedert in 4 Relationskategorien (emotionale Bewegung), 4 Elementkategorien (emotionale Beteiligung), 9 Kontextkategorien (räumliche und zeitliche Ansiedlung) und 8 Spezifikationskategorien (modale Erfassung). Die Bausteine der Traum- und Wachszenen zerfielen in 6 Relationskategorien und je 4 Elementkategorien.

Für die *Phase der Wachszenenbildung* postulierte das Modell, dass der triadische Code die Zeichenprodukte auf einem mittleren Strukturniveau regelt. Die Lebenssituation des Träumers, die bekanntlich als Zeichenobjekt fungiert, wird auf ihre aktuelle Konstellation hin untersucht. Im Kontakt mit der Motivation des Träumers, die als Interpretant auftritt, wird die Lebenssituation mehrstufig bewertet, den relevanten Beziehungen des Träumers wird eine vorherrschende emotionale Bewegung zugeordnet, den Bezugselementen werden Rollen der emotionalen Beteiligung zugewiesen, ferner wird die Situation in einem bestimmten raumzeitlichen Kontext angesiedelt und schliesslich in einer bestimmten Modalität erfasst. Aus der Wechselwirkung zwischen Situation und Motivation resultieren Wachszenen, die als Zeichenmedium zugleich die Lebenssituation darstellen und die Motivation ausdrücken. Es wurde festgestellt, dass es sich hierbei um singuläre Zeichen handelt, die das Objekt indizieren und ganze Bedeutungsaussagen erlauben (Zeichenklasse IV nach PEIRCE).

Die semiotische Regression, die im Uebergang zur *Phase der Traumbildung* stattfindet, konnte im Modell als Abbau des triadischen Codes auf ein tieferes Strukturniveau präzisiert werden. Sowohl in der Lebenssituation als auch in der Motivation des Träumers kommt es zu erheblichen Auflösungserscheinungen, sodass von einer doppelten Unbestimmtheit der Traumzeichen gesprochen werden muss. Innerhalb der Lebenssituation ist die Unterscheidung zwischen Ich, Person und Umwelt aufgehoben, und die verschiedenen Lebensbereiche neigen stärker dazu, sich zu überlagern. Innerhalb der Motivation treten die emotionale Bewegung und die Beteiligung hervor, ohne dass eine raumzeitliche Ansiedlung und eine modale Erfassung stattfände. Aus der Wechselwirkung zwischen der entgrenzten Lebenssituation und der ungebändigten Motivation entstehen Traumszenen, die, für sich genommen, ähnlich gut strukturiert sind wie Wachszenen. Allerdings sind sie nicht nach dem Prinzip der raumzeitlichen Kontinuität, sondern der emotionalen Kohärenz gebildet. Auch hierbei handelt es sich um singuläre Zeichen, die ihr Objekt indizieren; im Unterschied zur Wachszenenbildung erlauben die Traumzeichen aufgrund der beschriebenen Unbestimmtheit jedoch bloss fragmentarische Bedeutungsaussagen (Zeichenklasse III nach PEIRCE).

Die semiotische Progression im Uebergang zur *Phase der Trauminterpretation* wurde im Modell als Sprung des triadischen Codes auf ein hohes Strukturniveau konzipiert. Nicht nur, dass im Verlauf der Trauminterpretation dasjenige, was in der Traumbildung unbestimmt blieb, bestimmt wird; darüber hinaus wird im Bereich der Motivation des Träumers zusätzliche Strukturierung durch räumliche und zeitliche Differenzierung und durch modale Konfliktspezifizierung geleistet. Der Interpretationstext liefert eine Reihe von Bedeutungsaussagen, die im wesentlichen aus einer triadischen In-Beziehung-Setzung von Bestandteilen der Traumszene, evtl. auch von Wachszenen, der Lebenssituation und der Motivation des Träumers bestehen. Die dabei produzierten Zeichen sind im Unterschied zu den bisherigen regulärer statt singulärer Art; der Bezug zum Objekt wird explizit hergestellt und ist damit symbolischer und nicht mehr nur indexischer Natur; unter dem Interpretantenaspekt haben die Zeichen Aussagecharakter, wie bei der Wachszenenbildung (Zeichenklasse IX nach PEIRCE).

Der theoretische Teil des Modells der Bedeutungsbildung wurde hier aufgrund seines Stellenwerts ausführlicher referiert. Zum *methodischen Teil* des Modells sei nur soviel gesagt, dass eine Reihe von Regeln formuliert wurde, welche die Strukturierung von Traumbedeutung im Verlauf der Wachszenenbildung, der Traumbildung und der Traumrezeption/-interpretation schrittweise explizieren lässt. Ausgehend von der monadischen Codierung der szenischen und textuellen Zeichenmedien führt die dyadische Codierung zur Explikation von Bedeutungsdyaden (Repräsentationen, Expressionen, Evaluationen). Daran anschliessend ergibt die triadische Codierung sog. Signifikationen, d.h. explizierte Bedeutungstriaden. Besondere Regeln bestehen für die Bildung von Selbst-Signifikationen, welche besonders für den Vergleich von verschiedenen Bedeutungsstrukturen geeignet sind.

Das Bedeutungsmodell wurde *exemplarisch angewendet* auf einen REM-Traum, zu welchem Information über eine relevante Wachszene am Vortag und die Wachszene im Schlaflabor, ferner Rezeptionstexte der Träumerin und die Interpretationstexte von vier Traumexperten vorlagen. Schrittweise konnte der traumübergreifende Prozess der Bedeutungsbildung rekonstruiert werden. Es konnte im Detail gezeigt werden, (1) wie der Bedeutungsprozess von der aktuellen Lebenssituation seinen Ausgang nimmt, (2) welche Bedeutungsstrukturen er im Medium der Wachszenen produziert, (3) wie er sich im Traumzustand verdichtet und eine Fülle von Bedeutungskernen auswirft, (4) welche Bedeutungskerne in der Traumrezeption und (5) in der Trauminterpretation ausgewählt und zu komplexen Bedeutungsaussagen ausgearbeitet werden.

Als allgemeines *Ergebnis* kann festgehalten werden, dass sich das hier entwickelte Traumbedeutungsmodell wenigstens im vorliegenden Fall als anwendbar und handhabbar erwiesen hat. Gestützt auf das Modell konnte für jede Phase des Bedeutungsprozesses eine Reihe von Bedeutungsstrukturen codiert werden. Als spezielles Ergebnis hat sich herausgestellt, dass der Bedeutungsprozess im vorliegenden Fall ein breites Spektrum von Bedeutungsmöglichkeiten realisiert. Es traten kaum zwei völlig identische Bedeutungsstrukturen auf. Es wurden jedoch einige teil-identische und viele ähnliche Bedeutungsstrukturen gebildet.

Das hier vorgestellte Modell taugt m.E. zur *retrospektiven* Untersuchung von Traumbedeutungsprozessen in deskriptiver, analysierender oder explizierender Absicht. Ferner könnte es vermutlich auch auf Fantasieprozesse oder gewisse psychodiagnostische Prozesse übertragen werden. Für prospektive Studien eignet es sich aber kaum; es dürfte kaum möglich sein, aufgrund des Modells bei einer gegebenen Ausgangslage, d.h. bei Kenntnis der Lebenssituation und Motivation des Träumers, die Beschaffenheit des Zeichenmediums, insbesondere der Traumszene, vorauszusagen. Erstens sind die prozessuellen Aspekte gegenüber den strukturellen Aspekten im Modell sehr wenig ausgearbeitet. Zweitens, und dies ist die schwer zu überschreitende Grenze, ist der Traumbedeutungsprozess vermutlich indeterministischer Natur, d.h. dass er bei aller Geordnetheit auch chaotische Uebergänge kennt.

LITERATUR

Antrobus, J.S. The dream as metaphor: An information-processing and learning model. *Journal of Mental Imagery,* 1977, *2,* 327-337.

Antrobus, J.S. Dreaming for cognition. In: Arkin, A.M., Antrobus, J.S. & Ellman, S.J. (Eds.). *The mind in sleep: Psychology and psychophysiology.* Hillsdale: Lawrence Erlbaum, 1978, 569-581.

Arkin, A.M. Contemporary sleep research and clinical practice. In: Arkin, A.M., Antrobus, J.S. & Ellman, S.J. (Eds.). *The mind in sleep: Psychology and psychophysiology.* Hillsdale: Lawrence Erlbaum, 1978, 551-567.

Artemidor von Daldis. *Das Traumbuch.* München: dtv, 1979. (Original: *Oneirocritica,* o.J.).

Binswanger, L. *Traum und Existenz: Ausgewählte Vorträge und Aufsätze.* Bern: Francke, 1947.

Boss, M. *Der Traum und seine Auslegung.* Bern: Huber, 1953.

Boss, M. *"Es träumte mir vergangene Nacht, ...":* Sehübungen im Bereiche des Träumens und Beispiele für die praktische Anwendung eines neuen Traumverständnisses. Bern: Huber, 1975.

Bossard, R. *Psychologie des Traumbewusstseins.* Zürich: Rascher, 1951.

Bühler, K. *Sprachtheorie: Die Darstellungsfunktion der Sprache.* Stuttgart: G. Fischer, 1965. (Original: 1934).

Cartwright, R.D. The influence of a conscious wish on dreams: A methodological study of dream meaning and function. *Journal of Abnormal Psychology,* 1974, *83,* 387-393.

Cartwright, R.D. *Night life.* Englewood Cliffs: Prentice-Hall, 1977.

Chomsky, N. *Syntactic Structures.* The Hague: Mouton, 1957.

Eco, U. *Einführung in die Semiotik.* Autorisierte deutsche Ausgabe von J. Trabant. München: Fink UTB, 1972. (Original: *La struttura assente,* 1968).

Eco, U. *Zeichen: Einführung in einen Begriff und seine Geschichte.* Frankfurt a.M.: Suhrkamp, 1977. (Original: 1973).

Fischer, F. *Der animale Weg: Wegphasen und Weghindernisse; das Bild der Landschaft.* Zürich: Artemis, 1972.

Fischer, C. *Der Traum in der Psychotherapie: Ein Vergleich Freudscher und Jungscher Patiententräume.* München: Minerva, 1978.

Fiss, H. Current dream research: A psychobiological perspective. In: Wolman, B.B. (Ed.). *Handbook of dreams: Research, theories and applications.* New York: Van Nostrand, 1979, 20-75.

Foulkes, D. *A grammar of dreams.* New York: Basic Books, 1978.

Foulkes, D. Home and laboratory dreams: Four empirical studies and a conceptual reevaluation. *Sleep,* 1979, *2,* 233-251.

Foulkes, D. *A cognitive-psychological model of dream production.* Paper presented to the Association for the Psychophysiological Study of Sleep, Hyannis Mass., 1981.

Freud, S. *Die Traumdeutung.* Studienausgabe Bd. II. Frankfurt a.M.: S. Fischer, 1972. (Original: 1900).

Freud, S. *Das Unbewusste.* Studienausgabe Bd. III. Frankfurt a.M.: S. Fischer, 1975. (Original: 1915).

Freud, S. *Vorlesungen zur Einführung in die Psychoanalyse.* Studienausgabe Bd. I. Frankfurt a.M.: S. Fischer, 1969. (Original: 1916).

Freud, S. *Das Ich und das Es.* Studienausgabe Bd. III. Frankfurt a.M.: S. Fischer, 1975. (Original: 1923).

Fromm, E. & French, T.M. Formation and evaluation of hypotheses in dream interpretation. *The Journal of Psychology,* 1962, *54,* 271-283.

Goldberger, L. Verlagsankündigung zu: Foulkes, D. *A grammar of dreams.* New York: Basic Books, 1978.

Graumann, C.F. & Métraux, A. Die phänomenologische Orientierung in der Psychologie. In: Schneewind, K.A. (Hrsg.). *Wissenschaftstheoretische Grundlagen der Psychologie.* München: Reinhardt UTB, 1977, 27-53.

Greene, T.A. C.G. Jung's theory of dreams. In: Wolman, B.B. (Ed.). *Handbook of dreams: Research, theories and applications.* New York: Van Nostrand, 1979, 298-318.

Hall, C.S. *The meaning of dreams.* New York: McGraw-Hill, 1966. (Original: 1953).

Hall, C.S. & Van de Castle, R.L. *The content analysis of dreams.* New York: Appleton-Century-Crofts, 1966.

Hobson, J.A. & McCarley, R.W. The brain as a dream state generator: An activation-synthesis hypothesis of the dream process. *The American Journal of Psychiatry,* 1977, *134,* 1335-1348.

Hörmann, H. *Meinen und Verstehen: Grundsätze einer psychologischen Semantik.* Frankfurt a.M.: Suhrkamp stw, 1978. (Original: 1976).

Jones, R.M. *The new psychology of dreaming.* New York: Grune & Stratton, 1970.

Jung, C.G. Allgemeine Gesichtspunkte zur Psychologie des Traumes. In: Ders. *Ueber psychische Energetik und das Wesen der Träume.* Studienausgabe. Olten: Walter, 1971. (Original: 1928).

Jung, C.G. Vom Wesen der Träume. In: Ders. *Ueber psychische Energetik und das Wesen der Träume.* Studienausgabe. Olten: Walter, 1971. (Original: 1945).

Karle, W., Woldenberg, L. & Hart, J. Feeling therapy: Transformation in psychotherapy. In: Binder, V., Binder, A. & Rimland, B. (Eds.) *Modern therapies.* New York: Prentice-Hall, 1976.

Karle, W., Corriere, R., Hart, J. & Woldenberg, L. The functional analysis of dreams: A new theory of dreaming. *Archives of the Behavioral Sciences,* 1980, *55,* 1-78.

Klages, L. Vom Traumbewusstsein. *Zeitschrift für Patho-Psychologie,* 1914, *3,* 1-38.

Köller, W. Der sprachtheoretische Wert des semiotischen Zeichenmodells. In: Spinner, K.H. (Hrsg.). *Zeichen, Text, Sinn: Zur Semiotik des literarischen Verstehens.* Göttingen: Vandenhoeck & Ruprecht, 1977, 7-77.

Koukkou, M. & Lehmann, D. Psychophysiologie des Träumens und der Neurosentherapie: Das Zustands-Wechsel-Modell, eine Synopsis. *Fortschritte der Neurologie, Psychiatrie und ihrer Grenzgebiete,* 1980, *48,* 324-350.

Kramer, M., Hlasny, R., Jacobs, G. & Roth, T. Do dreams have meaning? An empirical inquiry. *The American Journal of Psychiatry,* 1976, *133,* 778-781.

Krampen, M., Oehler, K., Posner, R. & Von Uexküll, T. (Hrsg.). *Die Welt als Zeichen: Klassiker der modernen Semiotik.* Berlin: Severin und Siedler, 1981.

Leibfried, E. *Literarische Hermeneutik: Eine Einführung in ihre Geschichte und Probleme.* Tübingen: Narr, 1980.

Mandl, H. (Hrsg.). *Zur Psychologie der Textverarbeitung: Ansätze, Befunde, Probleme.* München: Urban & Schwarzenberg, 1981.

McCarley, R.W. & Hobson, J.A. The form of dreams and the biology of sleep. In: Wolman, B.B. (Ed.). *Handbook of dreams: Research, theories and applications.* New York: Van Nostrand, 1979, 76-130.

McCarley, R.W. & Hoffman, E. REM sleep dreams and the activation-synthesis hypothesis. *The American Journal of Psychiatry,* 1981, *138,* 904-912.

Menne, A. *Einführung in die Methodologie: Elementare allgemeine wissenschaftliche Denkmethoden im Ueberblick.* Darmstadt: Wiss. Buchgesellschaft, 1980.

Morgenthaler, F. *Der Traum: Fragmente zur Theorie und Technik der Traumdeutung.* Hrsg. von Parin, P., Parin-Matthèy, G., Erdheim, M., Binswanger, R. & Heinrichs, H.-J.. Frankfurt a.M.: Campus, 1986.

Moser, U., Pfeifer, R., Schneider, W. & Zeppelin, I.v. *Computersimulation von Schlaftraumprozessen.* Bericht Nationalfonds, Nr. 1.434.70, 1976.

Moser, U., Pfeifer, R., Schneider, W., Zeppelin, I.v. & Schneider, H. *Computer simulation of dream processes.* Forschungsbericht aus der Interdisziplinären Konfliktforschungsstelle der Universität Zürich, 1980.

Natterson, J.M. (Ed.). *The dream in clinical practice.* New York: Jason Aronson, 1980.

Oehler, K. Idee und Grundriss der Peirceschen Semiotik. In: Krampen, M., Oehler, K., Posner, R. & Von Uexküll, T. (Hrsg.). *Die Welt als Zeichen: Klassiker der modernen Semiotik.* Berlin: Severin und Siedler, 1981, 15-49.

Ogden, C.K. & Richards, I.A. *The meaning of meaning.* London: Kegan Paul, 1945. (Original: 1923).

Palombo, S.R. *Dreaming and memory: A new information-processing model.* New York: Basic Books, 1978.

Palombo, S.R. Rezension von: Foulkes, D. A grammar of dreams. *Psychiatry,* 1979, *42,* 194-198.

Palombo, S.R. The cognitive act in dream construction. *Journal of the American Academy of Psychoanalysis,* 1980, *8,* 185-201.

Peraldi, F. A psychoanalytic grammar of dreams is no semantics. *Semiotica,* 1981, *34,* 343-354.

Perls, F.S. *Gestalt therapy verbatim.* Lafayette: Real People Press, 1969.

Piaget, J. *Der Strukturalismus.* Olten: Walter, 1973. (Original: 1968).

Ricoeur, P. *Die Interpretation: Ein Versuch über Freud.* Frankfurt a.M.: Suhrkamp stw, 1969. (Original: 1965).

Sebeok, T.A. Karl Bühler. In: Krampen, M., Oehler, K., Posner, R. & Von Uexküll, T. (Hrsg.). *Die Welt als Zeichen: Klassiker der modernen Semiotik.* Berlin: Severin und Siedler, 1981, 205-232.

Seitz, R. Processing dream texts. In: Flammer, A. & Kintsch, W. (Eds.). *Discourse processing.* Amsterdam: North-Holland, 1982, 564-569.

Simon, F.B. Semiotische Aspekte von Traum und Sprache: Strukturierungsprinzipien subjektiver und intersubjektiver Zeichensystem. *Psyche,* 1982, *36,* 673-699.

Spitz, R.A. *Vom Säugling zum Kleinkind: Naturgeschichte der Mutter-Kind-Beziehungen im ersten Lebensjahr.* Stuttgart: Klett-Cotta, 1972. (Original: *The first year of life,* 1965).

Stern, W. *Psychologie der frühen Kindheit.* Darmstadt: Wiss. Buchgesellschaft, 1965. (Original: 1927).

Strauch, I. Neue Ergebnisse der experimentellen Traumforschung. In: Baumann, U., Berbalk, H. & Seidenstücker, G. (Hrsg.). *Klinische Psychologie: Trends in Forschung und Praxis.* Band 4. Bern: Huber, 1981, 22-47.

Ullman, M. The social roots of the dream. *American Jorunal of Psychoanalysis,* 1960, *20,* 180-196.

Ullman, M. Dreaming as metaphor in motion. *Archives of General Psychiatry,* 1969, *21,* 696-703.

Ullman, M. The experiential dream group. In: Wolman, B.B. (Ed.). *Handbook of dreams: Research, theories and applications.* New York: Van Nostrand, 1979, 406-423.

Ullman, M. & Zimmerman, N. *Working with dreams.* New York: Delacorte, 1979.

Von Uslar, D. *Der Traum als Welt: Untersuchungen zur Ontologie und Phänomenologie des Traums.* Pfullingen: Neske, 1964.

Walther, E. *Allgemeine Zeichenlehre: Einführung in die Grundlagen der Semiotik.* 2. Aufl. Stuttgart: Deutsche Verlags-Anstalt, 1979.

Wolman, B.B. (Ed.). *Handbook of dreams: Research, theories and applications.* New York: Van Nostrand, 1979.